Wissenschaftliche Weiterbildung zwischen Entwicklung und Implementierung

Wolfgang Seitter · Marianne Friese
Pia Robinson
(Hrsg.)

Wissenschaftliche Weiterbildung zwischen Entwicklung und Implementierung

WM³ Weiterbildung Mittelhessen

Herausgeber
Wolfgang Seitter
Philipps-Universität Marburg
Deutschland

Marianne Friese
Justus-Liebig-Universität Gießen
Deutschland

Pia Robinson
Technische Hochschule Mittelhessen
Gießen
Deutschland

Dieses Vorhaben wird aus Mitteln des Bundesministeriums für Bildung und Forschung mit den Förderkennzeichen 16OH12008, 16OH12009 und 16OH12010 gefördert.

GEFÖRDERT VOM

Bundesministerium
für Bildung
und Forschung

ISBN 978-3-658-19649-3   ISBN 978-3-658-19650-9   (eBook)
https://doi.org/10.1007/978-3-658-19650-9

Die Deutsche Nationalbibliothek verzeichnet diese Publikation in der Deutschen National-bibliografie; detaillierte bibliografische Daten sind im Internet über http://dnb.d-nb.de abrufbar.

Gedruckt auf säurefreiem und chlorfrei gebleichtem Papier

Springer VS ist Teil von Springer Nature
Die eingetragene Gesellschaft ist Springer Fachmedien Wiesbaden GmbH
Die Anschrift der Gesellschaft ist: Abraham-Lincoln-Str. 46, 65189 Wiesbaden, Germany

Inhaltsverzeichnis

Wissenschaftliche Weiterbildung zwischen Entwicklung und Implementierung. Eine Einleitung

Wolfgang Seitter/Marianne Friese/Pia Robinson[1]

Die Ausgestaltung wissenschaftlicher Weiterbildung an (deutschen) Hochschulen hat in den letzten Jahren deutlich an Gewicht gewonnen. Neben vielfältig genannten Treibern wie demographischer Wandel, Fachkräftemangel, Akademisierung, Lebenslanges Lernen, etc. haben auch maßgeblich politische Zielvorgaben und Förderprogramme zu diesem Bedeutungszuwachs beigetragen. In diesem Zusammenhang ist insbesondere der Wettbewerb ‚Aufstieg durch Bildung: offene Hochschulen' zu nennen, der durch seine lange Laufzeit (2011 bis 2020) und sein finanzielles Fördervolumen (250 Millionen Euro) zu einem gezielten, kontinuierlichen und breit gestreuten Innovationsschub beigetragen hat – und noch immer beiträgt.[2]

Das hochschultypenübergreifende Verbundprojekt ‚*WM³ Weiterbildung Mittelhessen*' ist eines von 26 geförderten Projekten der ersten Wettbewerbsrunde, die im September 2017 zu Ende geht. Im Kontext der Projektförderung (2011 bis 2017) haben sich die drei mittelhessischen Hochschulen (Justus Liebig Universität Gießen, Philipps-Universität Marburg und Technische Hochschule Mittelhessen) als Verbundpartnerinnen auf das Segment der kostenpflichtigen, abschlussorientierten, wissenschaftlichen Weiterbildung konzentriert. Dabei wurden sowohl gemeinsam als auch standortbezogen eine Vielzahl von Aktivitäten entfaltet, um die wissenschaftliche Weiterbildung als hochschulisches Angebotssegment, als organisationale Verstetigungsaufgabe und als Forschungsgegenstand zu etablieren bzw. weiter zu entwickeln.[3]

---

1   *Wolfgang Seitter* | Philipps-Universität Marburg | seitter@staff.uni-marburg.de
    Marianne Friese | Justus-Liebig-Universität Gießen | Marianne.Friese@erziehung.uni-giessen.de
    Pia Robinson | Technische Hochschule Mittelhessen | pia.robinson@w.thm.de
2   Das Programm ist in zwei Wettbewerbsrunden zu je zwei Phasen unterteilt: 1. Wettbewerbsrunde (2011 bis 2015 und 2015 bis 2017); 2. Wettbewerbsrunde (2015 bis 2018 und 2018 bis 2020). Zur Ausrichtung des Wettbewerbs insgesamt und zu den geförderten Projekten im Einzelnen vgl. www.wettbewerb-offene-hochschulen-bmbf.de.
3   Das Verbundprojekt wurde in der ersten Förderphase (2011-2015) aus Mitteln des BMBF und aus dem ESF der EU mit den Förderkennzeichen 16OH11008, 16OH11009, 16OH11010 und in der zweiten Förderphase (2015-2017) mit den Förderkennzeichen 16OH12008, 16OH12009, 16OH12010 aus Mitteln des BMBF gefördert. Zu den verschiedenen Facetten und Phasen des WM³-Projektes vgl. auch www.wmhoch3.de.

In diesem Kontext sind die beiden Sammelbände ‚Wissenschaftliche Weiterbildung zwischen Entwicklung und Implementierung' und ‚Wissenschaftliche Weiterbildung zwischen Implementierung und Optimierung' entstanden. Sie geben – am Ende der ersten Wettbewerbsrunde – einen verdichteten und resümierenden Einblick in den wissenschaftlichen Ertrag, die angebotsbezogenen Aktivitäten und die organisationalen Strukturbildungsprozesse, die im Rahmen der beiden Projektphasen erreicht werden konnten. Beide Sammelbände wurden im letzten Jahr der Projektlaufzeit parallel erstellt, fokussieren jedoch in unterschiedlicher Weise die beiden Projektphasen, die je spezifische Ausrichtungen aufwiesen. Während in der ersten Projektphase vor allem die Entwicklung und (erste) marktförmige Implementierung von Angeboten der wissenschaftlichen Weiterbildung im Vordergrund standen, konzentrierte sich die zweite Förderphase auf die Erforschung von zentralen Gelingensbedingungen der Angebotsumsetzung und der Ableitung entsprechender Optimierungspotentiale. ‚Wissenschaftliche Weiterbildung zwischen Entwicklung und Implementierung' betrachtet insofern die für Hochschulen (noch) ungewöhnliche Herausforderung der Entwicklung von Studienangeboten, die sich unter dem Primat der Vollkostenfinanzierung durch Teilnahmeentgelte refinanzieren müssen. ‚Wissenschaftliche Weiterbildung zwischen Implementierung und Optimierung' stellt sich vor allem der Herausforderung einer kontinuierlichen Verbesserung der Gelingensbedingungen von wissenschaftlicher Weiterbildung durch Forschung und systematisierte Erfahrungsauswertung.

Die forschungsbasierte Entwicklung, Implementierung und Optimierung von wissenschaftlicher Weiterbildung ist jedoch nicht als eine lineare Prozessabfolge einzelner Phasen zu verstehen. Vielmehr lässt sie sich als einen zyklisch-iterativen Vorgang begreifen, der sich durch die gleichzeitige Bezugnahme auf die verschiedenen Phasen in ihrer gegenseitigen Abhängigkeit und Wechselwirkung auszeichnet. Zudem vollzog sich das Projekt WM^3 Weiterbildung Mittelhessen gleichzeitig und parallel zum Regelbetrieb wissenschaftlicher Weiterbildung, der einerseits an allen drei Hochschulen bereits vorgängig zum Projekt bestand und der andererseits durch die marktförmige Umsetzung neuer Angebotsentwicklungen durch das Projekt deutlich erweitert und mit Blick auf notwendige Service- und Dienstleistungsstrukturen sowie didaktische Optimierungen zum ersten Mal systematisch analysiert wurde. Diese Gleichzeitigkeit von Forschungs-, Entwicklungs- und Regelbetrieb, die vielfältigen Verbindungen von Projektkontext und vorgefundener Organisationsrealität, die es weiter zu entwickeln galt, stellten für alle drei beteiligten Hochschulen (in unterschiedlicher Intensität und Ausgangslage) Neuland dar. Das Projekt fokussierte daher nicht nur eine – mehr oder weniger – isolierte Angebotsneuentwicklung, sondern war vielmehr maßgeblich an einer systematischen Erzeugung von Instrumenten, Prozessen und Strukturen für die Weiterentwicklung der wissenschaftlichen Weiterbildung beteiligt.

Die beiden Sammelbände versuchen, diese Gleichzeitigkeit, Verwobenheit und wechselseitige Abhängigkeit in der forschungsbasierten Entwicklung, Implementierung und Optimierung von wissenschaftlicher Weiterbildung (als Angebots- und Organisationsstrukturbildung) einzufangen und gleichwohl die verschiedenen Prioritätensetzungen der zwei Förderphasen zu berücksichtigen:

Im ersten, hier vorgelegten Sammelband *Wissenschaftliche Weiterbildung zwischen Entwicklung und Implementierung'* wird zunächst in einem Überblicksaufsatz das WM³-Projekt als transdisziplinäres Forschungs-, Entwicklungs- und Implementierungsprojekt in seinen Zielen, Strukturen und Erträgen vorgestellt. Danach folgen vier Beiträge, welche die für die Entwicklung und Umsetzung wissenschaftlicher Weiterbildung zentralen Dimensionen Bedarfe/Zielgruppen, Angebot, Personal, Organisation/Kooperation beleuchten. In einem abschließenden Beitrag werden die konkreten Produkte der konzeptionell-rechtlichen Entwicklungsarbeit systematisiert dargestellt – wie (rechtliche) Rahmenbedingungen innerhalb der beteiligten Hochschulen, Handreichungen für unterschiedliche Zielgruppen und Konzepte –, mit denen als Instrumente praktisch gearbeitet wurde oder die als konzeptionelle Grundlage für die weitere Ausgestaltung der wissenschaftlichen Weiterbildung dienten – und weiterhin dienen. Eine besondere methodische Herausforderung bei der Erarbeitung der Aufsätze dieses Bandes war die Kombination von forschender Exploration und erfahrungsgesättigter – retrospektiver – Reflexion, die aus der gleichzeitig ausgeübten Rolle der Beteiligten als Forschende, Entwickelnde und Implementierende erwuchs.

Der zweite Sammelband *Wissenschaftliche Weiterbildung zwischen Implementierung und Optimierung'* (Seitter/Friese/Robinson 2018) ist stärker forschungsbezogen ausgerichtet mit dem Ziel, Optimierungspotentiale auf den verschiedenen Ebenen zu identifizieren bzw. abzuleiten. Er ist nach den vier Bereichen Bedarf, Angebote/Teilnehmende, Personal und Organisation/Vernetzung untergliedert mit Beiträgen, die spezifische Forschungs- und Entwicklungsergebnisse aus den Arbeitspaketen der zweiten Förderphase präsentieren. Der Band schließt mit einer systematisierenden Zusammenfassung und einem Ausblick auf die weitere Entwicklung der wissenschaftlichen Weiterbildung im Verbund.

Neben diesen beiden, auf die zwei Projektphasen und das Verbundprojekt insgesamt hin orientierten Sammelbänden sind zwei weitere Sammelbände zu erwähnen, die ebenfalls im Verbundkontext entstanden sind und die – schwerpunktmäßig – zwei weitere bedeutsame Aspekte fokussieren: zum einen der Sammelband *Zielgruppen in der wissenschaftlichen Weiterbildung'* (Seitter/Schemmann/Vossebein 2015), der auf den vierfachen (externen wie internen) Zielgruppenbezug von wissenschaftlicher Weiterbildung abhebt, samt den damit verbundenen – der konkreten Entwicklung von Weiterbildungsangeboten vorgelagerten – Matchingprozessen, zum anderen der Sammelband ‚*Nachhaltigkeit in der wissenschaftlichen Weiterbildung. Beiträge zur Verankerung in die Hochschulstrukturen*' (Sturm/Spenner 2018), der insbesondere die Herausforderungen einer nachhaltigen Verstetigung von wissenschaftlicher Weiterbildung fokussiert und der Beiträge aus anderen Projekten des Wettbewerbs ‚Aufstieg durch Bildung: offene Hochschulen' einbezieht. In gewisser Weise bilden diese vier Bände ein Viergespann der Ergebnisse von WM³ in der *Konzeptionierung, Implementierung, Optimierung* und *Verstetigung* wissenschaftlicher Weiterbildung.

Ein derart komplexes Verbundprojekt wie WM³ Weiterbildung Mittelhessen ist ohne die Mitwirkung und das Engagement einer Vielzahl von Personen auf den unterschiedlichsten Ebenen nicht denkbar. Unser Dank gilt daher allen Beteiligten innerhalb der drei Hochschulen, allen individuellen und institutionellen Partnerinnen und Partnern, die das Projekt mit ihrer Expertise mitgeformt und mitgetragen haben, sowie allen Personen, die mit ihrer Einwilligung und Offenheit die konkrete Forschungsarbeit erst ermöglicht haben. Nicht zuletzt gilt unser Dank dem BMBF, dem ESF sowie dem Projektträger VDI/VDE, deren Verantwortliche das Projekt in unterschiedlichen Konstellationen kompetent und fördernd begleitet haben.

Literatur

Seitter, Wolfgang/Friese, Marianne/Robinson, Pia (2018) (Hrsg.): *Wissenschaftliche Weiterbildung zwischen Implementierung und Optimierung. WM³ Weiterbildung Mittelhessen.* Wiesbaden: Springer VS.

Seitter, Wolfgang /Schemmann, Michael/Vossebein, Ulrich (2015) (Hrsg.): *Zielgruppen in der wissenschaftlichen Weiterbildung. Empirische Studien zu Bedarf, Potential und Akzeptanz.* Wiesbaden: Springer VS.

Sturm, Nico/Spenner, Katharina (2018) (Hrsg.): *Nachhaltigkeit in der wissenschaftlichen Weiterbildung. Beiträge zur Verankerung in die Hochschulstrukturen* Wiesbaden: Springer VS.

Strukturen

WM³ Weiterbildung Mittelhessen: Ziele, Strukturen und Erträge eines transdisziplinären Forschungs-, Entwicklungs- und Implementierungsprojektes

Wolfgang Seitter[1]

Zusammenfassung

Der folgende Aufsatz fokussiert das WM³-Verbundprojekt in der Ausgangs-konstellation der Verbundpartnerinnen vor der gemeinsamen Antragstellung, in den Zielen und Erträgen der beiden Projektphasen sowie in seiner komplexen Projektstruktur, Kommunikations- und Vernetzungsarbeit. Ein besonderer Schwerpunkt liegt in der Analyse des Forschens unter den spezifischen Bedingungen der Mehrfachcodierung wissenschaftlicher Weiterbildung.

Schlagwörter

Wissenschaftliche Weiterbildung, Transdisziplinarität, Verbundforschung

Inhalt

---

1   *Wolfgang Seitter* | Philipps-Universität Marburg | seitter@staff.uni-marburg.de

1 Ausgangslage

Das WM³-Projekt hat – als hochschultypenübergreifendes Verbundprojekt – einen spezifischen Ausgangskontext, der in den bereits vor dem Projekt liegenden Kooperationsaktivitäten der drei mittelhessischen Hochschulen zu verorten ist. Dabei bezog – und bezieht – sich die Zusammenarbeit u.a. auf gemeinsame Forschungsaktivitäten, ein gemeinsam verantwortetes hochschuldidaktisches Qualifizierungsangebot sowie eine starke Ausrichtung auf die Region Mittelhessen und den sie tragenden Stakeholdergruppen.

Zudem waren seit Ende der 2000er Jahre alle hessischen – und eben auch die mittelhessischen – Hochschulen seitens der hessischen Landesregierung durch entsprechende Zielvereinbarungen dazu aufgefordert, ihre Aktivitäten in der wissenschaftlichen Weiterbildung auszubauen.

Die gemeinsame Antragstellung im BMBF-Wettbewerb ‚Aufstieg durch Bildung: offene Hochschulen' war daher ein naheliegender und folgerichtiger Schritt,[2] zumal die drei Hochschulen gemeinsam ein überaus breites Themenportfolio und bereits unterschiedliche, sich ergänzende Erfahrungen in der Ausgestaltung wissenschaftlicher Weiterbildung vorweisen konnten. Die gemeinsame Antragstellung hatte vor diesem Hintergrund auf der einen Seite eine hohe strategische Anbindung durch die aktive Mitarbeit der für Studium, Lehre und Weiterbildung verantwortlichen Präsidiumsmitglieder der drei Hochschulen. Auf der anderen Seite konnten von Anfang an hochrangige Vertreterinnen und Vertreter von Politik, Wirtschaft, Verwaltung, Bildung, Wissenschaft und Zivilgesellschaft der Region Mittelhessen (und darüber hinaus) eingebunden werden, die mit einem Letter of Intent den Antrag unterstützten und sich in dem mit der Projektbewilligung konstituierten Weiterbildungsbeirat dauerhaft engagierten (s. auch Kapitel 2.2). In dieser Ausgangskonstellation – Engagement der Hochschulleitungen und aktive Einbindung von Vertretungen aus der Region – war bereits bei der Projektantragsentwicklung eine doppelte Form von Transdisziplinarität angelegt (s. dazu ausführlicher Kapitel 5.2).

---

2   Das Vorhaben wurde in der ersten Förderphase (2011-2015) aus Mitteln des BMBF und aus dem ESF der EU mit den Förderkennzeichen 16OH11008, 16OH11009, 16OH11010 und in der zweiten Förderphase (2015-2017) mit den Förderkennzeichen 16OH12008, 16OH12009, 16OH12010 aus Mitteln des BMBF gefördert. Weitere Projektinformationen sind unter www.wmhoch3.de zu finden.

2   Erste Förderphase

2.1 Antragsziele

Der Antrag für die erste Förderphase der ersten Wettbewerbsrunde (2011-2015) hatte zum Ziel, ein an wirtschaftlichen und gesellschaftlichen Interessen optimal ausgerichtetes Weiterbildungsangebot für die Region Mittelhessen und darüber hinaus zu schaffen, sich dabei an den ausgewiesenen Schwerpunkten der drei Hochschulen zu orientieren und dadurch zur Profilbildung der einzelnen Hochschulen sowie der Weiterbildungsregion Mittelhessen beizutragen. Geplant waren Maßnahmen zur Bedarfserhebung, zur Angebotsentwicklung, zur Profilierung des didaktischen Konzepts sowie zur Evaluation und Optimierung.

Bedarfserhebung
* Forschungsprojekt „Bedarfs-, Potential- und Akzeptanzanalyse"

Angebotsentwicklung
* berufsbegleitende Weiterbildungsangebote (Master, Zertifikate, Module)
* Forschungsprojekt „Anrechnungs- und Anerkennungsmodelle"

Didaktisches Konzept
* Blended Learning Module
* Qualifizierung für Lehre in der wiss. Weiterbildung

Evaluation und Optimierung
* Evaluationskonzept
* Weitere flankierende Maßnahme

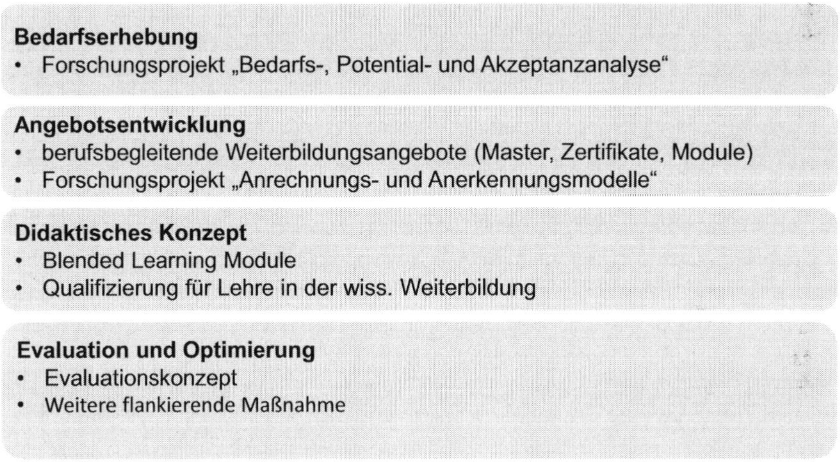

Abbildung 1:   Ebenen und Maßnahmen im Antrag der ersten Förderphase

2.2 Umgesetzte Produkte/Ergebnisse

All diese beantragten und auch bewilligten Maßnahmen wurden durch die drei Verbundhochschulen gemeinsam bzw. kooperativ arbeitsteilig umgesetzt:
    Insgesamt wurden in der ersten Förderphase *vielfältige Angebote* der wissenschaftlichen Weiterbildung (zehn weiterbildende Masterstudiengänge und vierzehn Zertifikatskurse) in einem breiten Fächerspektrum entwickelt:

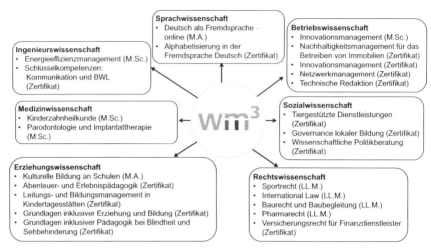

Abbildung 2: Übersicht über alle im Rahmen von WM³ entwickelten Weiterbildungsangebote

Von diesen 24 Angeboten befanden sich bereits sechs mit Ende der ersten Förderphase in der marktförmigen Umsetzung: Deutsch als Fremdsprache online
(M.A.), Kinderzahnheilkunde (M.Sc.), Baurecht und Baubegleitung (LL.M.),
Kulturelle Bildung an Schulen (M.A.), Pharmarecht (LL.M.) sowie Grundlagen
inklusiver Pädagogik bei Blindheit und Sehbehinderung (Zertifikat). Weitere
Angebote wurden dann nach der ersten Förderphase –und außerhalb der Projekt-
förderung – in die Marktförmigkeit überführt.[3] Eine professionelle Begleitung
der Angebote erfolgte durch sog. Fachkuratorien, in denen Vertreterinnen und
Vertreter der jeweiligen Fachpraxis die Aufgabe hatten, die Nachfrage- und
Praxisorientierung der Angebote zu gewährleisten und als Vermittlerinnen und
Multiplikatoren in die Arbeitswelt der (zukünftigen) Weiterbildungsstudieren-
den hineinzuwirken.

Neben der Angebotsentwicklung wurden unterschiedliche *Maßnahmen zur
Qualifizierung der Lehrenden* umgesetzt, die konzeptionell innerhalb des im
Verbund entwickelten Zertifikats ‚Kompetenz in professioneller Hochschullehre
mit dem Schwerpunkt wissenschaftliche Weiterbildung‘ gebündelt wurden.
Kontinuierlich über die gesamte Projektlaufzeit wurden hochschuldidaktische

---

3   U.a. Alphabetisierung in der Fremdsprache Deutsch (Zertifikat); Sportrecht (LL.M.), Tierge-
     stützte Dienstleistungen (Zertifikat) und Energieeffizienzmanagement (M.Sc.). Einige der ent-
     wickelten Angebote konnten (bisher) nicht marktförmig umgesetzt werden. Gründe dafür lagen
     u.a. im Wegbrechen von externen Kooperationspartnerinnen und Finanziers oder in der Wegbe-
     rufung von für die Angebote zentralen Professuren.

Workshops zu mikro-, meso- und makrodidaktischen Themen durchgeführt (in der 1. Förderphase insgesamt 18 Workshops mit 24 Schulungstagen und 146 Teilnehmenden).[4] Während der Entwicklungsphase der Angebote wurde zudem eine einsemestrige Modulwerkstatt angeboten (zum Zertifikat und der Modulwerkstatt vgl. die Ausführungen von Braun/Rumpf in diesem Band).

Zusätzlich zu den eher seminaristischen Qualifizierungsmaßnahmen wurde eine Reihe von *Handreichungen* insbesondere zu Fragen der Angebotsentwicklung, zur Anerkennung und Anrechnung außerhochschulisch erworbener Kompetenzen und zu den unterschiedlichen Modalitäten der Umsetzung von Blended-Learning-Formaten erarbeitet. Begleitet wurde die Nutzung dieser Handreichungen mit ihren jeweiligen Informationsgehalten durch umfangreiche (individualisierte) Beratungsangebote für unterschiedliche Zielgruppen (Angebotsentwicklerinnen und -entwickler, Studiengangkoordinierende, Studiengangleitungen, etc.).

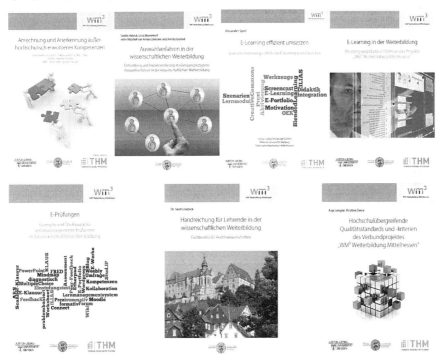

Abbildung 3:   Handreichungen von WM³

---

4   Dabei handelt es sich – genau genommen – um Teilnahmefälle und nicht um Personen.

Ergänzend zu den Handreichungen und Beratungsangeboten entwickelte der Verbund eine Vielzahl an *Instrumenten für die konkrete Angebotsentwicklung*, wie etwa rechtliche Regelungen, spezifiziert auf die strukturellen Ausgangslagen der beteiligten Hochschulen, Eckpunktepapiere für die Entwicklung von Studienangeboten, Kalkulationsgrundlagen, etc.[5]

Schließlich ist die Entwicklung und kontinuierliche Pflege der *Verbundhomepage* (www.wmhoch3.de) zu erwähnen, die den Projektverlauf dokumentierte, Angebotsinformationen bündelte und als Ansprachemedium für unterschiedliche Zielgruppen fungierte (Unternehmen, potentielle Teilnehmerinnen und Teilnehmer, interessierte Hochschulangehörige als zukünftige in der wissenschaftlichen Weiterbildung tätige Personen). Daneben etablierte der Verbund eine kontinuierliche *Öffentlichkeitsarbeit* in unterschiedliche zielgruppenspezifische Teilbereiche der allgemeinen, regionalen, (inner-)hochschulischen, fachlichen und wissenschaftlichen Öffentlichkeit.[6] Für die *regionale Vernetzung* und Einbindung wichtiger Stakeholdergruppen sorgte der Weiterbildungsbeirat, der zwei bis dreimal jährlich tagte und das Projekt in der Funktion als ‚critical peer‘ begleitete.

Nicht zuletzt erzielte das Verbundprojekt durch drei Forschungsarbeitspakete *vielfältige Forschungsergebnisse*, die der Angebotsentwicklung wichtige Impulse gaben. Das größte Forschungsprojekt war die Bedarfserhebung, die in drei Teilstudien Bedarfe, Potential und Akzeptanz bei den vier Zielgruppen der wissenschaftlichen Weiterbildung differenziert erhob.[7] Des Weiteren wurde der Themenkomplex Anerkennung und Anrechnung außerhochschulisch erworbener Kompetenzen systematisch erarbeitet (rechtliche Rahmenbedingungen, Modelle, zielgruppenspezifische Programmgestaltung) und mit Blick auf seine praktische Implementierung (Prüfungsordnungen und operative Prozessgestaltung) empirisch erforscht (vgl. Hanak/Sturm 2015a und 2015b). Schließlich wurden die Lehrkompetenzen bzw. Lehrkompetenzentwicklung des in der wissenschaftlichen Weiterbildung tätigen Personals mit Blick auf theoretische Grundlagen und praktische Ansätze systematisiert (vgl. Hartung/Rumpf 2015).

---

5 Eine systematisierte Zusammenschau all dieser Dokumente und Handreichungen findet sich bei Lengler/Sweers/Seitter in diesem Band.
6 Alle diesbezüglichen Maßnahmen finden sich in gebündelter Form unter www.wmhoch3.de/images/dokumente/UebersichtOeffentlichkeitsarbeit.pdf).
7 Vgl. Seitter/Schemmann/Vossebein 2015 sowie die Ausführungen von Seitter/Kahl in diesem Band. Bei den vier Zielgruppen handelte es sich um die institutionellen und individuellen Abnehmerinnen und Abnehmer wissenschaftlicher Weiterbildung (externe Zielgruppen) sowie um das wissenschaftliche und administrative Personal der Hochschulen (interne Zielgruppen).

Abbildung 4:   Forschungspublikationen von WM³

Betrachtet man die vielfältigen Ergebnisse der ersten Förderphase des Verbundprojektes WM³ im Überblick, so ergibt sich folgende Synopse:

Angebote	10 Master, 14 Zertifikate, Fachkuratorien
Qualifizierung der Lehrenden	Zertifikat, Modulwerkstatt
Handreichungen	Angebotsentwicklung, Didaktik, Zielgruppen
Instrumente der Angebotsentwicklung	rechtliche Regelungen, Eckpunkte, Konzepte
Verbundhomepage	Projektdarstellung, Angebotsinformation, Zielgruppenansprache
Regionale Vernetzung	Weiterbildungsbeirat
Öffentlichkeitsarbeit	allgemeine, regionale, hochschulische, fachliche und wissenschaftliche Zielgruppen
Forschung	Bedarfserhebung, Anerkennung und Anrechnung außerhochschulisch erworbener Kompetenzen, Lehrkompetenzentwicklung

Abbildung 5:   Synopse der Projektergebnisse der ersten Förderphase

2.3 Spezifikum der ersten Förderphase: Angebotsentwicklung und -umsetzung ohne Pilotierung

Eine zentrale Herausforderung des Wettbewerbs wie auch des Verbundprojektes bestand in der zeitgleichen Bearbeitung von Forschungs-, Entwicklungs- und Implementierungsaufgaben, mit z.T. erheblich differierenden Umsetzungslogiken. Diese Parallelität und Rekursivität der gleichzeitig und miteinander verschränkt verlaufenden Prozesse und Bezugnahmen unterwarfen das Projektgeschehen einer permanenten Dreifachcodierung, die ständig ausbalanciert bzw. (neu) justiert werden musste. Die Spannungen, die dadurch erzeugt wurden, machten das Projekt – wie auch den Wettbewerb insgesamt – komplex, voraussetzungsreich und schwierig zu steuern.

Neben der Gleichzeitigkeit von Forschung, Entwicklung und Implementierung war ein weiteres Spezifikum und vielleicht sogar *das* kennzeichnende Merkmal des Verbundprojektes, von Anfang an die zu entwickelnden Angebote dezidiert auf echte Marktchancen hin zu befragen bzw. sie daran auszurichten. Damit verbunden waren die strategische Entscheidung für (relativ) kurze Entwicklungszyklen mit schneller Umsetzung und der Verzicht auf Pilotierungs-, Probe- oder Testphasen mit entsprechender Evaluierung und Nachjustierung. Dadurch hatte das Projekt von Anfang an den Charakter eines Ernstfalls mit hoher Verbindlichkeit und dem Willen, die entwickelten Angebote möglichst schnell marktförmig umzusetzen sowie die dafür notwendigen strukturellen und prozessualen Voraussetzungen auf Organisationsebene zu schaffen. Verbunden mit dieser Entscheidung waren von Anfang an eine hohe Kooperationsorientierung mit Blick auf externe Partnerinnen und Partner (sowohl zur didaktisch-curricularen Passung der Angebote als auch zur Minimierung der finanziellen Risiken),[8] die Planung für den organisatorisch-administrativen Ernstfall sowie der frühzeitige Einbezug aller relevanten sowohl zentralen als auch dezentralen Entscheidungsträger und Verwaltungseinheiten.

Bei der Schnelligkeit der Angebotsentwicklung, der Ausgliederung von entwickelten Produkten und ihrer marktförmigen kostenpflichtigen Umsetzung bereits während der laufenden ersten Förderphase gab es an den drei Verbundstandorten – abhängig von den jeweiligen standortspezifischen Konstellationen – unterschiedliche Geschwindigkeiten, deren Beobachtung und Kommunikation zu wechselseitigen Selbstvergewisserungsprozessen und organisationsstrukturellen Rückbindungen führten.

---

8   Zur kooperativen Angebotsentwicklung als einer besonders intensiven Form der Zusammenarbeit vgl. auch den Beitrag von Sweers/Lengler in diesem Band.

3 Zweite Förderphase

3.1 Antragsziele

Nachdem das Verbundprojekt in der ersten Förderphase 24 Angebote – in einem durchaus riskanten organisationalen Kraftakt – entwickelt und in Teilen auch bereits marktförmig umgesetzt hatte, wurden im Rahmen der zweiten Förderphase keine weiteren Angebotsentwicklungen geplant. Vielmehr verfolgte das Verbundprojekt in der zweiten Förderphase das Ziel, zentrale Gelingensfaktoren wissenschaftlicher Weiterbildung (wie zielgruppenspezifische Differenzierung, didaktische Qualität, organisationale Dienstleistungsorientierung) empirisch zu erforschen, in Beziehung zueinander zu setzen und konzeptionell-handlungspraktische Ableitungen für ihre Optimierung vorzunehmen. Durch die gleichzeitige Bearbeitung und enge Verzahnung der unterschiedlichen Ebenen – Zielgruppen, Angebote, Profession, Organisation, Region – sollten so die Potentiale genutzt werden, die sich aus der fachlichen und organisationalen Breite der Verbundstruktur von WM³ ergaben. Dabei lag der Fokus auf einer Differenzierung und Individualisierung der bisher erzielten Ergebnisse, um eine noch stärkere zielgruppenspezifische Passgenauigkeit zwischen Nachfrage, Angeboten und organisationalen Strukturen zu erreichen. Die Herstellung dieser Passgenauigkeit und die Etablierung der für sie notwendigen hochschulischen Prozessstrukturen waren – so die übergreifende These des Antrags – zentrale Voraussetzungen für eine erfolgreiche und nachhaltige Implementierung der wissenschaftlichen Weiterbildung sowie für weitere, jenseits der zweiten Förderphase liegende Angebotsentwicklungen.

Konkret ging es in den beantragten Arbeitspaketen darum, in einer mehrperspektivischen Analyse die Bedarfe und Zeitbudgets der Zielgruppen zu präzisieren, Qualitätsdimensionen des Angebots fachspezifisch zu differenzieren, die Professionalisierungsbedarfe der Lehrenden und Studiengangkoordinierenden zu erheben, die organisationalen Prozesse der Hochschulen dienstleistungsorientiert zu entwickeln und die regional-fachliche Vernetzung zu stärken.

Die Umsetzung dieser Ziele erfolgte über die vier Arbeitsbereiche Forschung, Entwicklung, Koordination und Vernetzung mit insgesamt zwölf Arbeitspaketen:

Arbeits- bereiche	Arbeitspakete		Beteiligung		
			JLU	UMR	THM
Forschung	AP 1	Unternehmensbezogene Prozessanalyse der Bedarfsartikulation	✓	✓	✓
	AP 2	Individuumsbezogene Zeitbudgetstudie	✓	✓	✓
	AP 3	Professionalisierungsbedarfe der Studiengangkoordination	✓	✓	
	AP 4	Fachspezifische Lehr-/Lernkulturanalysen		✓	✓
	AP 5	Systematisierung und Validierung von Studienmaterialien	✓		✓
	AP 6	Systematisierung und Validierung von elektronischen Prüfungen	✓		✓
Entwicklung	AP 7	Evaluation und Optimierung des HDM-Zertifikats		✓	
	AP 8	Kooperationsmanagement und Dozierendengewinnung	✓	✓	
	AP 9	Beratung und Anrechnung		✓	✓
	AP 10	Vertrieb und Dienstleistungsmanagement	✓	✓	✓
Koordination	AP 11	(Gesamt-)Projektkoordination	✓	✓	✓
Vernetzung	AP 12	Netzwerkinitiative und Netzwerkarbeit		✓	

Abbildung 6:   Synopse der Arbeitspakete der zweiten Förderphase

3.2   Umgesetzte Produkte/Ergebnisse

Auch in der zweiten Förderphase wurde an den Verbundhochschulen gemeinsam bzw. kooperativ arbeitsteilig eine Vielzahl von Ergebnissen erarbeitet, die
aus dem stärkeren Forschungsbezug und aus der verstärkten Beachtung der organisationalen Ebene resultierten.

Auf der Ebene der *Forschungserträge* ist mit Blick auf die *institutionellen
und individuellen Adressatinnen und Adressaten* von wissenschaftlicher Weiterbildung einerseits auf die Analyse der komplexen, hoch individualisierten und
organisationskulturell gerahmten Prozesse der Bedarfsartikulation bei Unternehmen aus drei verschiedenen Branchen (AP 1) und andererseits auf die vielfältigen Befunde zu den Zeitvereinbarkeitskonflikten und Lernzeitverausgabun-
gen von Teilnehmenden (AP 2) hinzuweisen. Mit Blick auf das in der
Weiterbildung tätige *Personal* wurde das vielfältige Aufgabenspektrum von
Studiengangkoordinierenden empirisch erhoben (AP 3), Aufgabenbereiche und
Kompetenzen für das Kooperationsmanagement erfasst und der Aspekt der Dozierendengewinnung, -betreuung und -bindung entlang eines idealtypischen Per-
sonalentwicklungsprozesses empirisch fundiert ausgearbeitet (AP 8).[9] Mit Blick

---

9   Das Entwicklungsarbeitspaket ‚Kooperationsmanagement und Dozierendengewinnung' (AP 8)
    hatte einen hohen Forschungsanteil, weshalb seine Ergebnisse ebenfalls unter die Forschungser-
    träge subsumiert werden.

auf die *Angebotsoptimierung* wurden schließlich ein Kriterienkatalog zur Quali-
tätsbestimmung von Studienmaterialien entwickelt (auch als Onlinetool verfügbar) und in einer Corpusanalyse entsprechend getestet (AP 5) sowie E-
Prüfungen in ihrer Formatvielfalt und ihrem konkreten Anwendungsbezug empirisch überprüft (AP 6). Die Forschungserträge wurden insgesamt in den For-
schungsendberichten sowie – in ausgewählter Form – in einem Sammelband
(vgl. Seitter/Friese/Robinson 2018a) publiziert.

Auch die *Entwicklung* professioneller Dienstleistungen und organisationaler Prozessstrukturen baute auf vorherigen Forschungsrecherchen und Evaluationen auf: So wurden die *Qualifizierungsmaßnahmen* im Kontext des HDM-
Zertifikats mit dem Schwerpunkt wissenschaftliche Weiterbildung quantitativ
und qualitativ evaluiert sowie ein Konzept für stärker individualisierte Bera-
tungsformate entwickelt. Zudem wurden weitere 14 Workshops mit 18,5 Schulungstagen und 149 Teilnahmefällen durchgeführt (AP 7). Mit Blick auf *Beratung*
(Strukturen, Formate und Anliegen) wurden die spezifischen Beratungsanliegen
nicht traditionell Studierender empirisch erhoben, Aufgaben und Modi von Beratung am Beispiel der Anrechnungsberatung präzisiert sowie entsprechende Be-
ratungstools für Beraterinnen und Berater entwickelt (AP 9). Hinsichtlich der
Vertriebs- und Dienstleistungsorientierung erfolgte eine systematische Auswertung von Absatzwegen und Vertriebsmöglichkeiten ebenso wie der hochschulischen Dienstleistungsstrukturen und der ihnen unterliegenden organisationskulturell geprägten Selbstverständnisse (AP 10).

Mit Blick auf *Vernetzung* kamen vielfältige Aktivitäten – sowohl intern
und interorganisational als auch regional und national – zum Tragen. Ein
Schwerpunkt war dabei die starke Beteiligung an den Aktivitäten der drei Netzwerkknoten der ‚Offenen Hochschulen' (Webinare, Vorträge, Spring School)
sowie der Aufbau eines ‚Netzwerkes außerhochschulisch erworbene Kompetenzen anrechnen' (Naka). Zudem wurde ein Sammelband mit Beiträgen aus Projektergebnissen des Wettbewerbs zu ‚Wissenschaftliche Weiterbildung und Organisationsentwicklung – Beiträge zur nachhaltigen Implementierung in die
Hochschulstrukturen' konzipiert, entwickelt, umgesetzt und publiziert (vgl.
Sturm/Spenner 2017) (AP 12).

Als weitere *flankierende Aktivitäten* wurden folgende Maßnahmen durchgeführt bzw. beibehalten: der Weiterbildungsbeirat und die Fachkuratorien, die
Homepage und Öffentlichkeitsarbeit, die Studiengang- und Modulevaluationen,
die Präzisierung der Entwicklungsinstrumente und die weitere Klärung von Prozessschritten. Zusätzliche Maßnahmen, die zwar kein geförderter Teil des Projektes darstellten, aber in enger Verbindung zu diesem standen, waren: weitere
Angebotsentwicklungen an den Verbundhochschulen, die Herstellung von Verbindungen zur grundständigen Lehre und die Vorbereitungen für eine nachhalti-

ge Verstetigung der wissenschaftlichen Weiterbildung nach Auslaufen des Projekts.

Betrachtet man die vielfältigen Ergebnisse der zweiten Förderphase des Verbundprojektes WM³ im Überblick, so ergibt sich folgende Synopse:

Forschung	*Adressaten und Teilnehmende:* Bedarfsartikulation, Zeitvereinbarkeitskonflikte, Lernzeitverausgabung *Personal:* Studiengangkoordinierende, Kooperationsmanagement, Dozierendenmanagement *Angebotsoptimierung:* Qualitätssicherung von Studienmaterialien (Onlinetool), E-Prüfungen *Publikationen:* 2 Sammelbände, Forschungsendberichte
Entwicklung	Qualifizierungsmaßnahmen, Beratung, Vertrieb, Dienstleistungsorientierung Konzepte, Onlinetools, handlungspraktische Ableitungen
Vernetzung	Webinare, Vorträge, Spring School, Netzwerk Naka, Publikation: Sammelband
Flankierende Aktivitäten	Weiterbildungsbeirat, Fachkuratorien, Homepage, Öffentlichkeitsarbeit, Studiengang- und Modulevaluationen, Präzisierung der Entwicklungsinstrumente

Abbildung 7:   Synopse der Projektergebnisse der zweiten Förderphase

3.3 Spezifikum der zweiten Förderphase: Mehrwert heben und sichern

Die zweite Förderphase beinhaltete – ebenso wie die erste Förderphase – eine Reihe von Besonderheiten, die sich vor allem in folgenden Aspekten zeigte: die Gleichzeitigkeit von Projekt- und Regelbetrieb, die stärkere Fokussierung des organisationalen Strukturaufbaus und das stetige Arbeiten in Richtung organisationaler Nachhaltigkeit, die stärkere Forschungsorientierung mit der Perspektive auf Optimierung und die Analyse der umgesetzten Angebote unter der Perspektive fachkultureller Differenzierung, die stärkere Vernetzung mit den Projekten des Wettbewerbs und die Zusammenarbeit mit den Netzwerkknoten.

Was aber die zweite Projektphase vor allem kennzeichnete, war das Bestreben, durch die gleichzeitige Umsetzung der zwölf Arbeitspakete mit ihren unterschiedlichen Dimensionen einen analytischen und handlungspraktischen Mehrwert zu erzeugen. Gliedert man die Arbeitspakete nicht – wie in der Antragstellung geschehen – nach Forschung, Entwicklung, Koordination und Vernetzung, sondern nach didaktischen Ebenen – Adressaten (Unternehmen), Teilnehmende, Angebot, Personal und Organisation –, so erhält man folgendes Schaubild:

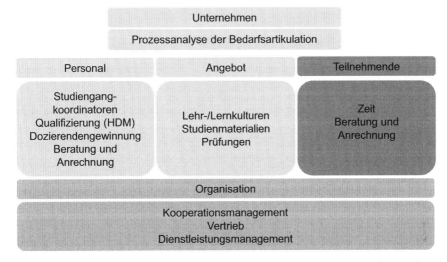

Abbildung 8:   Didaktische Ebenensortierung der Arbeitspakete in der zweiten Förderphase

Vor dem Hintergrund dieser gleichzeitigen mehrdimensionalen Bezugnahme setzte sich das WM³-Projekt in der zweiten Förderphase das – durchaus – ehrgeizige Ziel, an den Differenzierungen und Passungen dieser verschiedenen Ebenen *gleichzeitig* zu arbeiten und dadurch einen entscheidenden inhaltlichen *Mehrwert* für eine gelingende Verstetigung der wissenschaftlichen Weiterbildung zu erzielen. Herausragendes Kennzeichen der operativen Projektumsetzung war daher die Fähigkeit des Verbundes – und jeder einzelnen Hochschule –, den Mehrwert der geplanten, zeitlich parallel laufenden Arbeitspakete durch wechselseitige Erschließung und integrierende Bezugnahme permanent zu sichern. Insofern bestand ein wesentliches operatives Arbeitsziel darin, die in der ersten Förderphase erprobten Steuerungs- und Vernetzungsinstrumente (Steuerungsgruppe, Projektkoordinatorinnentreffen, Verbundtreffen aller Projektmitarbeitenden, hochschulübergreifende Einzelprojektteams, hochschulspezifische Teams) fortzusetzen und mit Blick auf die kommunikative Erarbeitung und Sicherung dieses Mehrwerts weiter zu verfeinern. Vor allem in den hochschulspezifischen und hochschulübergreifenden Verbundtreffen wurde intensiv und kontinuierlich an der kommunikativen Hebung dieses Mehrwerts gearbeitet: durch gegenseitige Vorstellung der Zwischenbefunde, durch die gemeinsame Arbeit an den methodischen Werkzeugen, durch die Triangulation von Methoden und Themen, durch die beobachtende und integrierende Kommentierung des Verbundgeschehens seitens eigens dafür abgestellter Personen (vgl. zu den Ergebnis-

sen auch die zusammenfassende Gesamtschau und Kommentierung von Seit-
ter/Friese/Robinson 2018b).

4   Komplexität der Verbundstrukturen und -kommunikation

Über beide Projektphasen hinweg hatte das Verbundprojekt eine relativ konstan-
te Projektstruktur und Projektkommunikation. Dabei lassen sich hochschulbezogene und hochschulübergreifende Strukturen ausmachen mit entsprechenden
horizontalen und vertikalen Kommunikationsformaten.

An allen drei Standorten war die Zusammensetzung der hochschulspezifischen Teilteams identisch. Sie bestanden aus dem für die Weiterbildung zuständigen Präsidiumsmitglied, der wissenschaftlichen (professoralen) Leitung, der
Projektkoordination, den für die Durchführung der einzelnen Arbeitspakete verantwortlichen wissenschaftlichen Mitarbeiterinnen und Mitarbeiter, studenti-
schen Hilfskräften sowie administrativem Personal. An allen drei Standorten
waren insgesamt zwischen 30 und 35 Personen beschäftigt.

JLU	UMR	THM
Vizepräsident/-in	Vizepräsident/-in	Vizepräsident/-in
Wiss. Leitung	Wiss. Leitung	Wiss. Leitung
Projektkoordinatorin	Projektkoordinatorin	Projektkoordinatorin
Wiss. Mitarbeiter-/innen	Wiss. Mitarbeiter-/innen	Wiss. Mitarbeiter-/innen
Studentische Hilfskräfte	Studentische Hilfskräfte	Studentische Hilfskräfte
Administratives Personal	Administratives Personal	Administratives Personal

Abbildung 9:   Statusbezogene Zusammensetzung des Verbundprojektes

Über die ganze Projektlaufzeit hinweg wurden folgende Kommunikationsformate regelmäßig umgesetzt:

- Treffen der Steuerungsgruppe (alle zwei Monate), bestehend aus Vizepräsi-
denten/-präsidentinnen, wissenschaftlichen Leitungen und Projektkoordinatorinnen
- Besprechungen der wissenschaftlichen Leitungen (nach Bedarf)
- Austausch der Projektkoordinatorinnen (jeden Monat)

- gemeinsame Treffen von wissenschaftlichen Leitungen und Projektkoordinatorinnen (nach Bedarf)
- Treffen der Mitarbeitenden in den jeweiligen Arbeitspaketen (regelmäßig)
- Treffen der hochschulstandortbezogenen Teams in unterschiedlichen Konstellationen (in der Regel monatlich)
- Verbundtreffen aller WM³-Projektmitarbeitenden (zweimal pro Jahr)

Die unterschiedlichen Kommunikationsformate hatten eine jeweils eigene Entwicklungsgeschichte und Dynamik, die von einer Vielzahl unterschiedlicher Faktoren geprägt waren: der Anzahl und dem hierarchischem Status der beteiligten Personen(gruppen), der Frequenz der Treffen, der behandelten Themenstellungen, der entscheidungsbezogenen Relevanz für hochschulische Strukturen und Prozesse, etc. Auch der Personenwechsel spielte eine nicht unerhebliche Rolle sowohl auf Ebene der Vizepräsidenten/-präsidentinnen (Amtszeiten) und wissenschaftlichen Leitungen (externe Rufannahme) als auch auf Ebene der Projektkoordinatorinnen und wissenschaftlichen Mitarbeiterinnen und Mitarbeiter (karriere-, arbeits- und familienbedingte Wechsel).

Die meisten Treffen wurden protokolliert, um das Projekt- und Kommunikationsgeschehen zu dokumentieren, Entscheidungen und Arbeitsaufträge festzuhalten sowie eine effiziente Meilensteinplanung mit entsprechendem Projektcontrolling zu gewährleisten. Zudem konstituierten die verschiedenen Protokolle ein Projektgedächtnis, auf das bei Bedarf – bei Reflexionen, Vergewisserungen, Wiedervorlagen und Publikationsbearbeitungen – immer wieder zurückgegriffen werden konnte.

Die Kommunikation zwischen den Beteiligten auf und zwischen den unterschiedlichen Ebenen gestaltete sich intensiv und dicht. Diese Kommunikationsdichte war insbesondere dem Umstand geschuldet, dass die Teilvorhaben der drei Verbundhochschulen – bis auf wenige Ausnahmen – identisch waren, d.h. dass die definierten Arbeitspakete in der Regel von den drei Verbundpartnerinnen gemeinsam bearbeitet wurden. Diese Entscheidung für eine weitgehend gemeinsame und nicht arbeitsteilig-komplementär ausgerichtete Vorgehensweise lag in der Tatsache begründet, dass die bearbeiteten Fragestellungen und Entwicklungsperspektiven an allen drei Standorten gleichermaßen relevant und zu ihrer Bearbeitung in der Regel die Expertise und der Feldzugang jeweils vor Ort erforderlich waren. Zudem barg die gemeinsame – standortübergreifende – Bearbeitung der Arbeitspakete durch Perspektivenverschränkung unterschiedlicher organisatorischer Ausgestaltungen und fachspezifischer Schwerpunkte der drei Hochschulen ein enormes Erkenntnis- und Entwicklungspotential.

Ein Resultat dieser Entscheidung war – insbesondere auf der operativen Ebene – eine hohe Kommunikationsdichte, die in ihren verschiedenen Abstu-

fungen und zielgerichteten Einsatzformen zu einem Kennzeichen der Projektarbeit avancierte. Auf dieser Ebene etablierten sich vielfältige, unterschiedlich
ausgestaltete Formen der Zusammenarbeit, die gemeinsam, arbeitsteilig kooperativ, allein, zu zweit oder zu dritt umgesetzt wurden. Persönliche Treffen wech-
selten sich ab mit Telefonaten, Email-Verkehr, Chatkonferenzen oder gemeinsamen längeren Aufenthalten – etwa für die Auswertung des empirischen
Materials –, die arbeitspaketbezogen und arbeitsphasenspezifisch variiert und
genutzt wurden. Die Kommunikationsströme waren „vertikal und horizontal, bi-
und multilateral, statusgruppenbezogen und statusgruppenübergreifend angelegt,
mit unterschiedlichen Zeitzyklen der Kooperation und des Austauschs (täglich,
wöchentlich, monatlich, zweimonatlich, dreimal im Jahr, einmal im Jahr). Die
Abstimmungsnotwendigkeiten der Arbeitsteilung und Koordination im Gesamt-
projekt, in den Teilprojekten, in den Subteams und Tandems mit wechselnden
Personalkonstellationen [etablierten] eine verstetigte projekt- und forschungsbezogene Kommunikation, in der Berichterstattung, Planung und Entscheidung,
gemeinsame Analyse und Reflexion, Einspeisen von Theorie- und Methodenin-
puts, aber auch die konkrete Arbeit an den erhobenen Materialien sich einander
[abwechselte]. Vielfältige Teambildungsprozesse mit Rollenklärungen, vertrau-
ensbildenden Maßnahmen, permanenten Abstimmungen sowie Operationalisie-
rungen von Arbeits- und Zeitplänen mit je hochschulspezifischen und hochschulübergreifenden organisationalen Rückkoppelungsschlaufen" (Seitter/
Schemmann/Vossebein 2015, S. 42) waren Bestandteil und Voraussetzung für
eine gelingende Kooperation.

Neben die interne Projektkommunikation traten die enge Zusammenarbeit
und der permanente Austausch auf Ebene der Fachbereiche und der Zentralverwaltung. In den Fachbereichen stand vor allem die Kommunikation mit den
Studiengangverantwortlichen (Akademische Leitungen, Studiengangkoordinierende) im Vordergrund, während in der Zentralverwaltung Mitarbeitende der
entsprechenden Fachabteilungen (Recht, Studium und Lehre, Haushalt, Personal, etc.) in das Projektgeschehen mit seinen hochschulrelevanten Entscheidungen eingebunden waren. Vor allem in der ersten Förderphase, in der die 24 Weiterbildungsangebote entwickelt wurden, orientierte sich die Kommunikation an
den konkreten Herausforderungen und Problemen der Angebotsentwicklung –
sowohl auf zentraler als auch dezentraler Ebene. In der zweiten Förderphase
dominierte hingegen die Kommunikation mit Blick auf forschungsbezogene
Feldzugänge und Erhebungen (Fachbereiche, Ebene der Angebote), während in
den Fachabteilungen der Zentralverwaltung verstärkt an den organisationalen
Optimierungsherausforderungen gearbeitet wurde.

Neben der projekt- und hochschulinternen Kommunikation sind die regi-
onsbezogenen Kommunikationsformen zu erwähnen. Die regionsbezogene

Kommunikation betraf zum einen die Arbeit mit dem Weiterbildungsbeirat sowohl in den regelmäßigen Sitzungen als auch in den vielen anlassbezogenen bi- oder trilateralen Gesprächen außerhalb der turnushaften Arbeitstreffen. Zum anderen war in diesem Zusammenhang die sich zunehmend intensiver gestaltende Beteiligung an unterschiedlichen regionalen Foren von Bedeutung – wie das Regionalmanagement Mittelhessen –, auf denen das Verbundprojekt regelmäßig Bericht erstattete.

Schließlich setzte das Verbundprojekt über vielfältige Kanäle eine intensive Öffentlichkeitsarbeit um – über Flyer, Presseberichte, Messebesuche, Homepageinformationen, Vorträge, Veröffentlichungen –, die sich mit Blick auf allgemeine, fachliche und wissenschaftliche Zielgruppen differenzieren lassen.[10]

Betrachtet man die verschiedenen Kommunikationsformate und zielgruppenspezifischen Kommunikationsrichtungen des Verbundprojekts im Gesamtzusammenhang, so ergibt sich folgendes Bild:

Projektintern	Steuerungsgruppe, hochschulspezifische und -übergreifende Treffen
Hochschulintern	Fachbereiche, Studienangebotsverantwortliche, Abteilungen der Zentralverwaltung
Regionsbezogen	Weiterbildungsbeirat, regionale Foren
Öffentlichkeitsbezogen	Allgemeine, fachbezogene, wissenschaftliche Öffentlichkeit

Abbildung 10: Zielgruppenbezogene Kommunikationsformate von WM³

5 Forschen im Verbund unter den Bedingungen doppelter Transdisziplinarität

Das WM³-Projekt hatte – wie viele Projekte des Wettbewerbs – in seiner praktischen Umsetzung eine herausfordernde Rollenvielfalt zu bewältigen (vgl. auch Hanft 2016, S. 76ff.). Es war zum einen ein groß angelegtes Forschungsprojekt, das in unterschiedlichen Forschungsvarianten (grundlagen-, anwendungs- und evaluationsorientiert) vielfältige Forschungsergebnisse generierte. Zum anderen verfolgte es eine Entwicklungs-, Implementierungs- und Optimierungsperspektive mit dem Ziel, konkrete Produkte in Form von Weiterbildungsangeboten zu entwickeln, zur Marktreife zu führen und in ihrer Umsetzung und Ausgestaltung weiter zu verbessern. Schließlich war es ein zunehmend deutlicher zu Tage tre-

---

10 Zu den Aktivitäten insgesamt vgl. die Zusammenstellung auf www.wmhoch3.de/forschung-und-entwicklung/veroeffentlichungen.

tendes Organisationsentwicklungsprojekt, das die Hochschulen – zentral wie
dezentral – auf eine Öffnung für neue Zielgruppen und damit auch auf veränderte berufsbegleitende Studienformate vorbereiten sollte.

Mit dieser Rollenkomplexität von Forschen, Entwickeln, Implementieren
und Optimieren verband sich zudem eine doppelte Transdisziplinarität, da sowohl die Präsidien der drei Hochschulen als anbietende Organisationen als auch
die institutionellen Adressatinnen und Adressaten der Nachfrageseite von Anfang an federführend in das Projektgeschehen eingebunden waren und dieses
auf strategischer und operativer Ebene entscheidend mitsteuerten.

Schließlich erhöhte sich der Komplexitätsgrad des Projektes durch seine
Verbundkonstellation noch einmal in erheblicher Weise. Unterschiedliche organisationale Voraussetzungen und Strukturen, unterschiedliche disziplinäre Her-
künfte des Leitungspersonals, unterschiedliche teilstrategische Ausrichtungen
und unterschiedliche Steuerungspräferenzen der Verbundhochschulen schufen
in wechselnden Konstellationen vielfältige Austausch-, Abwägungs- und Beobachtungsmöglichkeiten, deren reflexive Bearbeitung für das Projekt insgesamt einen bedeutenden Mehrwert schuf, gleichzeitig jedoch auch eine beachtli-
che kommunikative Herausforderung darstellte.

5.1 Forschen im Verbund

Das WM^3-Projekt war eine Verbundkooperation auf den Ebenen der Konzeption, Erhebung, Auswertung und Präsentation von Forschung. In allen Phasen der
Forschung hatte das Projekt „mit einem erhöhten Aufwand an kommunikativer
Abstimmung, an arbeitsteiliger Spezifizierung und koordinierender Verbindung
sowie an der Ausbalancierung zeitlich-räumlicher Asynchronität zu tun" (Seit-
ter/Schemann/Vossebein 2015, S. 41).

Idealtypisch lassen sich drei Konstellationen kooperativer Forschung unterscheiden: die hochschulintern-arbeitspaketübergreifende, die arbeitspaketintern-
hochschulübergreifende sowie die arbeitspaket- und hochschulübergreifende
Kooperation.

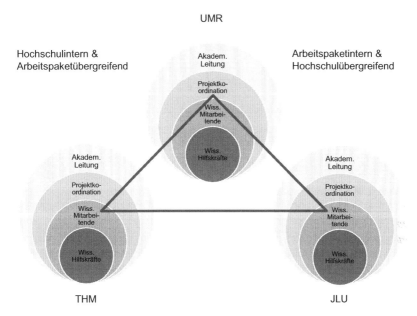

Abbildung 11: Konstellationen kooperativer Forschung

Vor allem auf der Ebene des operativen Forschungsgeschehens im Kontext der einzelnen hochschulübergreifenden Arbeitspakete bestand die Herausforderung zielgerichteter Abstimmung mit der Notwendigkeit, eine Forschungsleistung, die in der Regel personenabhängig durchgeführt wird, gleichzeitig – bzw. im Vorfeld – kooperativ abzustimmen. „Die Verbindung von Normierung und Standardisierung auf der einen Seite sowie Individualität und Subjektivität als Ressource – insbesondere bei qualitativen Erhebungs- und Auswertungsverfahren – auf der anderen Seite [machten] die explizite – und zeitaufwändige – Verbalisierung von Arbeitsstrategien, Definitionsweisen und Denkansätzen notwendig: die kooperative Erarbeitung des theoretischen Konzepts der Samplezusammenstellung oder der Leitfäden, der Einsatz von Zweierteams in den Gruppendiskussionen (Moderation und Assistenz in unterschiedlichen Rollen), die Auswertung der Materialien in mehrfach wechselnden Teams bzw. die Kombination aus arbeitsteiliger thematischer Kodierung (ein bestimmtes Thema in allen Interviews) oder arbeitsteiliger Vollkodierung (der gesamten Interviews)" (ebd., S. 43). Die Forschungsteams repräsentierten insofern eine methodische wie thematische Perspektivenvielfalt (Vorwissen), die immer wieder kontrolliert zugänglich gemacht werden musste. Latente methodische Varianz in methodisch reflektierte Validität zu überführen und (implizite) inhaltliche Breite

in explizite Bestimmtheit zu vereindeutigen, waren die zentralen Herausforderungen auf der methodisch-inhaltlichen Seite, während auf der operativen Seite
der Forschungsbedingungen (geographische Verteilung) die Herausforderung
darin bestand, räumliche Entfernung und zeitliche Diskontinuität auf unterschiedlichen Wegen zu bearbeiten und zu synchronisieren.

5.2 Doppelte Transdisziplinarität der Forschung

Neben ihrer Verbundbezogenheit lässt sich die Forschungsdimension des WM³-
Projektes auch durch ihren praxisbezogenen Verwendungskontext charakterisie-
ren. Forschung unter der Perspektive anwendungsorientierter Ergebnisprodukti-
on hieß im Kontext des WM³-Projektes daher immer auch, das wissenschaftliche Interesse an Erkenntnisgewinnung und neugierbezogener Felderschließung
mit einem mitlaufenden praktischen Interesse an der Gewinnung potentieller
Adressaten, Adressatinnen und Zielgruppen für die (Entwicklung von) wissen-
schaftliche(r) Weiterbildung vor dem Hintergrund des eigenen Einrichtungspro-
fils zu verbinden. Dieser Hybridcharakter der Forschung betraf sowohl die Pro-
jektmitarbeiterinnen und -mitarbeiter in der konkreten Ausgestaltung des
Forschungsprozesses als auch die Adressatinnen und Adressaten, die als Objek-
te/Subjekte der Forschung auch ihre eigenen – je interessegeleiteten – Gesichts-
punkte ins Spiel bringen konnten. Schließlich war die Rolle der Projektleitungen
ebenfalls durch Hybridität gekennzeichnet, da sie in diesem Prozess der Institu-
tionalisierung von wissenschaftlicher Weiterbildung als Mitinitiatoren, Beauftragte, Entwicklerinnen und Entwickler sowie als Forschende an ihren jeweiligen Hochschulen agierten (vgl. ebd., S. 40f.).
    Der Hybridcharakter der Forschung zwischen Erkenntnis- und Entwicklungs-
interesse war im Verbundprojekt zudem durch eine doppelte Transdisziplinarität
geprägt, da die Rezipienten und Anwenderinnen der Forschung in doppelter Weise präsent waren: Einerseits die Hochschule als der praktische organisationale
Anwendungskontext der Forschung auf den unterschiedlichen Ebenen der Organisation (Hochschulleitung, Verwaltung, Fachbereiche, Institute), andererseits die
Seite der Abnehmerinnen und Abnehmer, die in institutionalisierter Form als Weiterbildungsbeirat, Fachkuratorien, Kooperationspartnerinnen und -partner den
praktischen Verwertungs- und Verwendungszusammenhang der Forschung repräsentierten.
    Diese doppelte Transdisziplinarität erzeugte die Notwendigkeit und Her-
ausforderung, Mehrfachloyalität der Projektteilnehmerinnen und -teilnehmer mit
Blick auf die eigene Organisation, das eigene Fach und die konkreten feldbezo-
genen Praxiszusammenhänge vorauszusetzen und gleichzeitig zu kultivieren.

5.3 Forschung über wissenschaftliche Weiterbildung als hochschulischer Implementierungsgegenstand

Das WM³-Projekt verfolgte neben der forschungsbasierten Entwicklung und marktförmigen Umsetzung von Weiterbildungsangeboten auch das Ziel, Forschung über wissenschaftliche Weiterbildung selbst als hochschulischen Implementierungsgegenstand zu etablieren. Mit der Fachexpertise der wissenschaftlichen Leitungen (Erwachsenenbildung, Betriebswirtschaftslehre, Berufspädagogik) wurden daher im Projektkontext von Anfang an eine wissenschaftliche Profilierung des Gegenstandsbereichs und eine systematische Nachwuchsförderung angestrebt. In dieser Hinsicht verfolgte das Projekt eine konsequente wissenschaftsbezogene Öffentlichkeitsstrategie durch die kontinuierliche Produktion wissenschaftlicher Texte und die kontinuierliche (aktive) Teilnahme an einschlägigen Tagungen[11] mit einer Vielzahl an Vorträgen, Postern, (reviewten) Aufsätzen, Monographien und Sammelbänden.[12]

Die wissenschaftliche Profilierung des Projektes lief parallel mit der wissenschaftlichen Profilierung der einzelnen Mitarbeitenden, die sich durch die Themen ihrer Arbeitspakete ein (erstes) Standing in der wissenschaftlichen Fachöffentlichkeit erarbeiten konnten. Zudem verfolgten etliche Mitarbeiterinnen und Mitarbeiter neben und im Kontext der Projektarbeit ihre eigenen Promotionsvorhaben, zwei Mitarbeiter wurden bereits (kumulativ) promoviert, weitere stehen (kurz) vor der Fertigstellung ihrer Arbeiten.

Ein weiterer Schritt der Implementierung wissenschaftlicher Weiterbildung als hochschulischer Forschungsgegenstand bestand in der Verbindung des Projektes mit der grundständigen Lehre und Studierendenforschung durch entsprechende Forschungspraktika, wissenschaftliche Abschlussarbeiten (Master) oder eigenständig durchgeführte, kleinere Forschungsprojekte im Rahmen von Forschungswerkstätten.

Schließlich erfolgte über das Projekt auch eine nicht zu unterschätzende Professionalisierung der Mitarbeitenden in den vielfältigen Aspekten des Projektmanagements, in der Expertise der Antragstellung, in der Präzisierung der Arbeitspakete nach Bewilligung, in der meilensteinorientierten Umsetzung oder in der koordinationsgestützten Projektabwicklung.

Nicht zuletzt generierte das Projekt eine spezifische Expertise über Anwendungskontexte von Forschung. Pointiert formuliert bestand das Spezifikum

---

11 U.a. Jahrestagungen der Sektion Erwachsenenbildung und der Kommission Organisationspädagogik der DGfE, Tagungen der Deutschen Gesellschaft für wissenschaftliche Weiterbildung und Fernstudium und der Deutschen Gesellschaft für Hochschuldidaktik.

12 Eine Übersicht über alle Veröffentlichungen findet sich unter www.wmhoch3.de/forschung-und-entwicklung/veroeffentlichungen.

der Forschung im WM³-Kontext – und generell im Kontext wissenschaftlicher
Weiterbildung – in ihrem Eingebundensein in einen doppelten praktischen Ab-
nahme- und Umsetzungsrahmen sowie in der permanenten Reflexion der damit
verbundenen methodologisch-methodischen Konsequenzen. Entwicklungs- und
implementierungsorientierte Weiterbildungsforschung im Kontext von Hochschule lässt sich insofern als eine Variante von Aktionsforschung begreifen mit
all den – nur reflexiv einzufangenden und zu bearbeitenden – Aporien und Dilemmata ihrer Umsetzung. In wissenschaftspolitischer Hinsicht – so ließe sich
zugespitzt formulieren – verkörpert sie damit nur „eine weitere Variante einer
allgemeineren Entwicklung, die Forschung dazu auffordert – oder gar dazu
zwingt – sich selbst konkurrenzorientiert zu platzieren, zu verwerten und zu
vermarkten im stark machtgesteuerten Wettbewerb um Ressourcen und Legitimation" (Seitter/Schemmann/Vossebein 2015, S. 41).

6   WM³ als kollektives Professionalitätsentwicklungsprojekt

In der Gleichzeitigkeit der forschungsbasierten Entwicklung, Implementierung
und Optimierung wissenschaftlicher Weiterbildung lässt sich das WM³-Projekt
auch als ein kollektives hochschulisches Professionalitätsentwicklungsprojekt
beschreiben. Die Zunahme an wissensbasiertem Können im Projektverlauf betraf dabei unterschiedliche Ebenen und Dimensionen je für sich alleine, aber
auch in ihrer wechselseitigen Verschränkung: im Verbund, über die verschiedenen Projektstatusgruppen hinweg, in der Abfolge und Gleichzeitigkeit der Phasen, in der doppelten praktischen Abnahmekonstellation.
        Dieser Prozess kollektiver und wechselseitiger Professionalitätsentwick-
lung war einerseits geprägt durch die Ernsthaftigkeit der marktförmigen Angebotsumsetzung mit seinen vielfältigen kooperativen Bezügen, der Forschung
und Entwicklung immer wieder rückbezog auf Faktoren und Modi ihrer erfolgreichen Umsetzung und kommunikativen ‚Erdung' seitens der externen Partnerinnen
und Partner. Andererseits wurde er angeregt und verstetigt durch die vielfältigen
wechselseitigen Beobachtungskonstellationen, in die das Projekt eingebunden war
und die die Reflexion über das eigene Arbeiten, Wissen und Können stark beför-
derten. Vor allem aber trug der Vierklang aus Forschen, Entwickeln, Implementieren und Optimieren zu einer Professionalitätsentwicklung bei, da sehr viele
Mitarbeitende mit einer Rollenvielfalt im Projekt involviert waren und dadurch
die verschiedenen Rollen ausagieren und miteinander relationieren mussten sowie in der Spannung der verschiedenen Rollenanforderungen sowohl die Spezi-
fik und Begrenzung als auch das Potential und die Möglichkeiten der jeweiligen
Einzelrolle erleben und fruchtbar machen konnten. WM³ war insofern ein Pro-

fessionalitätsentwicklungsprojekt in der Verschränkung dieses Vierklangs – in einem gemeinsamen, kooperativen, extern wie intern abgestützten Prozess der Erfahrungsaufschichtung mit wechselnden, hybriden Rollen.

Nicht zuletzt wurde die Professionalitätsentwicklung durch das gemeinsame Schreiben befördert, das einen Prozess des zunehmenden Begreifens des eigenen Tuns einläutete. Durch die distanzierende Bezugnahme und das erneute analytisch-reflexive Durchdringen des je einzelnen und je kollektiven Handelns wurden einerseits eine Schärfung, Konkretisierung und Präzisierung, andererseits eine Systematisierung, Theoretisierung und Kontextuierung erreicht, die sich immer wieder befruchtend auf das eigene Tun auswirkten bzw. dieses in eine Wechselbeziehung – gleichzeitig oder phasenversetzt – zur schreibenden Analyse brachten (vgl. dazu auch die Überlegungen in Seitter/Friese/Robinson 2018b).

7   Verstetigungsperspektiven – Ausblick und Epilog

Am 30.9.2017 endete nach einer sechsjährigen Laufzeit und einer (fast) zweijährigen Vorbereitungsphase das Projekt WM³ Weiterbildung Mittelhessen. Über das Ende der Projektlaufzeit hinaus wird WM³ als Verbund der drei Hochschulen jedoch weiter verstetigt werden[13] ebenso wie die wissenschaftliche Weiterbildung als zusätzliches Angebotssegment innerhalb der jeweiligen Hochschulen mit den entsprechenden organisationsstrukturellen Absicherungen verstetigt wird. Die entscheidende Herausforderung für eine langfristige Verankerung in die Hochschulstrukturen wird jedoch darin liegen, die umgesetzten Angebote weiterhin erfolgreich zu vermarkten, neue Angebote mit Nachfragepotential zu entwickeln und über den Erfolg der Produkte die wissenschaftliche Weiterbildung insgesamt als – zunehmend bedeutsameres – Angebotssegment an Hochschulen zu institutionalisieren.

Vergegenwärtigt man sich in einer nachträglichen reflexiven Zusammenschau den langen projektgetriebenen Prozess der Entwicklung und Implementierung wissenschaftlicher Weiterbildung an den drei Verbundhochschulen, so lässt sich dieser Prozess – in einer allgemeineren Perspektive – auch als Frage danach fassen, wie denn Innovation in die Organisation Hochschule kommt. In der Rückschau lassen sich – aus der subjektiven und sicherlich selektiven Sicht des Autors – drei Dimensionen für den Erfolg formulieren:

Durch die marktorientierte Entwicklung einer relativ großen Anzahl von Weiterbildungsangeboten (24) in der kurzen Zeit der ersten Förderphase gelang

---

13 Vgl. dazu auch die Ausführungen von Lengler/Sweers in diesem Band.

in einem organisational riskanten Kraftakt die ernsthafte Ausrichtung wichtiger Teile der Organisation mit Entscheidungskompetenz auf die wissenschaftliche Weiterbildung. In gewisser Weise dem Ansatz des Design Thinking verwandt, erfolgte – häufig gemeinsam mit externen Kooperationspartnerinnen und -partnern – ein schnelles ‚Prototyping' der Angebote, die im Vollzug der schnellen marktförmigen Umsetzung gemeinsam mit allen Akteuren – dann auch mit den individuellen Endabnehmerinnen und -abnehmern – optimiert wurden und die auch die Organisation Hochschule unter den Zugzwang eines entsprechenden Commitments brachte.

Zweitens benötigten das Projekt und insbesondere die wissenschaftlichen Leitungen einen langen Atem mit einer facettenreichen Implementierungsdiplomatie. Als Projektakteure mit Veränderungsabsicht in die Strukturen der Hochschule hinein wurden sie als ‚Innovationsinkubatoren' oder auch als institutionelle ‚Unruhestifter' mit einer mehr oder weniger stark ausgeprägten Reserviertheit beobachtet. Entsprechende Spannungen und/oder Vorbehalte konnten kommunikativ nur durch vielfältige Übersetzungsleistungen und eine ausgeprägte Fähigkeit zur innersprachlichen Mehrsprachigkeit bearbeitet werden.

Schließlich war der Erfolg abhängig von einer – nicht immer (ganz) gelingenden – Passung und Synchronisationsleistung zwischen Produkt-, Personen- und Organisationsreife.[14] Die wechselseitige Erschließung und Abstimmung zwischen nachfragegestützter Angebotsentwicklung, handlungswilligen und -kompetenten Akteuren in einer hybriden Rollenstruktur und unterstützenden – häufig erst noch festzulegenden – Organisationsleistungen in einem dafür vorgesehenen limitierten Zeitfenster waren – und sind – hoch voraussetzungsreich und von vielen glücklichen, zeitsensiblen Fügungen abhängig. WM³ repräsentiert in dieser Hinsicht auch ein Arbeiten für ein zwar angestrebtes, in seiner Umsetzung jedoch nicht wirklich voraussehbares ‚glückhaftes' Gelingen.

Literatur

Feld, Timm C./Franz, Melanie (2016): Wissenschaftliche Weiterbildung als Gestaltungsfeld universitären Bildungsmanagements. Ergebnisse einer explorativen Fallstudie. In: *Zeitschrift für Pädagogik*, 62. Jg., H.4, S. 513-530.
Franz, Melanie (2017): Organisationszeit der wissenschaftlichen Weiterbildung. In: Seitter, Wolfgang (Hrsg.): *Zeit in der wissenschaftlichen Weiterbildung*. Wiesbaden: Springer VS, S. 159-172.

---

14 Vgl. zu diesen Aspekt die Befunde eines DFG-Projektes, das zeitgleich zum WM³-Projekt an der Philipps-Universität Marburg unter dem Titel ‚Wissenschaftliche Weiterbildung als Gestaltungsfeld universitären Bildungsmanagements – eine explorative Fallstudie' durchgeführt wurde (Feld/Franz 2016; Franz 2017).

Hanak, Helmar/Sturm, Nico (2015a): *Anerkennung und Anrechnung außerhochschulisch erworbener Kompetenzen. Eine Handreichung für die wissenschaftliche Weiterbildung.* Wiesbaden: Springer VS.

Hanak, Helmar/Sturm, Nico (2015b): *Außerhochschulisch erworbene Kompetenzen anrechnen. Praxisanalyse und Implementierungsempfehlungen.* Wiesbaden: Springer VS.

Hanft, Anke/Brinkmann, Katrin/Kretschmer, Stefanie/Maschwitz, Annika/Stöter, Joachim (2016): *Organisation und Management von Weiterbildung und Lebenslangem Lernen an Hochschulen. Ergebnisse der wissenschaftlichen Begleitung des Bund-Länder-Wettbewerbs „Aufstieg durch Bildung: offene Hochschulen"*, Band 2. Münster: Waxmann.

Hartung, Olaf/Rumpf, Marguerite (2015) (Hrsg.): *Lehrkompetenzen in der wissenschaftlichen Weiterbildung. Konzepte, Forschungsansätze und Anwendungen.* Wiesbaden: Springer VS.

Seitter, Wolfgang/Schemmann, Michael/Vossebein, Ulrich (2015): Bedarf – Potential – Akzeptanz. Integrierende Zusammenschau. In: Dies. (Hrsg.): *Zielgruppen in der wissenschaftlichen Weiterbildung. Empirische Studien zu Bedarf, Potential und Akzeptanz.* Wiesbaden: Springer VS, S. 23-59.

Seitter, Wolfgang/Friese, Marianne/Robinson, Pia (2018a) (Hrsg.): *Wissenschaftliche Weiterbildung zwischen Implementierung und Optimierung. WM³ Weiterbildung Mittelhessen.* Wiesbaden: Springer VS.

Seitter, Wolfgang/Friese, Marianne/Robinson, Pia (2018b): Zusammenfassende Gesamtschau und Kommentierung: Ergebnisse – Prozesse – Ausblicke. In: Dies. (Hrsg.): *Wissenschaftliche Weiterbildung zwischen Implementierung und Optimierung. WM³ Weiterbildung Mittelhessen.* Wiesbaden: Springer VS, S. 379-388.

Sturm, Nico/Spenner, Katharina (2018) (Hrsg.): *Wissenschaftliche Weiterbildung und Organisationsentwicklung – Beiträge zur nachhaltigen Implementierung in die Hochschulstrukturen.* Wiesbaden: Springer VS.

Dimensionen

Bedarfe und Zielgruppen in der wissenschaftlichen Weiterbildung als relationale Größen

Wolfgang Seitter/Ramona Kahl[1]
unter Mitwirkung von *Michael Schemmann/Ulrich Vossebein/ Anika Denninger/Sandra Habeck/Asja Lengler/Sarah Präßler*

Zusammenfassung

Der Beitrag fokussiert Bedarfe und Zielgruppen als relationale Größen, die nicht unabhängig voneinander zu bestimmen sind. Am Beispiel einer großangelegten empirischen Studien verdeutlicht er zudem den vierfachen Zielgruppenbezug der wissenschaftlichen Weiterbildung mit den Notwendigkeit, externe Zielgruppen (Unternehmen, Individuen) und interne Zielgruppen (wissenschaftliches und administratives Personal) aufeinander zu beziehen und ihre jeweiligen Bedarfe zu berücksichtigen. In diesem Zusammenhang wird Kooperativität als ein übergreifender Handlungsmodus wissenschaftlicher Weiterbildung herausgestellt.

Schlagwörter

Bedarfe, Zielgruppen, Wissenschaftliche Weiterbildung, Matching, Kooperativität

Inhalt

---

1 *Wolfgang Seitter* | Philipps-Universität Marburg | seitter@staff.uni-marburg.de
  Ramona Kahl | Philipps-Universität Marburg | ramona.kahl@staff.uni-marburg.de

1 Einleitung

Für die Entwicklung von abschlussorientierten Angeboten wissenschaftlicher
Weiterbildung, die berufsbegleitend organisiert und kostenpflichtig angeboten
werden, ist es entscheidend, frühzeitig die Bedarfe der adressierten Zielgrup-
pe(n) zu erkennen und diese bei der Planung entsprechend einzubeziehen.[2] Die
im Wettbewerb „Aufstieg durch Bildung: offene Hochschulen" adressierten
Zielgruppen – u.a. Erwerbstätige, Personen mit Familienpflichten sowie Berufsrückkehrerinnen und Berufsrückkehrer – können dabei als individuelle Zielgruppen wissenschaftlicher Weiterbildung verstanden werden. Diese stehen
nicht nur im Zentrum der vielfältigen Forschungs- und Entwicklungsbestrebun-
gen im Rahmen der einzelnen geförderten Projekte (vgl. als Überblick Wol-
ter/Banscherus/Kamm 2016). Vielmehr sind sie auch im Fokus der erwachse-
nenpädagogischen Adressaten- und Programmplanungsforschung insgesamt, die
seit dem ausgehenden 19. Jahrhundert in unterschiedlicher – theoretisch wie methodisch angeleiteter – Weise Bedarfe für individuelle Personengruppen (als
Teilnehmende, Adressatinnen und Adressaten, Zielgruppen, Milieus etc.) zu bestimmen und für Programmplanungszwecke nutzbar zu machen sucht (vgl. u.a.
Born 1991; Nahrstedt u.a. 1998; Bremer 2007).

Neben individuellen Zielgruppen sind in den letzten zwei Jahrzehnten –
insbesondere im Praxisfeld der Weiterbildung – zunehmend institutionelle Zielgruppen ins Zentrum der Aufmerksamkeit gerückt.[3] Auch Unternehmen, Sozial-
einrichtungen oder Behörden haben erhebliche Weiterbildungsbedarfe, zu deren
Deckung Einrichtungen ihre Mitarbeitenden als Organisationsangehörige in entsprechende (interne oder externe) Schulungen/Fortbildungen delegieren. Im
Segment der kostenpflichtigen wissenschaftlichen Weiterbildung ist dieser institutionelle Zielgruppenbezug besonders wichtig, da institutionelle Kunden und
Abnehmer sowohl mit Blick auf eine bedarfsgerechte Ausgestaltung der Angebote als auch hinsichtlich des Finanzrisikos (Abnahmekontingente) eine enorm
wichtige Rolle spielen.[4]

---

2   Zur Nachfrageorientierung als neuem Steuerungsmodus hochschulischer Angebotsentwicklung
    im Kontext wissenschaftlicher Weiterbildung vgl. Seitter 2014.
3   Dieser Bedeutungszuwachs hat bislang allerdings kaum einen Niederschlag in der wissenschaft-
    lichen Erforschung institutioneller Zielgruppen gefunden. Die erwachsenenpädagogische Ad-
    ressaten- und Programm(planungs)forschung hat sich nur marginal mit diesem Themenfeld be-
    schäftigt. Einige Studien, die in jüngster Zeit erschienen sind, fokussieren zwar die betriebliche
    Weiterbildung in Unternehmen, aber eher unter dem Gesichtspunkt selektiver Beteiligung oder
    multipler Funktionszuschreibungen und weniger unter dem Aspekt der konkreten Prozesse von
    Bedarfserhebung. Vgl. etwa von Hippel/Röbel 2016 und Käpplinger 2016.
4   Zur Rolle von Unternehmen und einer entsprechenden ‚unternehmerischen‘ Mentalität an
    Hochschulen vgl. Maschwitz 2015.

Neben diesen beiden externen Zielgruppen sind für eine erfolgreiche Realisierung wissenschaftlicher Weiterbildung jedoch auch die Bedarfe der internen Zielgruppen von Hochschulen von Bedeutung, die – ebenso wie die externen – für eine Beteiligung an der wissenschaftlichen Weiterbildung (erst noch) gewonnen werden müssen. Dieser wenig selbstverständliche Beteiligungsmodus resultiert aus der nach wie vor marginalen Stellung von wissenschaftlicher Weiterbildung im Vergleich zu den beiden anderen hochschulischen Hauptfunktionen von Forschung und (grundständiger) Lehre. Weiterbildung ist zwar nicht de jure, aber de facto eine Nebenfunktion von Hochschulen, so dass die Hochschule als Organisation und mit Blick auf ihr Personal für diese Aufgabe in besonderer Weise (immer wieder neu) sensibilisiert und motiviert werden muss.[5] Als die beiden internen Zielgruppen wissenschaftlicher Weiterbildung sind einerseits die hochschulische Verwaltung inklusive Hochschulleitung, andererseits die Gruppe der Wissenschaftlerinnen und Wissenschaftler zu nennen. Die Gewinnung dieser beiden internen Zielgruppen ist für eine erfolgreiche Umsetzung wissenschaftlicher Weiterbildung mindestens genauso entscheidend wie die gelingende Ansprache und Bindung externer Zielgruppen.

Das Verbundprojekt WM[3] Weiterbildung Mittelhessen[6] geht daher von der These aus, wissenschaftliche Weiterbildung als Resultante eines vierfachen Zielgruppenbezuges und eines gelingenden Matchings zwischen diesen vier Zielgruppen und ihren jeweiligen Bedarfen zu begreifen. Es ist gerade nicht nur der (alleinige) Fokus auf externe Zielgruppen, der den Erfolg wissenschaftlicher

---

5   Der Einbezug von und die Aufmerksamkeitsfokussierung auf interne(n) Adressaten stellt sich als Problem und Herausforderung nicht nur im Kontext der wissenschaftlichen Weiterbildung, sondern ist überall dort anzutreffen, wo Weiterbildung organisatorisch-institutionell nicht als Hauptfunktion der jeweiligen Einrichtung betrachtet wird. Diese strukturellen Unterschiede zwischen expliziten (Hauptfunktion) und impliziten (Nebenfunktion) Weiterbildungseinrichtungen mit den daraus resultierenden Unterschieden in der adressatenbezogenen Handlungskoordination für die entsprechende Angebotsentwicklung hat die erwachsenenpädagogische Programmplanung(sforschung) bislang (fast) vollständig ausgeblendet. Vgl. dazu ausführlicher Schemmann/Seitter 2014, S. 156ff.

6   Die drei mittelhessischen Hochschulen Justus-Liebig-Universität Gießen, Philipps-Universität Marburg und Technische Hochschule Mittelhessen haben sich im Hinblick auf ihre gemeinsamen Entwicklungsplanungen im Bereich der wissenschaftlichen Weiterbildung zum Verbundprojekt „WM[3] Weiterbildung Mittelhessen" zusammen geschlossen, um mit Hilfe des BMBF-Wettbewerbs „Aufstieg durch Bildung: offene Hochschulen" ein an wirtschaftlichen und gesellschaftlichen Interessen optimal ausgerichtetes Weiterbildungsangebot zu schaffen und zu einer nachhaltigen Stärkung der wissenschaftlichen Weiterbildung an den Hochschulen beizutragen. Dieses Vorhaben wurde in der ersten Förderphase (2011-2015) aus Mitteln des BMBF und aus dem ESF der EU mit den Förderkennzeichen 16OH11008, 16OH11009, 16OH11010 und in der zweiten Förderphase (2015-2017) mit den Förderkennzeichen 16OH12008, 16OH12009, 16OH12010 aus Mitteln des BMBF gefördert. Weitere Projektinformationen sind unter www.wmhoch3.de zu finden. Zu Zielen, Strukturen und Erträgen des Projektes vgl. die entsprechenden Ausführungen von Seitter in diesem Band.

Weiterbildung ausmacht, sondern das kluge Matching und Relationieren der externen Bedarfe mit den Möglichkeiten und Bedarfen der internen Zielgruppen. Diese These wird im folgenden Beitrag ausgeführt, indem Ergebnisse eines großen forschungsnahen Arbeitspakets aus der ersten Förderphase verdichtet präsentiert werden. Dazu wird zunächst das Arbeitspaket in seiner komplexen Anlage eines vierfachen Bedarfs- und Zielgruppenbezugs skizziert, die empirischen Ergebnisse verdichtet vorgestellt sowie die Matchingproblematik erörtert (2). In einem weiteren Schritt werden Bedarfe und Zielgruppen als relationale Größen dargestellt (3) sowie der damit einhergehende Organisationsstatus wissenschaftlicher Weiterbildung erläutert (4). Als bündelnde These des Aufsatzes wird abschließend Kooperativität als übergreifender Handlungsmodus wissenschaftlicher Weiterbildung fokussiert (5).

2 Bedarf – Potential – Akzeptanz: Drei Studien zur Bedarfserhebung

Im Verbundprojekt WM^3 sind im Rahmen einer komplexen Bedarfserhebung drei Teilforschungsprojekte zu Bedarfen, Potentialen und Akzeptanzbedingungen von wissenschaftlicher Weiterbildung durchgeführt worden.[7] Dabei bezogen sich die drei Teilprojekte auf die vier in der Einleitung bereits skizzierten Zielgruppen, die in den Teilprojekten einer weiteren Differenzierung unterzogen wurden:

- Bei den externen individuellen Zielgruppen *(Bedarfsanalyse)* wurden die durch den Wettbewerb anvisierten Personengruppen auf ihre Bedarfe und Erwartungen mit Blick auf die wissenschaftliche Weiterbildung untersucht.
- Bei den externen institutionellen Zielgruppen *(Potentialanalyse)* wurden Profit-Einrichtungen, Non-Profit-Einrichtungen und Stiftungen unterschieden, wobei bei den ersten beiden sowohl intermediäre Organisationen als auch Einzelorganisationen untersucht wurden.[8]
- Bei den internen Zielgruppen *(Akzeptanzanalyse)* wurden sowohl das Verwaltungspersonal/die Hochschulleitung (institutionelle Zielgruppe) als auch Wissenschaftlerinnen und Wissenschaftlicher (individuelle Zielgruppe) anvisiert. Die Zielgruppe der Wissenschaftlerinnen und Wissenschaftler wurde dabei nach dem Grad ihrer Beteiligung(sbereitschaft) an wissenschaftli-

---

7   Die Ausführungen dieses Kapitels stellen ein verdichtetes Extrakt der Publikation dar, die in ausführlicher Form die methodischen Überlegungen und empirischen Befunde der Bedarfserhebung präsentiert (vgl. Seitter/Schemmann/Vossebein 2015).
8   Als intermediäre Organisationen werden Einrichtungen bezeichnet, deren (Haupt-)Zweck in der Koordinierung nach innen und lobbyistischen Vertretung einer Branche oder eines Wirtschaftsclusters nach außen liegt.

cher Weiterbildung weiter ausdifferenziert (bereits in der Weiterbildung aktiv Engagierte, Personen, die ein Weiterbildungsangebot planen, Wissenschaftlerinnen und Wissenschaftler, denen aufgrund der Ausrichtung ihrer Professuren vom Projekt ein Potential für Weiterbildungsangebote zugeschrieben wurde).

Insgesamt stellt sich das Spektrum der vier Zielgruppen mit ihren Untergruppen folgendermaßen dar:

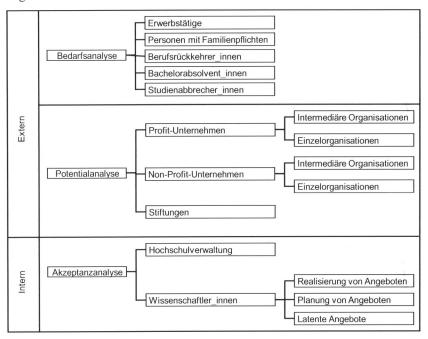

Abbildung1:   Gesamtspektrum der untersuchten Zielgruppen

In methodischer Hinsicht arbeiteten die drei Projekte mit einem aufwendigen Methodenmix. Neben Literaturauswertungen und Homepageanalysen wurden als Erhebungsmethoden Fragebögen, Interviews mit Expertinnen und Experten sowie Gruppendiskussionen eingesetzt. Bei den Auswertungsmethoden kamen Verfahren der deskriptiven Statistik sowie inhalts- und sequenzanalytische Verfahren zum Einsatz.

In konzeptionell-begrifflicher Perspektive wurden die Bedarfslagen der vier Zielgruppen unterschiedlich akzentuiert. In der Regel unterscheidet die erwachsenenpädagogische Literatur zur Bedarfserfassung und Programmplanung

zwischen gesellschaftlichen (organisationalen) Bedarfen und individuellen Bedürfnissen (vgl. exemplarisch Schlutz 2006, S. 39ff.). Diese schematische Ge-
genüberstellung ist bei einer genaueren Analyse jedoch zu einfach und unter-
komplex. Bedarfe aus gesellschaftlicher und/oder organisationaler Perspektive
können/müssen immer auch auf Individuen zugerechnet werden und umgekehrt
können/müssen Bedürfnisse aus individueller Perspektive zu ihrer Realisierung
auf familiale, organisationale oder gesellschaftliche Ressourcen zurückgreifen.
Das Verhältnis von individuell und institutionell ist daher häufig durch eine explizite oder implizite doppelte Adressatenkonstellation gekennzeichnet: Individuen als Nachfrager/Adressaten sind – auch – Angehörige einer Organisation
(Betrieb) oder Teil eines sozialen Unterstützungssystems (Familie), Organisationen als Nachfrager/Adressaten sind auf Individuen angewiesen, die als delegierte
Organisationsmitglieder gleichzeitig auch ihre individuellen Ziele (mit-)verfolgen
(können und werden). Aus diesen Spannungen resultieren komplexere Abstim-
mungs-, Matching- und Passungsherausforderungen, als die einfache Gegen-
überstellung von gesellschaftlichen Bedarfen und individuellen Bedürfnissen
suggeriert. Daher werden in den folgenden Überlegungen die beiden Begriffe
synonym verwendet bzw. Bedarf als allgemeiner Oberbegriff genutzt.

Jenseits dieses Oberbegriffs nutzte das Projekt gleichwohl weitere Differenzierungen, um die unterschiedlichen Bedarfskonstellationen und Erwar-
tungsperspektiven zu verdeutlichen.[9] Die Bedarfe und Erwartungen der individuellen Zielgruppen wurden mit dem Begriff Bedarf(-sanalyse), die Bedarfe und
Erwartungen der institutionellen Zielgruppen dagegen mit dem Begriff Potenti-
al(-analyse) gekennzeichnet. Die Analyse der beiden hochschulinternen Zielgruppen des wissenschaftlichen und administrativen Personals wurde schließlich
unter dem Begriff der Akzeptanz durchgeführt. Mit diesen unterschiedlichen
Begriffen werden unterschiedliche Aspekte von Bedarf akzentuiert: inhalts- und
umsetzungsbezogene, angebots- und organisationsbezogene sowie führungs-
und funktionsbezogene Aspekte. Diese Nuancierungen lassen sich auch um-
standslos unterschiedlichen didaktischen Ebenen zuordnen: Themen/Inhalte
(Mikrodidaktik), Lehr-/Lernsettings (Mikrodidaktik), organisations- und profes-
sionsbezogene Rahmungen (Mesodidaktik) sowie allgemeine rechtliche, finanzielle und zeitliche Vorgaben/Bestimmungen (Makrodidaktik).

Bedarfe und Bedarfserhebung betreffen daher nicht nur die konkrete thematisch-inhaltliche Erwartungsseite, sondern ebenso die Vorgaben/Möglichkei-
ten der konkreten Umsetzung und die damit verbundenen rechtlich-finanziellen

---

9 An dieser Stelle gibt es eine begriffliche Inkonsistenz, da Bedarf einerseits als Oberbegriff für
alle drei Teilprojekte (Bedarfserhebung) und andererseits als Begriff der individuumsbezogenen
Bedarfsanalyse verwendet wurde. Diese Inkonsistenz im Projektantrag und in der Gesamtpubli-
kation wurde auch für diesen Aufsatz nicht bereinigt.

Rahmenbedingungen. Bedarfe sind insofern weit mehr – als in der Literatur in der Regel beschrieben – mit konkreten Vorstellungen ihrer angebotsbezogenen Realisierung verknüpft. Inhaltsbezogene Bedarfe stehen daher in einem multidimensionalen Verweisungszusammenhang zu konkreten oder erwarteten Angeboten.

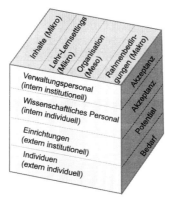

Abbildung 2:   Bedarfe und ihre Dimensionierungen

Die Erhebung von Bedarfen und der Prozess der Bedarfsartikulation sind somit untrennbar verbunden mit den unterschiedlichen Möglichkeiten ihrer programmbezogenen Realisierung sowie den sie tragenden individuellen oder institutionellen Routinen und rahmenden Voraussetzungen. Dies macht es auch so schwierig, im Bereich der wissenschaftlichen Weiterbildung erfolgreich Bedarfsbestimmungen vorzunehmen, wenn bei den unterschiedlichen Zielgruppen das Angebotssegment der wissenschaftlichen Weiterbildung kaum bekannt, wenig konkret bestimmt oder als eine bislang vernachlässigte Aufgabe wahrgenommen wird.

Die in der Literatur beschriebenen Schwierigkeiten, zwischen Hochschulen und Unternehmen zu einer präzisen Bedarfsartikulation zu kommen (vgl. Meyer-Guckel et al. 2008; Maschwitz 2014), hängen möglicherweise weniger mit dem (fehlenden) Wissen um konkrete Bedarfe zusammen, sondern vielmehr mit dem Nichtwissen und der Intransparenz dessen, was unter Angeboten der wissenschaftlichen Weiterbildung überhaupt zu verstehen ist. Daher ist Bedarfsbestimmung bei institutionellen externen Zielgruppen immer auch eine Frage der (realistischen) Potentiale einer Zusammenarbeit mit Hochschulen, um konkrete Bedarfe auch tatsächlich auf Programme wissenschaftlicher Weiterbildung beziehen zu können. Und ebenso wenig lässt sich die Zurückhaltung des wissenschaftlichen Personals im Bereich der wissenschaftlichen Weiterbildung als

Ausdruck mangelnden Wissens um konkrete Bedarfe der externen Zielgruppen deuten. Vielmehr drückt sich in dieser Reserviertheit auch die – erfahrene oder antizipierte – Nicht-Berücksichtigung der eigenen Bedarfe mit Blick auf Reputation, Zeit, Unterstützungsstrukturen etc. aus. Die im Folgenden präsentierten Befunde zur Bedarfserhebung lassen u.a. genau diese Schlussfolgerungen zu.[10]

Die nachstehende summarische Ergebnisdarstellung der Bedarfserhebung beschränkt sich auf die Präsentation zentraler Befunde, die im Detail in den bereits publizierten Einzelstudien nachgelesen werden können. Wichtiger als die detaillierte Darstellung der je einzelnen Befunde ist die Frage des Zusammenspiels, der Relationierung, des Matchings der zielgruppenspezifischen Bedarfe für die Gesamtrealisierung wissenschaftlicher Weiterbildung und die daraus resultierenden Anforderungen an das verantwortliche Personal.

2.1 Bedarf

Die Ergebnisse der Bedarfsanalyse (vgl. Präßler 2015) lassen sich einerseits nach Themen, andererseits nach Zielgruppen clustern. Während die themenspezifischen Ergebnisse die Hochschule als Ort für Weiterbildung, die Motivation zur Weiterbildung, die Barrieren der Weiterbildung und die Anforderungen an Weiterbildungsangebote betreffen, verdeutlichen die zielgruppenspezifischen Befunde die unterschiedlichen Bedarfs- und Ausgangslagen der befragten Personen(gruppen):

Erwerbstätige

- Erwerbstätige nehmen überproportional an Weiterbildung teil
- Zertifikats- und Zeugnisurkunden sind nicht so wichtig
- Karrieremotive sind häufig Grund für Weiterbildung
- Leistungsdruck in der Weiterbildung wird nicht bemängelt
- Weiterbildung wird stark nach den Inhalten ausgewählt
- Blended-Learning-Konzepte werden bevorzugt

Bachelorabsolvent_innen

- Aufstiegsfortbildung hat einen hohen Stellenwert
- Bedeutung des Bachelors ist unklar
- Beruflicher Aufstieg durch Master
- Persönliche Weiterentwicklung

---

10 Vgl. zu diesem Themenkomplex auch die weitergehenden Ausführungen von Denninger/Siegmund/Bopf 2018.

- Informationen auch über die Alumni-Vereine
- Spezialisierungen werden gesucht
- Modularer Aufbau wird bevorzugt

Personen mit Familienpflichten

- Zeitlich stark eingeschränkte Ressourcen
- Vorteil, wenn Weiterbildung während der Arbeitszeit stattfindet
- Problem für Frauen größer als für Männer
- Versorgung der Kinder ist wichtig
- Flexibilität ist eingeschränkt
- Präferenz eher für in der Woche als für Wochenende
- Vereinbarkeit mit Familie und Beruf

Berufsrückerer_innen

- Kaum regelmäßige Informationen über Weiterbildungsmöglichkeiten
- Sicherheit für den erneuten Berufseinstieg
- Beratungs- und Informationsangebote sind notwendig
- Ausbau von Teilzeitmöglichkeiten

Studienabbrecher_innen

- Skepsis gegenüber der Hochschule als Weiterbildungsanbieter
- Studium zu theorielastig
- Prüfungsdruck zu hoch
- Zu wenig praktischer Bezug
- Durchlässigkeit gefordert

2.2 Potential

Auch die Ergebnisse der Potentialanalyse (vgl. Habeck/Denninger 2015) lassen sich nach übergreifenden Themen und einrichtungsspezifischen Erwartungen unterteilen. Als übergreifende Themen sind die multiperspektivischen Erwartungshaltungen an Hochschulen generell, an Kooperationen, an die wissenschaftliche Weiterbildung sowie an die Angebote zu nennen. Die einrichtungsspezifischen Ergebnisse stellen sich wie folgt dar:

Profit-Bereich

- Hohe Dienstleistungserwartung an Hochschulen *(Kundenrolle)*

- Hochschulen sollen sich an Wünschen und Bedarfen der Unternehmen orientieren
- Nutzen der Weiterbildung liegt u.a. in Innovationsförderung, Qualitätssteigerung der Arbeit
- Hohe Erwartung an Flexibilität, Geschwindigkeit, Anpassung
- Skepsis, ob Hochschulen die Dienstleisterrolle einnehmen (können)

Non-Profit

- Hochschulen werden als gleichgestellte Partner betrachtet (Partnerrolle)
- Kommunikation auf Augenhöhe entscheidend
- Bereitschaft, bei Angebotsentwicklung von Anfang an involviert zu sein
- Nutzen liegt verstärkt auf Mitarbeiter_innen-Ebene
- Forderung nach klar identifizierbaren Ansprechpersonen an Hochschulen

Stiftungen

- Weiterbildung dient als Mittel zum Stiftungszweck (Distributorenrolle)
- Hochschulen sind als Ort der Weiterbildung kaum bekannt
- Weiterbildung muss öffentlichkeitswirksam sein (Stiftungszweck)
- Teilnehmende sollen sich auch in gesellschaftlichen und politischen Themen weiterbilden (über den Tellerrand blicken)
- Vergabe von Stipendien zur individuellen Teilnahmeförderung

2.3 Akzeptanz

Die Befunde der Akzeptanzanalyse (vgl. Kahl/Lengler/Präßler 2015) differenzieren sich in themen-, teilgruppen- und hochschulbezogene Ergebnisse. Die zentralen Themenbereiche einer Beteiligung(sbereitschaft) an wissenschaftlicher Weiterbildung innerhalb der Hochschulen untergliedern sich in organisationale Voraussetzungen und Bedingungen, personale Ressourcen und Motivlagen sowie angebotsbezogene Erwartungen und Annahmen über die Zielgruppen. Bei den teilgruppenbezogenen Befunden zeigen sich die unterschiedlichen Bezugssysteme der internen Akteure (Institution Hochschule bzw. Lehre und Forschung):

Hochschulverwaltung

- Entwicklung eines Weiterbildungsprofils im Rahmen der organisationalen Möglichkeiten und Ziele
- Positionierung im Feld der Weiterbildung

- Sicht auf Weiterbildung variiert: Chance zur Erschließung neuer Arbeitsfelder und Zielgruppen, tolerierbares Randphänomen neben dem Kerngeschäft oder nachrangige Zusatzaufgabe mit riskanter Mehrbelastung
- Wissenschaftler_innen als Kernressource, deren Einsatz in der Weiterbildung mit ihren anderen Aufgaben an der Hochschule abzuwägen ist

Wissenschaftler_innen

- Individuelle Motivlagen, Berufsbiographien, Bildungsdefinitionen, Praxisaffinitäten sowie Kooperationen in Wissenschaft und Praxis bedingen das Interesse an Weiterbildung
- je nach Beteiligungsgrad an Weiterbildung sind unterschiedliche Herausforderungen benannt, die mit entsprechenden Anforderungen an die Hochschulverwaltung korrelieren:
  - in der Realisierungsphase bedarf es organisational-infrastruktureller Entlastung
  - in der Planungsphase stehen administrativ-organisationale Unterstützungsleistungen und Zielformulierungen im Vordergrund
  - in der latenten Phase geht es um die Klärung organisational-politischer Rahmenbedingungen und den Ausbau der Förderung (Deputatsanrechnung)
- Hochschulverwaltung stellt Rahmenbedingungen der Beteiligung und ist eine notwendige organisationale Unterstützungs- und Förderungsstruktur

Darüber hinaus erweisen sich hochschulbezogene Bedingungen als relevant. Die Möglichkeiten, Hemmnisse und Bereitschaften, sich in wissenschaftlicher Weiterbildung zu engagieren, hängen mit dem Etablierungsstatus, dem Institutionalisierungsgrad, der Attraktivität des Hochschulstandorts sowie dem hochschulischen Interesse, neue Zielgruppen als Studierende zu gewinnen, zusammen.

2.4 Relationierung und Matching als Herausforderung

Wie können nun diese vier Zielgruppen in ihren Bedarfen/Erwartungen aufeinander bezogen werden, da – so die Ausgangsthese des Aufsatzes – die Relationierung und das Matching dieser vier Zielgruppen eine, wenn nicht sogar *die* entscheidende Gelingensbedingung für die erfolgreiche Realisierung wissenschaftlicher Weiterbildung darstellt. Diese Relationierung kann systematisch unterschiedliche Formen annehmen: über gemeinsame Themen, über variierende bilaterale Relationierungen (angebots- oder nachfrageseitig, institutionell oder individuell) oder über eine – überaus anspruchsvolle und voraussetzungsreiche – Vierfachrelationierung.

Relationierung über gemeinsame Themen

Betrachtet man die Befunde der Bedarfserhebung, so lassen sich Themen identifizieren, die von allen vier Zielgruppen als bedeutsam angesprochen werden. Diese prioritären und häufig auch ‚erfolgskritischen' Themen beeinflussen in erheblichem Maße die Art und Weise der Bedarfsartikulation/Bedarfsfeststellung. Häufig sind sie der inhaltlichen Bedarfsfeststellung vorgelagert bzw. beziehen sich auf die Möglichkeiten der konkreten (angebotsbezogenen) Bedarfsrealisierung. Ein zentrales Thema ist in dieser Hinsicht die Frage danach, was wissenschaftliche Weiterbildung überhaupt ist. Diese Frage wird nicht nur von den externen, sondern frappierender Weise gerade auch von den internen Zielgruppen formuliert. Wissenschaftliche Weiterbildung ist in gewisser Weise eine *black box*, ihre Programme, Formate, Angebotssegmente sind wenig bekannt. Intern gibt es Abgrenzungsschwierigkeiten zur wissenschaftlichen Nachwuchsförderung, zur hochschulischen Personalentwicklung, zur Gasthörerschaft oder zur allgemeinen öffentlichkeitsbezogenen Weiterbildung. Extern haben viele Einrichtungen und Personen keine Vorstellung darüber, dass und in welcher Weise Hochschulen Angebote der wissenschaftlichen Weiterbildung vorhalten bzw. entwickeln können. Damit verbunden sind auch Probleme mangelnder Transparenz und Sichtbarkeit nach innen wie nach außen. Moniert werden beispielsweise ungeklärte Informationswege und Adressierbarkeiten, mangelnde Sprechfähigkeit und unklare Zuständigkeiten bei Fragen wissenschaftlicher Weiterbildung. All dies hat Auswirkungen auf die Möglichkeiten potentiell Interessierter, Hochschulen als Dienstleister zur eigenen Bedarfsdeckung überhaupt in Erwägung zu ziehen.[11]

Bilaterale, horizontale und vertikale Relationierungen

Eine weitere Möglichkeit des Matchings liegt in einer angebotsseitigen, nachfrageseitigen, institutionellen oder individuellen Zielgruppenrelationierung. Systematisch lassen sich die vier Zielgruppen in einer Vierfeldermatrix anordnen, die bilateral in horizontaler und vertikaler Richtung relationiert werden können:

---

11 Weitere gemeinsame bzw. übergreifende Themen sind Zeit/Zeitknappheit, Ressourcen oder das (zugeschriebene) Verständnis von Hochschulbildung als (öffentliches) Gut.

Abbildung 3:   Bilaterale, horizontale und vertikale Relationierungen

Bei der nachfragebezogenen Relationierung (extern) stehen Fragen der Abstimmung zwischen interessierten Individuen und den sie beschäftigenden Unternehmen/Einrichtungen im Vordergrund. Hier geht es um Fragen der inhaltsbezogenen Ausgestaltung von Weiterbildung, der finanziellen und zeitlichen Unterstützung, der Passfähigkeit und des Nutzens oder der Karriereplanung und Mitarbeitendenbindung. Bei der angebotsbezogenen Relationierung (intern) werden Fragen des Matchings im Kontext der Hochschule virulent. Hierbei geht es um Fragen der institutionellen Rahmensetzung, der inhaltlichen Profilierung, der strukturellen Einpassung in die Hochschule oder der Anreizfaktoren für ein Engagement in der wissenschaftlichen Weiterbildung. Bei der institutionellen Relationierung (extern-intern) stehen Fragen der Passung zwischen den nachfragenden und anbietenden Organisationen im Zentrum. Hierbei geht es um Fragen der wechselseitigen Verlässlichkeit, der flexiblen, marktorientierten Strukturausrichtung oder der transparenten Kommunikationsbeziehung zwischen den organisationalen Partnern. Bei der individuellen Relationierung (extern-intern) werden vornehmlich Fragen der Abstimmung zwischen nachfragenden Individuen und anbietenden Lehrpersonen virulent. Dabei geht es um den jeweiligen Erwartungsabgleich über die Ausrichtung und Gestaltung des Angebots in seiner Inhaltlichkeit (Theoriebezug, Praxisrelevanz), um Fragen der flexiblen Studierbarkeit (berufsbegleitend) oder um Möglichkeiten der Anerkennung und Anrechnung außerhochschulisch erworbener Kompetenzen.

Vierfache Angebots-/Nachfragerelationierung

Eine überaus komplexe – jedoch unabdingbare – Form des Matchings ist die vierfache Angebots-/Nachfragerelationierung. Dabei geht es mit Blick auf das Bedarfs- und Angebotsmatching um die Abstimmung zwischen allen vier Zielgruppen mit klaren selektiven Konsequenzen der jeweiligen Profilbildung:

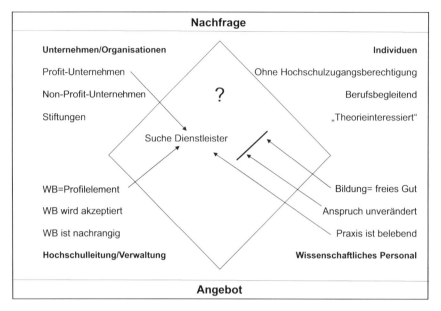

Abbildung 4: Mehrdimensionales Beziehungsgeflecht zwischen den vier
Zielgruppen (Seitter/Schemmann/Vossebein 2015, S. 56, leicht
verändert)

Anhand der Abbildung zeigt sich am konkreten Beispiel, dass etwa ein Profit-
Unternehmen, das einen hochschulischen Dienstleister sucht, nur dann erfolgreich ‚bedient' werden kann, wenn es auf eine Hochschule trifft, die wissenschaftliche Weiterbildung als ein dienstleistungsorientiertes, kostenpflichtiges
Profilelement tatsächlich vorhalten möchte. Möglich wird dies allerdings nur,
wenn zumindest eine Gruppe von Wissenschaftlerinnen und Wissenschaftlern
einen derartigen ‚Praxiskontakt' für interessant – und auch belebend für die
grundständige Lehre – hält und bereit ist, ein entsprechendes Lehrangebot umzusetzen (in Absetzung einer rein disziplinorientierten Lehre, die stark theorie-
basiert ausgerichtet ist und Hochschulbildung als ein öffentliches, steuerfinan-
ziertes Gut versteht). Auf Seiten des Unternehmens schließlich müssen
Mitarbeitende vorhanden sein, die bereit sind, berufsbegleitend – und evtl. ohne
formale Hochschulzugangsberechtigung – zu studieren und sich auf eine reflexive Distanzierung des eigenen Berufsalltags (Theorieinteresse) einzulassen.
Dass diese Matchingkonstellation überaus voraussetzungsreich ist und nur eine
spezifische Zielgruppenverbindung anspricht bzw. hervorbringt, verdeutlicht

den enormen kommunikativen Abstimmungsaufwand, der für eine erfolgreiche Passung notwendig ist.[12]

3   Bedarfe und Zielgruppen als relationale Größen

Als handlungspraktische und konzeptionelle Konsequenz aus dem bisher Dargestellten lässt sich schlussfolgern, dass Bedarfe, Zielgruppen und Angebote relationale Größen darstellen. Bedarfe werden nicht isoliert artikuliert, sondern von konkreten Personen(gruppen) mit ihren spezifischen Erwartungen und Perspektiven geäußert. Zielgruppenspezifische Bedarfe fokussieren dabei nicht nur thematisch-inhaltliche Aspekte (z.b. Qualifizierungsdefizite), sondern betreffen gleichermaßen Voraussetzungen und Modalitäten ihrer Umsetzung in konkreten Lehr-/Lernarrangements. Angebote als antizipierte Lehr-/Lernarrangements sind daher ebenfalls nicht isoliert zu betrachten, sondern Ausdruck gelingender Passungen.

Bedarfe, Zielgruppen und Angebote konstituieren sich insofern „nicht als Resultante unterschiedlicher (isolierter) Bezugsgrößen, sondern vielmehr als Resultat unterschiedlicher Relationierungen von Bezugsgrößen (Angebotssegmente und -varianten, individuelle und institutionelle Adressaten, externe und interne Zielgruppen)" (Seitter 2017, S. 211). Dabei kann der Passungsvorgang seinen Ausgang eher von der Angebotsseite oder eher von der Nachfrageseite nehmen. Pointiert formuliert artikuliert in der wissenschaftlichen Weiterbildung auch und gerade die Angebotsseite (interne Zielgruppen) ihre Bedarfe und Erwartungen bei der Konzeptionierung und Realisierung ihrer Angebote (Wissenschaftsfundierung, Finanzierung) und muss gleichzeitig davon ausgehen, dass externe Zielgruppen ihre Bedarfe auch und gerade mit Blick auf bestimmte Programmarten und Angebotssegmente der Hochschule formulieren (können).[13]

---

12   Welche konkreten Erwartungen und daraus resultierenden Matchingprozesse vorliegen, wenn Non-Profit-Unternehmen oder Stiftungen als institutionelle Nachfragende auftreten, müsste in weiteren Schaubildern präzisiert werden.

13   Dass dies häufig nicht (zufriedenstellend) gelingt, liegt u.a. auch daran, dass Angebote in der wissenschaftlichen Weiterbildung und darauf bezogene Zielgruppenbestimmungen stark von hochschulrechtlichen und länderspezifischen Rahmenbedingungen abhängen. Was für wen ein Angebot wissenschaftlicher Weiterbildung darstellt, ist je unterschiedlich zu beantworten, je nachdem, ob man die Sicht der Adressaten oder die Sicht der hochschulischen und hochschulrechtlich gebundenen Angebotsseite als Differenzierungskriterium nimmt. So kann ein im hochschulrechtlichen Sinne als grundständig definierter Studiengang aus der bildungs- und berufsbiographischen Sicht von Teilnehmenden ein weiterbildendes (Erst-)Studium sein, wobei die vielfältigen Charakterisierungen von Studienangeboten wie Teilzeit, berufsbegleitend, berufsintegriert, dual, weiterbildend etc. klare Zuordnungen zusätzlich erschweren (Seitter 2017, S. 212).

Die Ausgangspunkte von Bedarfs- und Zielgruppenbestimmungen bei der Konzeptionierung konkreter Angebote sind daher sehr unterschiedlich. Für ein erfolgreiches Matching ist entscheidend, welche Formen der Offenheit/Anpassungsbereitschaft – bei Hochschulleitungen, Professorinnen und Professoren, bei Unternehmen und Individuen – vorhanden sind, welche Bedarfe von den beteiligten Gruppierungen in Relation zu welchen Kosten und erwarteten Erträgen formuliert werden und welche Angebotssegmente für die verschiedenen Akteure realisierungsfähig und realisierungsrelevant sind.

In der konkreten Betrachtung dieser Fragen und Aushandlungsprozesse lassen sich im WM³-Projekt unterschiedliche Varianten der Bedarfs- und Angebotsartikulation feststellen:

- expliziter externer (gesellschaftlicher) Bedarf (Qualifizierung Deutsch als Fremdsprache/Deutsch als Zweitsprache) mit klaren curricularen Vorgaben und (teil-)gesicherter Finanzierung (Bundesamt für Migration und Flüchtlinge); Herausforderung: Flexible Anpassung an das vorgegebene Curriculum und Klärung der konkreten Finanzierungsmodalitäten ohne große Verhandlungs- und Anpassungsspielräume;

- expliziter einrichtungsbezogener externer Bedarf (Qualifizierung für den Bereich Blindheit und Sehbeeinträchtigung) mit festem Partner und Zusicherung von Abnahmekontingenten; Herausforderung: Bereitstellung von wissenschaftlichem Personal für die Aufgabenstellung in einem hoch spezialisierten, kleinen pädagogischen Handlungsbereich;

- expliziter feldbezogener Bedarf (Qualifizierung für den Schulkontext im kulturellen Bildungsbereich) mit verschiedenen Partnern (Stiftungen, Landesministerium, Schulen) und fester Kofinanzierung; Herausforderung: gemeinsame Angebotsentwicklung, -vermarktung und -durchführung;

- (impliziter) feldbezogener Bedarf (fachliche Spezialisierung im Bereich Kinderzahnheilkunde) mit einer hochschulübergreifenden wissenschaftlichen Kooperation für den (inter-)nationalen Markt (als Äquivalent einer nicht-existenten Fachausbildung); Herausforderung: kooperative universitäre Angebotsentwicklung und ungesicherte Gewinnung von Teilnehmerinnen und Teilnehmern auf einem offenen Markt;

- (impliziter) feldbezogener Bedarf (Spezialisierung in verbreiteten juristischen Arbeitsfeldern) für eine abschlussorientierte Zielgruppe/Nachfrage mit vielfältigen Kooperationspartnern im juristischen Bereich (Kammern, Verbände, Vereine, Kanzleien, etc.) und einer bereits gut ausgebauten Infrastruktur und Vernetzung; Herausforderung: kommunikative Abstimmung unter vielen Kooperationspartnern.

Daneben gab es auch Initiativen der Bedarfsermittlung und des Matchings, bei denen die Passungsarbeit nicht erfolgreich war, die fehlgeschlagen bzw. ins Leere gelaufen ist. Die Gründe hierfür waren vielfältiger Natur und lagen auf verschiedenen Relationierungsebenen: Preis, Zeit/Dauer, konkrete Inhalte, mangelnde verlässliche Nachfrage, fehlendes Personal auf Anbieterseite etc. Angesichts dieser Gemengelage erweist sich die wissenschaftliche Weiterbildung als ein investitionsintensives Feld, in dessen erfolgreicher Erschließung neben der gelungenen Bedarfsabstimmung gleichermaßen auch die nicht erfolgreichen Matchingsprozesse ‚einzupreisen' und zu berücksichtigen sind. Gleichwohl liegt auch in diesen wenig(er) erfolgreich verlaufenen Matchingprozessen ein erhebliches Klärungspotential, da sie Rückmeldungen über die Bedarfe der verschiedenen Zielgruppen liefern, die im weiteren Sinn als Seismograph organisational-individueller Bildungstendenzen reflektiert werden können.[14]

4   Bedarfsartikulation und Organisationsstatus

Angesichts dieser komplexen Ausgangslage einer vierfachen Zielgruppenbestimmung sowie der daraus erwachsenden Matchingherausforderungen resultiert ein spezifischer Organisationsstatus der wissenschaftlichen Weiterbildung, der als ein ‚Außen im Innen' bzw. ‚Innen im Außen' bezeichnet werden kann. Die organisationale Verankerung der wissenschaftlichen Weiterbildung ist in der Literatur bereits häufig als Hybrid, als Grenzstelle, als Position des Dazwischen – zwischen Wissenschaft und Markt, zwischen Bildung und Markt, zwischen Wissenschaft, Verwaltung und Markt etc. – beschrieben und analysiert worden (vgl. Christmann 2006; Kloke/Krücken 2010; Wilkesmann 2010). Die bisherigen Überlegungen verdeutlichen, dass aufgrund des vierfachen Zielgruppenbezugs die ‚exzentrische' Position der wissenschaftlichen Weiterbildung in noch verschärfter Weise gedacht werden muss. Denn auch im internen Raum der Hochschule gilt sie in der Regel als Fremdkörper, als Aufgabe, die nicht das Kernverständnis abbildet, als Instanz, die für ihr Anliegen werben muss, als Be-

---

14 Als weitere wichtige Bezugsgruppe jenseits der Mikro- und Mesoebene individueller und institutioneller Akteure fungieren die ordnungspolitischen Akteure (Kammern und Ministerien). Sie stellen die finanziell-rechtlichen Voraussetzungen und Maßgaben sowohl für die Nachfrage- als auch für die Angebotsseite der Weiterbildung bereit, wobei länderspezifische Variationen zu finden sind. Entsprechend sind Bedarfe und ihre Artikulation auch politisch-rechtlich konnotiert. Hinsichtlich des Ausbaus und der Verstetigung wissenschaftlicher Weiterbildung an Hochschulen erweist sich deshalb die politische Ebene als weitere Zielgruppe von besonderer Art, die es mit ihren Interessen und Bedarfen ebenfalls zu erschließen und zu berücksichtigen gilt. Die genauere Analyse der ordnungspolitischen Ebene mit ihren Auswirkungen auf den vierfachen Zielgruppenbezug der wissenschaftlichen Weiterbildung müsste in einer gesonderten Untersuchung vorangetrieben werden.

reich, für den die zentralen internen Zielgruppen immer wieder erst gewonnen, überzeugt, ‚angereizt' werden müssen. Für Hochschulen als Wissenschafts- und Bildungsorganisationen (Forschung und Lehre) ist Weiterbildung kein selbstverständlicher Angebotsbereich, auf den die organisationalen Kernprozesse wie selbstverständlich ausgerichtet wären.

Die Klärung, was denn wissenschaftliche Weiterbildung sei, welche sichtbaren organisationalen Strukturen/Prozesse wissenschaftliche Weiterbildung benötige, wie sie mit Blick auf Zeit- und Ressourcenverausgabung zu bewerten sei, sind daher Fragen, die sich nicht nur die externen Zielgruppen bei ihrer Entscheidung stellen, mit welchen konkreten Angeboten die eigenen latenten oder manifesten Bedarfe gedeckt werden sollen. Ähnliche Fragen stellen sich auch die internen Zielgruppen der Hochschule, wenn ihre Bedarfe – und die Möglichkeiten ihrer Deckung – im Organisationskontext der Hochschule zur Disposition stehen.

5   Kooperativität als übergreifender Handlungsmodus: Fazit und Ausblick

Der vorliegende Aufsatz ging von der These aus, wissenschaftliche Weiterbildung als Resultante eines vierfachen Zielgruppenbezugs mit entsprechenden Matchingherausforderungen zu begreifen. Diese These wurde anhand der Ergebnisse eines großen Arbeitspaketes (Bedarfserhebung) aus der ersten Förderphase des Verbundprojektes WM[3] empirisch differenziert und verdichtend ausgeführt. Dabei wurde immer wieder deutlich, dass die Gleichzeitigkeit eines vierfachen Zielgruppenbezugs erhebliche Anstrengungen von Kommunikation und Abstimmung, von Relationierung und Aushandlung, von Perspektivenverschränkung und gemeinsamer Interessensartikulation, von kooperativer und kooperationsorientierter Ausrichtung mit sich bringt. Dies gilt sowohl mit Blick auf die externen und internen Zielgruppen als auch in den vielfältigen Verbindungen und Abstimmungsprozessen zwischen externen und internen Zielgruppen.

Daher kann abschließend eine weitere These formuliert werden, dass nämlich *Kooperativität als ein übergreifender Handlungsmodus der wissenschaftlichen Weiterbildung* zu begreifen ist, der in vielfältiger Weise auftaucht: als Kooperativität der Bedarfsbestimmung und -erschließung, als Kooperativität in der Angebotsentwicklung und -umsetzung sowie als Kooperativität in der Zusammenarbeit der hochschulinternen Akteure untereinander wie auch in der Zusammenarbeit zwischen Hochschulen und außerhochschulischen Partnerorganisationen. Die weiteren Aufsätze dieses Sammelbandes belegen und veranschaulichen diese These in eindrucksvoller Weise.

Literatur

Born, Armin (1991): *Geschichte der Erwachsenenbildungsforschung. Eine historisch-systematische Rekonstruktion der empirischen Forschungsprogramme.* Bad Heilbrunn: Klinkhardt.

Bremer, Helmut (2007): *Soziale Milieus, Habitus und Lernen.* Weinheim u.a.: Juventa Verlag.

Christmann, Bernd (2006): ,Dazwischen'. Intermediäre Institutionen und ihre Bedeutung für die wissenschaftliche Weiterbildung. In: Faulstich, Peter (Hrsg.): *Öffentliche Wissenschaft. Neue Perspektiven der Vermittlung der wissenschaftlichen Weiterbildung.* Bielefeld: transcript, S. 119-136.

Denninger, Anika/Siegmund, Ramin/Bopf, Noell (2018): Von der Bedarfsartikulation zur kooperativ-nachfrageorientierten Angebotsentwicklung. Gelingensfaktoren von Implementierungs- und Optimierungsbestrebungen wissenschaftlicher Weiterbildung. In: Seitter, Wolfgang/Friese, Marianne/Robinson, Pia (Hrsg.): *Wissenschaftliche Weiterbildung zwischen Implementierung und Optimierung. WM³ Weiterbildung Mittelhessen.* Wiesbaden: Springer VS, S. 7-31.

Habeck, Sandra/Denninger, Anika (2015) unter Mitarbeit von Bianca Fehl, Heike Rundnagel und Ramin Siegmund: Potentialanalyse. Forschungsbericht zu Potentialen institutioneller Zielgruppen. Profit-Einrichtungen, Non-Profit-Einrichtungen, Stiftungen. In: Seitter, Wolfgang/Schemmann, Michael/Vossebein, Ulrich (Hrsg.): *Zielgruppen in der wissenschaftlichen Weiterbildung. Empirische Studien zu Bedarf, Potential und Akzeptanz.* Wiesbaden: Springer VS, S. 189-289.

Hippel, Aiga von/Röbel, Tina (2016): Funktionen als akteursabhängige Zuschreibungen in der Programmplanung betrieblicher Weiterbildung. In: *ZfW – Zeitschrift für Weiterbildungsforschung – Report 39*, H.1, S. 61-81.

Käpplinger, Bernd (2016): *Betriebliche Weiterbildung aus der Perspektive von Konfigurationstheorien.* Bielefeld: wbv.

Kahl, Ramona/Lengler, Asja/Präßler, Sarah (2015) unter Mitarbeit von Franziska Lutzmann: Akzeptanzanalyse. Forschungsbericht zur Akzeptanz innerhochschulischer Zielgruppen: Verwaltungspersonal, wissenschaftliches Personal. In: Seitter, Wolfgang/Schemmann, Michael/Vossebein, Ulrich (Hrsg.): *Zielgruppen in der wissenschaftlichen Weiterbildung. Empirische Studien zu Bedarf, Potential und Akzeptanz.* Wiesbaden: Springer VS, S. 291-408, 434-444.

Kloke, Katharina/Krücken, Georg (2010): Grenzstellenmanager zwischen Wissenschaft und Wirtschaft? Eine Studie zu Mitarbeiterinnen und Mitarbeitern in Einrichtungen des Technologietransfers und der wissenschaftlichen Weiterbildung. In: *Beiträge zur Hochschulforschung 32*, H.3, S. 32-52.

Maschwitz, Annika (2014): *universitäten unternehmen kooperationen. Kooperationen zwischen öffentlichen Universitäten und Wirtschaftsunternehmen im Bereich weiterbildender berufsbegleitender Studiengänge.* Münster: MV-Wissenschaft.

Maschwitz, Annika (2015): „Unternehmerische Kultur" an Universitäten. Voraussetzun-
gen für erfolgreiche Kooperationen mit Unternehmen in der Weiterbildung? In:
Hochschule und Weiterbildung, H.1, S. 42-46.
Meyer-Guckel, Volker/Schönfeld, Derk/Schröder, Ann-Kathrin/Ziegele, Frank (2008):
*Quartäre Bildung. Chancen der Hochschulen für die Weiterbildungsnachfrage von
Unternehmen.* Stifterverband für die Deutsche Wissenschaft. Essen: Ed. Stifterverband.
Nahrstedt, Wolfgang/Brinkmann, Dieter/Kadel, Vera/Kuper, Kerstin/Schmidt, Melanie
(1998): *Neue Zeitfenster für Weiterbildung. Temporale Muster der Angebotsgestal-
tung und Zeitpräferenzen der Teilnehmer im Wandel.* Abschlussbericht des For-
schungsprojektes: Entwicklung und begleitende Untersuchung von neuen Konzepten der Erwachsenenbildung unter besonderer Berücksichtigung des Aspekts des
lebenslangen Lernens und des institutionellen Umgangs mit veränderten temporalen
Mustern der Angebotsnutzung; mit Beiträgen der Fachtagung „Zeit für Weiterbildung" am 10.9.1998 in der VHS Rheine. (Dokumentation/IFKA, Bd. 20), Bielefeld:
IFKA.
Präßler, Sarah (2015): Bedarfsanalyse. Forschungsbericht zu Bedarfen individueller
Zielgruppen. Erwerbstätige, Bachelorabsolvent_innen, Personen mit Familien-
pflichten, Berufsrückkehrer_innen. In: Seitter, Wolfgang/Schemmann, Michael/
Vossebein, Ulrich (Hrsg.): *Zielgruppen in der wissenschaftlichen Weiterbildung.
Empirische Studien zu Bedarf, Potential und Akzeptanz.* Wiesbaden: Springer VS,
S. 61-187, 409-431.
Schemmann, Michael/Seitter, Wolfgang (2014): Angebotsentwicklung in der wissen-
schaftlichen Weiterbildung als Resultante eines vierfachen Zielgruppenbezugs. In:
Pätzold, Henning/Felden, Heide von/Schmidt-Lauff, Sabine (Hrsg.): *Programme,
Themen und Inhalte der Erwachsenenbildung.* Hohengehren: Schneider, S. 154-
169.
Schlutz, Erhard (2006): *Bildungsdienstleistungen und Angebotsentwicklung.* Münster
u.a.: Waxmann.
Seitter, Wolfgang (2014): Nachfrageorientierung als neuer Steuerungsmodus. Wissen-
schaftliche Weiterbildung als organisationale Herausforderung universitärer Studi-
enangebotsentwicklung. In: Weber, Susanne M./Göhlich, Michael/Schröer, Andre-
as/Schwarz, Jörg (Hrsg.): *Organisation und das Neue. Beiträge der Kommission
Organisationspädagogik.* Wiesbaden: Springer VS, S. 141-150.
Seitter, Wolfgang (2017): Zielgruppen in der wissenschaftlichen Weiterbildung. In: Hörr,
Beate/Jütte, Wolfgang (Hrsg.): *Weiterbildung an Hochschulen. Der Beitrag der
DGWF zur Förderung wissenschaftlicher Weiterbildung.* Bielefeld: wbv, S. 211-
220.
Seitter, Wolfgang/Schemmann, Michael/Vossebein, Ulrich (2015): Bedarf – Potential –
Akzeptanz. Integrierende Zusammenschau. In. Dies (Hrsg.): *Zielgruppen in der
wissenschaftlichen Weiterbildung. Empirische Studien zu Bedarf, Potential und Ak-
zeptanz.* Wiesbaden: Springer VS, S. 23-59.
Walber, Markus/Jütte, Wolfgang (2015): Entwicklung professioneller Kompetenz durch
didaktische Relationierung in der wissenschaftlichen Weiterbildung. In: Hartung,
Olaf/Rumpf, Marguerite (Hrsg.): *Lehrkompetenzen in der wissenschaftlichen Wei-*

terbildung. Konzepte, Forschungsansätze und Anwendungen. Wiesbaden: Springer VS, S. 49-64.

Wilkesmann, Uwe (2010): Die vier Dilemmata der wissenschaftlichen Weiterbildung. In: *Zeitschrift für Soziologie der Erziehung und Sozialisation 30*, H.1, S. 28-42.

Wolter, Andrä/Banscherus, Ulf/Kamm, Caroline (2016) (Hrsg.): *Zielgruppen Lebenslangen Lernens an Hochschulen.* Münster-New York: Waxmann.

Kooperative Angebotsgestaltung in der wissenschaftlichen Weiterbildung: Konzeption und Praxis im Kontext von WM³

Franziska Sweers/Asja Lengler[1]

Zusammenfassung

Kooperative Angebotsgestaltung wird als Modus der gemeinsamen Angebots-planung, -entwicklung und -durchführung sowie des Managements von Weiter-bildungsangeboten zwischen mehreren Hochschulen oder Hochschulen und ex-ternen Partnerinnen und Partnern aus dem Profit- und Non-Profitbereich sowie dem Stiftungswesen eingeführt. Nach einer ersten theoretischen Hinführung und einem Überblick über das projekteigene Angebotsportfolio stehen exemplarisch drei kooperativ gestaltete Weiterbildungsangebote im Fokus, die im Rahmen des Verbundprojektes WM³ Weiterbildung Mittelhessen entstanden sind. Der Beitrag schließt mit einer Reflexion zu den Herausforderungen und Chancen ei-ner kooperativen Angebotsgestaltung.

Schlagwörter

Weiterbildungsangebote, Angebotsgestaltung, Kooperation, wissenschaftliche Weiterbildung

Inhalt

1   *Franziska Sweers* | Philipps-Universität Marburg | franziska.sweers@staff.uni-marburg.de
    Asja Lengler | Justus-Liebig-Universität Gießen

1 Einleitung

Bildungsangebote zu planen und zu entwickeln ist an sich bereits eine anspruchsvolle Tätigkeit, wenn sie nur von einer einzigen Institution ausgeführt wird. Dollhausen bezeichnet dies allein schon als das „Kernstück der professionellen pädagogischen Tätigkeit in Weiterbildungseinrichtungen" (Dollhausen 2008, S. 7). Die Aufgabe wird jedoch noch anspruchsvoller und diffiziler, wenn es sich bei dem Angebot um eines der wissenschaftlichen Weiterbildung handelt, welches von verschiedenen Organisationen in Kooperation gestaltet und verantwortet wird. Als zentrale Spezifika der wissenschaftlichen Weiterbildung – gerade auch im Unterschied zum grundständigen Studium – sind die Vollkostenkalkulation, eine (stärkere) Nachfrageorientierung sowie eine (intensivere) Dienstleistungs- und Serviceorientierung gegenüber den Weiterbildungsstudierenden zu nennen (vgl. Seitter 2014). Diese Besonderheiten werden vor allem in einer zeitlichen und didaktischen Modifikation von Studienangeboten und im Ausbau begleitender Serviceleistungen (z.B. Studienmaterialien, Brückenkurse, zentrale Ansprechpartnerinnen bzw. -partner) sowie in einer Erhöhung der Kundenorientierung bei administrativen Prozessen deutlich.

Das Eingehen von Kooperationen bietet sich, so lautet die zentrale These des Artikels, in der wissenschaftlichen Weiterbildung aus dreierlei Hinsicht als unterstützendes Instrument zur Bearbeitung des für Hochschulen noch relativ neuen Geschäftsfeldes der wissenschaftlichen Weiterbildung an. Durch einen direkten Austausch mit der Nachfrageseite erhöht sich erstens die Wahrscheinlichkeit, möglichst frühzeitig im Prozess eine Bedarfsklärung zu erwirken sowie eine Passungsfähigkeit zwischen den Bedürfnissen der späteren Abnehmerinnen und Abnehmer und den Interessen und Potentialen der Hochschulen herzustellen. Zweitens kann die Finanzierung und Ausstattung mit sonstigen Ressourcen in der wissenschaftlichen Weiterbildung durch Kooperationen auf verschiedene Säulen gestellt werden. Es ist gängige, wenn auch nicht flächendeckende Praxis, dass sich Unternehmen, Stiftungen oder die Politik finanziell an der Entwicklung von Angeboten beteiligen, als Sponsoren auftreten oder Stipendien für Weiterbildungsstudierende vergeben. Eine Kooperation erhöht somit die Möglichkeit, das finanzielle Risiko, das für Hochschulen aus diesem marktorientierten Feld erwächst, zu minimieren bzw. zu verteilen. Und schließlich drittens stärkt eine kooperative Angebotsentwicklung, im Sinne einer engen Zusammenarbeit mit externen Akteurinnen und Akteuren aus Politik, Wirtschaft und Gesellschaft, die Praxisorientierung auf inhaltlicher und didaktischer Ebene über den gesamten Prozess hinweg.

Im Kern dreht sich dieser Artikel um die Angebotsentwicklung von weiterbildenden Masterstudiengängen und Zertifikatskursen und deren Implementierung in den Regelbetrieb. Konkret wird es sich im Folgenden um Weiterbildungsangebote drehen, die im Rahmen des Verbundprojektes „WM³ Weiterbildung Mittelhessen" in der ersten Förderphase der ersten Runde des Wettbewerbs „Aufstieg durch Bildung: offene Hochschulen" entstanden sind.[2] Sie werden zur Illustration unterschiedlicher Aspekte der kooperativen Angebotsgestaltung herangezogen. Bei der Auswahl der empirischen Beispiele wurde darauf geachtet, dass sie Generalisierungs- und Adaptionspotential für Angebote an anderen Standorten und in anderen Disziplinen aufweisen.

Aus den bereits vor dem Verbundprojekt gemachten Erfahrungen an den drei mittelhessischen Hochschulen (z.B. weiterbildender Masterstudiengang „Blinden- und Sehbehindertenpädagogik" als gemeinsames Angebot der Philipps-Universität Marburg und der Deutschen Blindenstudienanstalt e.V.) hat sich gezeigt, dass eine kooperative Angebotsentwicklung positive Effekte auf die Bedarfserhebung, Passungsfähigkeit zwischen Nachfrage- und Angebotsseite, die Praxisorientierung und das Finanzrisiko von Weiterbildungsangeboten erzielt. Aus diesem Grund wurde in der ersten Förderphase des WM³-Projektes verstärkt die Entwicklung von kooperativen Angeboten unterstützt. Welche Gründe im Detail hinter diesen strategischen Entscheidungen standen, welche Implikationen dies auf die Programmplanung und -entwicklung sowie das Programmmanagement hatte und – nicht zuletzt – wie mit diesen Herausforderungen im Rahmen der Projektförderung umgegangen wurde, wird im Mittelpunkt der weiteren Ausführungen stehen. Um jedoch die Besonderheiten der kooperativen Angebotsentwicklung von der „klassischen", d.h. primär angebotsorientierten Programm- und Angebotsentwicklung in den grundständigen Studiengängen unterscheiden zu können, werden zu Beginn dieses Artikels die Prozesse der (kooperativen) Angebotsentwicklung bis zur Implementierung allgemein beschrieben (2.).[3] Im dritten Kapitel stehen die konkreten Weiterbildungsangebote, die in der ersten Förderphase des WM³-Verbundprojektes entwickelt wurden, im

---

2   Die drei mittelhessischen Hochschulen Justus-Liebig-Universität Gießen, Philipps-Universität Marburg und Technische Hochschule Mittelhessen haben sich im Hinblick auf ihre gemeinsamen Entwicklungsplanungen im Bereich der wissenschaftlichen Weiterbildung zum Verbundprojekt „WM³ Weiterbildung Mittelhessen" zusammen geschlossen, um mit Hilfe des BMBF-Wettbewerbs „Aufstieg durch Bildung: offene Hochschulen" ein an wirtschaftlichen und gesellschaftlichen Interessen optimal ausgerichtetes Weiterbildungsangebot zu schaffen und zu einer nachhaltigen Stärkung der wissenschaftlichen Weiterbildung an den Hochschulen beizutragen. Dieses Vorhaben wurde in der ersten Förderphase (2011-2015) aus Mitteln des BMBF und aus dem ESF der EU mit den Förderkennzeichen 16OH11008, 16OH11009, 16OH11010 und in der zweiten Förderphase (2015-2017) mit den Förderkennzeichen 16OH12008, 16OH12009, 16OH12010 aus Mitteln des BMBF gefördert. Weitere Projektinformationen sind unter www.wmhoch3.de zu finden.
3   Weitere Ausführungen zum Konstrukt und Handlungsmodus der kooperativen Angebotsgestaltung finden sich in leicht modifizierter und vor allem ausführlicherer Variante in Sweers 2017.

Zentrum des Interesses. Nach einem ersten Überblick über das gesamte Weiterbildungsportfolio werden im Anschluss drei als besonders kooperativ angelegte
Weiterbildungsangebote detailliert beschrieben. Das durch praktische Erfahrungen geprägte Teilkapitel schließt mit einer Synopse ab, die die Synergieeffekte
von Kooperationen phasen- und perspektivenabhängig darstellt (3.). Es folgt ein
Fazit, in dem das Kooperationspotential für die wissenschaftliche Weiterbildung
auf der Grundlage der Projekterfahrungen reflektiert wird (4.).

2 Angebotsgestaltung in der wissenschaftlichen Weiterbildung

Die Planung, Entwicklung und Durchführung von weiterbildenden Angeboten
lässt sich systematisch anhand von Prozessmodellen beschreiben. Auf der einen
Seite ähnelt die wissenschaftliche Weiterbildung aufgrund ihrer Phasierung den
grundständigen Studiengängen, auf der anderen Seite unterscheidet sie sich jedoch auch stark durch ihre besonderen Merkmale. Insbesondere die Nachfrageorientierung, die Vollkostenkalkulation sowie die Dienstleistungs- und Serviceorientierung führen dazu, dass in den einzelnen Phasen der wissenschaftlichen
Weiterbildung eine erhöhte Kooperationsorientierung zum Tragen kommt und
das makrodidaktische Handeln beeinflusst. Eine besonders intensive Form der
Zusammenarbeit mit externen Kooperationspartnerinnen und -partnern stellt dabei die kooperative Angebotsgestaltung dar.
    Im Folgenden werden zwei allgemeine Prozessmodelle der Angebotsge-
staltung in der wissenschaftlichen Weiterbildung skizziert (2.1), um dann auf
Spezifika und Perspektiven der kooperativen Angebotsgestaltung einzugehen,
die als ein besonderer makrodidaktischer Handlungsmodus verstanden wird
(2.2).

2.1 Phasenmodelle der Angebotsgestaltung

Es gibt unterschiedliche Modelle der Angebotsgestaltung, die sich je spezifisch
mit dem facettenreichen Aufgabenspektrum in der Angebotsplanung, -ent-
wicklung und -umsetzung beschäftigen. Im Folgenden soll ein prozessuales
Verständnis eingeführt werden. Es werden deshalb zwei Prozessmodelle vorgestellt, die explizit auf die wissenschaftliche Weiterbildung hin ausgerichtet sind.
    Knust unterscheidet mit Blick auf die wissenschaftliche Weiterbildung
zwischen einem vorbereitenden und einem durchführenden Prozesskomplex. Sie
nennt die Teilprozesse *Planung, Konzeption, Realisierung, Organisation, Lehre
und operatives Management* (siehe Knust 2006).

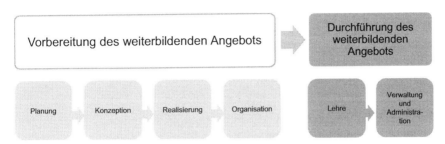

Abbildung 1: Gesamtprozess der Vorbereitung und Durchführung eines weiterbildenden Angebots (Quelle: Knust 2006, S. 34)

Knust (2006) differenziert sowohl in der Phase der Herstellung der Leistungsbereitschaft, die die Planung, Konzeption, Realisierung und Organisation von weiterbildenden Angeboten umfasst, als auch in der Phase der Durchführung, die sich wiederum auf Lehre sowie Verwaltung bezieht, *wertschöpfende* und *unterstützende Prozesse.*[4] Wertschöpfende Prozesse zeichnen sich dadurch aus, dass sie

> „den üblichen Kernkompetenzen von Hochschulen im Bereich der Lehre entsprechen und im Wesentlichen dem Wertschöpfungsprozess zuzuordnen [sind], wie z.B. Lehre planen, konzipieren und durchführen oder inhaltliche Betreuung durchführen und Prüfungen abnehmen" (ebd., S. 32).

Zu den unterstützenden Prozessen werden „Tätigkeiten des Verwaltungs- bzw. Overheadbereichs" (ebd.) gezählt. Als Beispiele sind das Bewerbungs-, das Im- und Exmatrikulations- sowie das Rückmelde- und Beurlaubungsverfahren zu nennen. Hinzu kommen Verwaltungsaufgaben insbesondere im Prüfungswesen. Als weiterbildungsspezifische Prozesse in dieser Kategorie ergänzt Knust die Durchführung von Marktstudien, die Erstellung von Business- oder Finanzierungsplänen sowie die Kommunikationspolitik und die Teilnehmendengewinnung (vgl. ebd.).
   Beide Prozesstypen beinhalten Aufgaben, die entweder eine hoheitliche Aufgabe der Hochschulen darstellen und somit auch in deren Verantwortungsbereich verbleiben müssen oder potentiell an externe Partnerinnen oder Partner vergeben werden können.

---

4   Zur detaillierteren Unterscheidung und Zuordnung beider Formen siehe auch die Tabelle von Knust 2006, S. 33.

Hanft (2014) unterscheidet in Anlehnung an das Modell des Instruktions-
designs von Seel (1999)[5] die Prozessabschnitte Programmplanung, -entwicklung
und -management.[6]

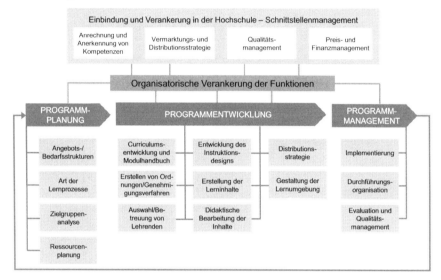

Abbildung 2:   Idealtypischer Prozess der Programmplanung, -entwicklung und
                 des Programmmanagements (Hanft 2014, S. 56)

Oben stehende Abbildung von Hanft (2014) visualisiert den gesamten Zyklus
von Bildungsangeboten. Sie soll laut Hanft als „Orientierung für die verschiedenen Dimensionen der Angebotsentwicklung" (Hanft u.a. 2016, S. 104) dienen.
Es handelt sich hierbei um ein Prozessmodell, in dem die einzelnen Phasen aufeinander aufbauen. Die Realität an Hochschulen, insbesondere derjenigen Institutionen, die in Projektkontexte eingebunden sind, zeigt, dass die einzelnen
Schritte zwar im Gesamtprozess Beachtung finden, jedoch die Reihenfolge z.T.
äußeren Umständen und Gelegenheiten angepasst werden muss (vgl. ebd.).

---

5   Siehe hierzu auch die Ausführungen von Hanft (2014, S. 97ff.) zur Entstehung und zu den Prin-
    zipien „Effektivität", „Effizienz" und „Anziehungskraft" (Hanft 2014, S. 97f.) des Instruktions-
    designs. Kurz zusammengefasst bedeutet dies Folgendes: Der Begriff der *Effektivität* stellt das
    Transferpotential bzw. „die Anwendung des Gelernten in den Mittelpunkt" (ebd. S. 98). Unter
    Effizienz wird nach diesem Konzept ein „angemessenes Verhältnis zwischen Lernaufwand und
    Lernertrag" (ebd. S. 97) verstanden. Als *Anziehungskraft* oder „Appeal" (ebd.) wird „die Zu-
    friedenheit der Lernenden mit der Organisation und Durchführung des Lernprozesses und den
    gewonnenen Anregungen zum eigenständigen vertiefenden Weiterlernen" (ebd.) bezeichnet.
6   Im Gegensatz zu Knust unterteilt Hanft die Vorbereitungsphase in die beiden Abschnitte Pla-
    nung und Entwicklung.

2.2 Kooperative Angebotsgestaltung: Spezifika und Perspektiven

Kooperative Angebotsgestaltung stellt einen besonderen makrodidaktischen Handlungsmodus dar, der in hohem Ausmaß durch Kooperativität geprägt ist. Von kooperativer Angebotsgestaltung kann gesprochen werden, wenn sich eine verstärkte Kooperationsaffinität und -realisierung über den gesamten Prozess von der Angebotsplanung über die -entwicklung bis hin zur -durchführung bzw. zum Management der Weiterbildungsangebote durchzieht.[7]

Um das Konstrukt der kooperativen Angebotsgestaltung genauer fassen zu können, werden im Folgenden drei verschiedene Merkmale näher ausdifferenziert. Es handelt sich dabei erstens um den Aspekt der *Kooperationsperspektiven* (vertikal, horizontal und diagonal), die zur systematischen Beschreibung von Kooperationsbeziehungen dienen und in ihrer Unterschiedlichkeit spezifische Vorteile für die Beteiligten bieten. Zweitens wird zur Illustration und zum besseren Verständnis der Kooperationsbeziehung ein *triadisches Modell*, bestehend aus dem Weiterbildungsstudierenden als Individuum, der Hochschule als Weiterbildungsanbieterin und den hochschulexternen Kooperationspartnerinnen und -partnern in ihrer Mehrfachrolle, vorgestellt. Die theoretisch-konzeptionellen Ausführungen enden drittens mit der Darlegung eines *vierfachen Zielgruppenbezugs*, der für die wissenschaftliche Weiterbildung spezifisch ist und dessen größte Herausforderung im Matching der verschiedenen Stakeholdergruppen liegt.

Kooperationsperspektiven

Um Kooperationen formal anhand der aktiv beteiligten Partnerinnen und Partner voneinander unterscheiden zu können, wird im Folgenden die Systematik der *vertikalen, horizontalen* und *diagonalen* Kooperationen vorgestellt. Sie dient auch als Auswahlraster für die drei Praxisbeispiele kooperativer Angebotsentwicklung zwischen Hochschulen und externen Partnerinnen und Partnern aus dem (Non-)Profitbereich sowie dem Stiftungswesen (s. Kapitel 3). Seitter (2013) beschreibt die drei Perspektiven auf Kooperationen für den Bildungsbereich folgendermaßen:

„Kooperation/Vernetzung in *horizontaler* Perspektive betrifft die Zusammenarbeit zwischen Einrichtungen mit dem gleichen (Bildungs-)Auftrag (z.B. Weiterbildungseinrichtungen). Kooperation in *vertikaler* Perspektive bezieht sich hingegen auf die bildungsbereichsübergreifende Kooperation und Vernetzung von unterschiedlichen Segmenten des Bildungswesens (Schu-

---

7 Kooperationsbeziehungen können sich jedoch auch auf einzelne Phasen beziehen, die dann explizit als kooperativ bezeichnet werden können, z.B. mit dem Begriff der *kooperativen Angebotsentwicklung*.

len, Hochschulen, Weiterbildungseinrichtungen, etc.). Kooperation und Vernetzung in *diagonaler* Perspektive umfasst schließlich neben den Organisationen im Bildungsbereich auch die Beteiligung von Einrichtungen, die – wie etwa Ämter, Verwaltungen, Betriebe, Sozial- und Kultureinrichtungen – nicht dem Bildungsbereich angehören" (Seitter 2013, S. 42 Herv. im Orig.).

In *horizontalen* Kooperationsbeziehungen oder Vernetzungen geht es in erster Linie um Absprachen über bestimmte Bildungsprodukte, die beide Seiten kooperativ, aber auch in Konkurrenz anbieten können. Übergänge zwischen den Säulen des Bildungssystems zu gestalten bzw. diese überhaupt zu ermöglichen, ist häufig eine zentrale Herausforderung, die bei *vertikalen* Kooperationen und Vernetzungen thematisiert wird (vgl. ebd.). Die „bildungsbezogene Fokussierung von Aufgaben und Produkten mit Partnern, deren Hauptzweck nicht Bildung ist" (ebd.) sowie die „komplementäre/supportive Ergänzung bei der Realisierung dieser Aufgaben" (ebd.) sind die zentralen Aspekte in *diagonal* aufgestellten Kooperationen. In der wissenschaftlichen Weiterbildung allgemein und speziell bezogen auf das WM³-Verbundprojekt kommen alle drei genannten Varianten zum Einsatz.

Triade der kooperativen Angebotsgestaltung

Eine zentrale Besonderheit der kooperativen Angebotsgestaltung liegt darin begründet, dass die Angebote nicht alleine von den anbietenden Hochschulen geplant, entwickelt, durchgeführt und gemanagt werden, sondern diese Prozesse in enger Abstimmung und direkter Zusammenarbeit mit hochschulexternen Partnerinnen und Partnern entstehen. In diesem Fall kann von einer *kooperativen Angebotsgestaltung* gesprochen werden. Diese sieht vor, dass sowohl die individuellen als auch die institutionellen Abnehmerinnen und Abnehmer in einer Austauschbeziehung mit der anbietenden Organisation stehen. Diese Konstellation lässt sich mit dem Begriff der *Triade der kooperativen Angebotsgestaltung*, wie sie in der untenstehenden Abbildung visualisiert wird, beschreiben (siehe Zink 2013).

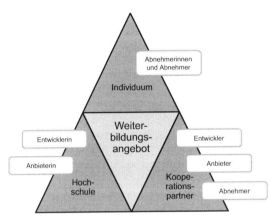

Abbildung 3: Triade der kooperativen Angebotsgestaltung (angelehnt an Zink 2013, S. 146)

In dieser theoretischen Betrachtung steht ein Weiterbildungsangebot im Fokus der kooperativen Tätigkeit. Das weiterbildende Angebot ist Anlass und gemeinsames Ziel der Kooperationspartnerinnen und -partner. Die finalen Abnehmerinnen und Abnehmer des Bildungsprodukts sind Weiterbildungsteilnehmende, die an einem weiterbildenden Masterstudiengang oder Zertifikatskurs der Hochschulen auf wissenschaftlichem Niveau teilnehmen. Die hauptverantwortlich anbietende Organisation ist in diesem Fall die Hochschule, der die hoheitliche Aufgabe zukommt, akademische Grade zu verleihen. Als Kooperationspartnerinnen und -partner kommen Organisationen aus dem Profit- und dem Non-Profitbereich sowie dem Stiftungswesen in Frage. Genannt werden können beispielsweise andere Hochschulen oder weitere Bildungsträger, der Bund, das Land, Kommunen sowie Kirchen, Verbände, Vereine und Unternehmen. Die wissenschaftliche Weiterbildung wird für die späteren Teilnehmenden konzipiert, sie sind letztlich die „Koproduzenten der Leistung" (Schlutz 2006, S. 34). Die konkrete Planung, Entwicklung und Umsetzung läuft bei Anwendung dieser Strategie jedoch zwischen den Hochschulen und ihren institutionellen externen Partnerinnen und Partnern ab. Die Hochschulen sind in diesem Fall vor die Herausforderung gestellt, „zusätzlich zu der aus der grundständigen Lehre bekannten Ausrichtung auf die Interessen der Studierenden auch die Bedürfnisse der institutionellen Abnehmer, die zugleich Kooperationspartner sind, zu berücksichtigen" (Zink 2013, S. 145).[8] Die Hochschulen müssen im Falle einer koope-

---

8   Eine Ausnahme bei den grundständigen Studiengängen bilden die Staatsexamina, da in diesen Fällen die Zusammenarbeit zwischen Hochschule und Staat, z.B. im Prüfungswesen, bereits gegeben ist.

rativen Angebotsgestaltung mit einer doppelten Neuerung umgehen. Erstens widmen sie sich der Aufgabe, von ihrer klassischen angebotsorientierten bzw. auf die grundständig Studierenden ausgerichteten Gestaltung von Programmen abzuweichen. Sie modifizieren in diesem Zuge ihre Überlegungen, Entscheidungen und Prozesse nun entsprechend der Notwendigkeiten einer nachfrageorientierten, vollkostendeckenden Weiterbildung für berufserfahrene Weiterbildungsstudierende. Zweitens wird diese Aufgabe noch durch den Umstand verkompliziert, dass die Kooperationspartnerinnen und -partner nicht nur ihre Interessen, Bedarfe und Bedürfnisse anmelden, sondern vielmehr phasenweise oder prozessübergreifend aktiv mitgestalten wollen. Kooperative Anteile können sich auf alle Prozessabschnitte erstrecken, d.h. sowohl in der Angebotsplanung, in der Entwicklung oder im Management bzw. in der Durchführung des Weiterbildungsprodukts vorkommen. Die kooperativen Aktivitäten können sich jedoch auch nur auf einzelne Phasen, wie beispielsweise die Anfangsphase der Planung oder Entwicklung im Sinne eines inhaltlichen Impulses oder einer finanziellen Anschubfinanzierung für ein Studienangebot, reduzieren.

Vierfacher Zielgruppenbezug und Matchingaufgabe

Stellt man nicht die Art der Kooperation oder das triadisch verortete Kooperationsprodukt ins Zentrum der Aufmerksamkeit, sondern die in der Weiterbildung (kooperativ) aktiven Zielgruppen, so lässt sich wissenschaftliche Weiterbildung als „Resultante eines vierfachen Zielgruppenbezugs" (Seitter/Schemmann/ Vossebein 2015, S. 23) beschreiben:

> „Entscheidend für eine nachhaltige Implementierung von wissenschaftlicher Weiterbildung ist insofern nicht nur der Blick auf die externen Adressaten – in der doppelten Blickrichtung auf individuelle und institutionelle Stakeholder –, sondern ebenso die Sicht auf die internen Adressaten – und hier ebenfalls mit Blick auf institutionelle (Hochschulverwaltung) und individuelle (Wissenschaftler_innen) Anspruchsgruppen" (ebd.).

Die größte Herausforderung besteht darin, jede Zielgruppe für sich und diese wiederum in der Heterogenität ihrer Perspektiven und Zielsetzungen in Planungs- und Entwicklungsprozesse einzubeziehen sowie die daraus entstehende Vielfalt aufeinander zu beziehen, miteinander abzugleichen, nebeneinander bestehen zu lassen oder miteinander in Einklang zu bringen (vgl. Schemmann/Seitter 2014). Die Blickrichtung bei der kooperativen Angebotsgestaltung wandert von innen nach außen und von außen nach innen. Aber auch im Innen sind nicht einfach zwei je in sich konsistente Zielgruppen vorzufinden, genau wie diese im Außen nicht existieren. Kooperative Angebotsgestaltung lebt von dem Matching der Interessen und Möglichkeiten der internen Zielgruppen sowie von dem Versuch der Passung eben dieser bezogen auf die externen Zielgrup-

pen. Letztlich geht es um das Kunststück, alle vier Zielgruppen in ihrer Aufei-
nanderbezogenheit, Parallelität, Unterschiedlichkeit und ihrem Ergänzungspo-
tential, aber auch in ihrer vermeintlichen Unvereinbarkeit zu betrachten und mit
diesen Spannungsfeldern und Herausforderungen reflektiert und zielorientiert
umzugehen. Sie sind alle gleichermaßen bedeutsam, wenn wissenschaftliche
Weiterbildung institutionell akzeptiert, organisatorisch und disziplinär getragen
und nachhaltig implementiert werden soll.

3   Kooperativ gestaltete Weiterbildungsangebote im Rahmen von WM³

Das Verbundprojekt setzte sich zu Beginn der ersten Förderperiode das Ziel, 18
berufsbegleitende Masterstudiengänge bzw. deren äquivalente Anzahl an Zertifikatskursen und Studienmodulen zu entwickeln. Konkret wurden in der ersten
Förderphase im Verbund zehn berufsbegleitende Masterstudiengänge und vier-
zehn Zertifikatskurse entwickelt, die ein breites Fächer- und Themenspektrum
abdecken. So wurden Angebote in den Bereichen Sprachwissenschaften, Wirt-
schaftswissenschaften, Sozialwissenschaften, Rechtswissenschaften, Erziehungswissenschaften, Ingenieurswissenschaften sowie im Bereich der Medizin-
wissenschaften entwickelt.

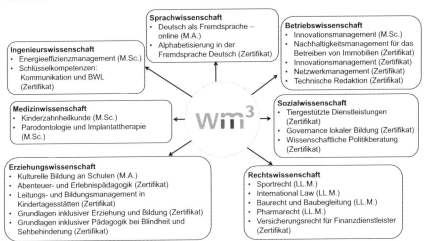

Abbildung 4:   Übersicht über alle im Rahmen von WM³ entwickelten Weiterbildungsangebote im Verbund

Auf dieses zentrale Ziel hin ist die gesamte Logik des Projektes ausgerichtet.
Letztlich sind alle Arbeitspakete von der Bedarfs-, Potential- und Akzep-

tanzanalyse bis zu den Entwicklungsprojekten so gestaltet, dass sie direkt oder indirekt der Angebotsentwicklung an den drei Hochschulen zuträglich sind.[9]

Die weiterbildenden Angebote, die im Kontext des WM³-Projektes entwickelt wurden, stehen nun im Zentrum der Betrachtung. Sie weisen verschiedene kooperative Aspekte auf, die im Folgenden weiter ausdifferenziert werden.

Allein bedingt dadurch, dass das WM³-Projekt ein Verbundprojekt ist, laufen seit Projektbeginn eine Kooperationsaffinität sowie ein Bewusstsein für die Möglichkeit der kooperativen Angebotsgestaltung mit. Für alle innerhalb des Projektkontextes entwickelten Angebote kann deshalb ein zweifacher kooperativer Ansatz auf inhaltlicher Ebene festgehalten werden.

(1.) Bereits in der Planungsphase wurde eruiert, inwiefern eine angebotsbezogene hochschulübergreifende Zusammenarbeit möglich und synergetisch sein könnte. Durch den Verbundcharakter ergaben sich – und ergeben sich immer noch – in inhaltlicher Hinsicht vielfältige, interdisziplinäre Fächerkombinationen sowie die Möglichkeit einer breitgefächerten Zielgruppenansprache. Bereits vor Projektbeginn verfügten die drei mittelhessischen Hochschulen insgesamt über 38 Fachbereiche, 30 Zentren und 241 Studiengänge.

(2.) In der Phase der Angebotsentwicklung und -durchführung wurde das Konzept der Kooperation fortgesetzt. Denn alle WM³-Weiterbildungsangebote werden durch eigens für deren Entwicklung und Optimierung eingesetzte thematisch einschlägige Fachkuratorien unterstützt. Diese Fachkuratorien haben die Aufgabe, die Nachfrage- und Praxisorientierung zu gewährleisten. Sie fungieren als Vermittler, Seismographen und Multiplikatoren in die Arbeitswelt der Weiterbildungsstudierenden.

So gesehen wird bei allen WM³-Weiterbildungsangeboten nach einer kooperativen Angebotslogik verfahren. Intensiviert wird diese Kooperationsorientierung dann, wenn sich Kooperationspartnerinnen oder -partner direkt und handlungspraktisch in mindestens eine Phase der Angebotsgestaltung einbringen. Unter den insgesamt 24 Weiterbildungsangeboten befinden sich sechs unter Kooperationsgesichtspunkten besonders auffällige Angebote mit einer ausgeprägten *Kooperativität* auf makrodidaktischer Ebene. Um den Rahmen dieses Artikels nicht zu überdehnen, fanden eine Auswahl aus dieser Grundgesamtheit und eine Fokussierung auf drei exemplarische Fälle statt. Hierbei wurde darauf geachtet, dass sowohl das Format des weiterbildenden Studiengangs als auch das des Zertifikatskurses berücksichtig wird. Zudem sollte jeweils ein Beispiel für jede der zuvor ausgeführten Kooperationsperspektiven ausgewählt werden und jeder Angebotsfall wiederum eine inhaltliche Besonderheit aufweisen.

---

9 Mehr Informationen zu den einzelnen Arbeitspaketen, den daraus entstandenen Forschungsergebnissen, Praxiserkenntnissen und den entwickelten Arbeitsmaterialien finden sich auf der WM³-Projekthomepage (www.wmhoch3.de).

Im folgenden Schaubild werden zum besseren Überblick alle explizit kooperativ gestalteten WM³-Weiterbildungsangebote präsentiert:

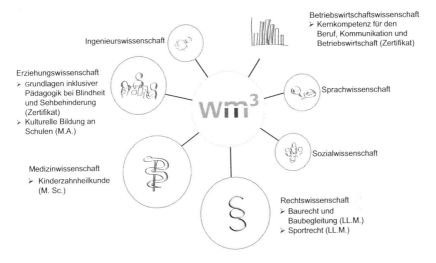

Abbildung 5:   Übersicht über alle explizit kooperativ entwickelten WM³-Weiterbildungsangebote

Zu den explizit kooperativen Weiterbildungsangeboten zählen die weiterbildenden Masterstudiengänge „*Sportrecht*" [10] und „*Kinderzahnheilkunde*". Letzterer wurde gemeinsam von den beiden Universitäten im Verbund geplant, entwickelt und umgesetzt und wird auch in arbeitsteiliger Kooperation gemanagt. Er ist ein Beispiel für eine *horizontale* Kooperation und wird deshalb exemplarisch im Abschnitt 3.1. näher beschrieben. Ein Beispiel für eine *vertikale* Kooperation ist der weiterbildende Zertifikatskurs „*Kernkompetenzen für den Beruf: Kommunikation und Betriebswirtschaft*" (KkB), der von der Technischen Hochschule Mittelhessen in Kooperation mit der regionalen Volkshochschule geplant und konzipiert wurde. Der Zertifikatskurs wird in Abschnitt 3.3. intensiver vorgestellt. *Diagonale* Kooperationsformen in der Angebotsgestaltung sind in dem juristischen weiterbildenden Masterstudiengang „*Baurecht und Baubegleitung*" [11]

---

10 Das Institut für Sportrecht der Deutschen Sporthochschule Köln und der Fachbereich Rechtswissenschaft der Justus-Liebig-Universität Gießen (JLU) bieten gemeinsam einen Weiterbildungsmasterstudiengang zum Sportrecht an. Der Weiterbildungsmaster LL.M. Sportrecht hat eine Studiendauer von vier Semestern und wird berufsbegleitend zu gleichen Anteilen an der Deutschen Sporthochschule und der Universität Gießen studiert.

11 Im Rahmen des Studiengangs bestehen Kooperationen zu dem Institut für Baurecht Freiburg im Breisgau e.V., dem Deutschen Baugerichtstag e.V. und der arge baurecht, Arbeitsgemeinschaft

(Baurecht) zu finden sowie in dem erziehungswissenschaftlichen Zertifikatskurs *„Grundlagen inklusiver Pädagogik bei Blindheit und Sehbehinderung"*[12] (GriBS) und in dem, aus demselben Fachbereich entstammenden weiterbildenden Masterstudiengang *„Kulturelle Bildung an Schulen"* (KuBiS), der in Abschnitt 3.2. detaillierter betrachtet wird.

Die drei Fallbeispiele repräsentieren jeweils exemplarisch eine bestimmte Kooperationsperspektive. Jede Form weist ihre Spezifika auf und birgt besondere Synergieeffekte. So kann bei der horizontalen Perspektive beispielsweise die Expertise von Organisationen gebündelt und zugleich einer möglichen Konkurrenz der beiden ähnlich spezialisierten Partnerinnen vorgebeugt werden. Bei der vertikalen Kooperationsform werden Organisationen aus unterschiedlichen Teilbereichen desselben (Bildungs-)Segments verknüpft. Es kommt zu einer Kumulation von Stärken und Expertisen und im Idealfall zu einer wechselseitigen Kompensation von Leer- oder Schwachstellen der Einzelakteurinnen und -akteure. Bei der diagonalen Perspektive erhöht sich die potentielle Bereicherung wechselseitig durch jeweils segmentunspezifische Kompetenzen, andere Funktionslogiken und neues Wissen. Die Kooperation findet nicht mehr innerhalb eines Segmentbereichs (beispielsweise dem Bildungsbereich) statt, sondern es werden Verbindungen zwischen unterschiedlichen Funktionssystemen eingegangen.

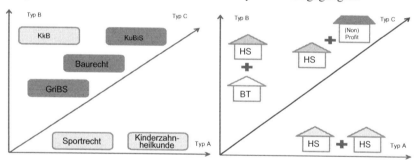

Abbildung 6: Horizontale (Typ A), vertikale (Typ B) und diagonale Kooperation (Typ C)

Im Rahmen des WM³-Projektes wurden alle drei möglichen Kooperationsformen zur Angebotsgestaltung genutzt. Als Bildungsträger (BT) in einer vertikalen Kooperation ist beispielsweise die Volkshochschule zu nennen. Die ALTANA Kulturstiftung ist involviert in eine diagonale Kooperation und ein Beispiel für eine

---

für Bau- und Immobilienrecht im Deutschen Anwaltverein sowie verschiedenen fachlich einschlägigen Anwaltskanzleien.

12 Es besteht ebenfalls, wie im weiterbildenden Masterstudiengang „Blinden- und Sehbehindertenpädagogik", eine Kooperation mit der Blindenstudienanstalt e.V.

Non-Profit-Einrichtung bzw. für das Stiftungswesen. Die Anwaltskanzleien stehen beispielhaft für Profit-Einrichtungen, die in dem juristischen Studiengang involviert sind. Zusätzlich zu den drei Kooperationsperspektiven in ihrer Reinform kommen zahlreiche Kombinationsmöglichkeiten hinzu. Einige Beispiele werden anhand der drei nun folgenden Angebotspräsentationen illustriert.

Bei den Beschreibungen handelt es sich nicht um eine empirische Studie, sondern vielmehr um eine rückblickende Reflexion[13] konkreter Angebotsentwicklungen, die im Rahmen des Forschungs- und Entwicklungsprojektes WM³ umgesetzt wurden. Die Reflexion ist möglich, weil die beiden Autorinnen mit verschiedenen Rollen in das WM³-Projektgeschehen involviert waren. Sie übten zum einen die Rolle der Projektkoordination aus, hatten somit die Aufgabe, alle Aktivitäten der Arbeitspakete zu koordinieren und gleichsam einen Überblick über alle Forschungs- und Entwicklungsprozesse sowie -ergebnisse zu behalten. Zum anderen waren sie aktiv in die Angebotsentwicklung in Zusammenarbeit mit Fachbereichsvertretungen eingebunden. Sie entwickelten einige Handreichungen und Arbeitspapiere, die im Folgenden noch zur Sprache kommen werden, und unterstützten die akademischen Gesamtleitungen der Weiterbildungsangebote und deren Mitarbeitenden bei der Angebotsplanung und -entwicklung. Darüber hinaus wirkten sie bei der Gestaltung von Strukturen und Prozessen mit, die es den Hochschulen ermöglichen, Angebote der wissenschaftlichen Weiterbildung zu etablieren und nach der projektförmigen Anschubfinanzierung nachhaltig in den Regelbetrieb zu überführen. Durch diese Mehrfacheinbindung der Autorinnen unterliegen die Ausführungen *„einem subjektiven Vorbehalt"* (Seitter 2014, S. 142). Zur Erhöhung der Validität der eigenen Beobachtungen und Erfahrungen wurden deshalb Mitschriften, Protokolle, Berichte und Projektveröffentlichungen analysiert sowie Expertengespräche mit Kolleginnen und Kollegen geführt, die ebenfalls in der Angebotsentwicklung involviert waren.[14]

3.1 Weiterbildender Masterstudiengang „Kinderzahnheilkunde" – eine hochschulübergreifende Kooperation im Verbund

Kurzbeschreibung des Studiengangs

Der weiterbildende Masterstudiengang *„Kinderzahnheilkunde"* (M.Sc.) ist ein kooperatives Weiterbildungsangebot der Justus-Liebig-Universität Gießen

---

13 Siehe zur Beschreibung der methodischen Vorgehensweise Seitter 2014, S. 142 sowie Hanak/Sturm 2016, S. 117f.

14 Die multiplen Rollen, die die beiden Autorinnen in Bezug auf die Angebotsentwicklung einnahmen, kann mit dem Begriff der hybriden Rollenstruktur beschrieben werden (siehe Seitter 2014, S. 148f.).

(JLU) und der Philipps-Universität Marburg (UMR). Im Rahmen einer gleichberechtigten Kooperation haben die Abteilung für Kinderzahnheilkunde der UMR und die Poliklinik für Kinderzahnheilkunde der JLU gemeinsam im Rahmen des WM³-Verbundprojektes einen berufsbegleitenden sechs semestrigen Studiengang entwickelt. Das Studienprogramm wurde auf Basis der bereits 1994 verabschiedeten Leitlinien für eine einheitliche postgraduale Weiterbildung der European Academy of Paediatric Dentistry (EAPD), die die zuständige Fachgesellschaft darstellt, entwickelt. Der anwendungsorientierte Studiengang richtet sich an approbierte Zahnmedizinerinnen und Zahnmediziner, die sich auf dem Fachgebiet der Kinderzahnheilkunde professionalisieren wollen. Die Weiterbildung füllt somit eine Professionalisierungslücke, indem sie quasi das Äquivalent zu einer bisher universitär nicht standardisierten Ausbildung zum Facharzt für Kinderzahnheilkunde darstellt.

Die Absolventinnen und Absolventen erhalten nach erfolgreichem Abschluss einen Master of Science und haben mit ihrem Studium insgesamt 60 Leistungspunkte erzielt. Eine Besonderheit des Studiengangs besteht darin, dass nach einer erfolgreichen Teilnahme bzw. dem Bestehen der entsprechenden Modulprüfungen ein vorzeitiges qualifiziertes Beenden des Weiterbildungsprogramms nach dem ersten sowie dem zweiten Studienjahr möglich ist. Aussteigerinnen und Aussteiger aus dem weiterbildenden Masterstudiengang erhalten dann je ein spezifisches Hochschulzertifikat. Diese Lösung wurde gewählt, um eine möglichst große Flexibilität in ein großformatiges Weiterbildungsangebot zu bringen, das die Studierenden im Regelfall auf drei Jahre verpflichtet. Ein vorzeitiges Abschließen der Weiterbildung sollte mit entsprechenden Kompetenznachweisen honoriert werden. Dies ist nicht zuletzt der Tatsache geschuldet, dass viele der anvisierten Studieninteressierten der Gruppe der jungen berufstätigen Frauen mit Familienpflichten angehören. Die gesamte Studienorganisation ist familienfreundlich ausgestaltet, um eben dieser Zielgruppe trotz ihrer Mehrfachverpflichtungen eine Weiterbildungsteilnahme zu ermöglichen.

Prozessbeschreibung der kooperativen Angebotsentwicklung

Die Kinderzahnheilkunde gehört in beiden medizinischen Fachbereichen zum Fächerkanon. Der Studiengang wurde in Kooperation zwischen den beiden Universitäten im WM³-Verbund entwickelt, also als *horizontale* Kooperation, da an beiden Standorten zusammengenommen insgesamt zwei fachlich einschlägige Professoren wirken.

„Durch diese Kooperation kann ein besonders breites Spektrum an Spezialwissen an die Studierenden weitergegeben werden" (https://www.uni-marburg.de/fb20/kinderzahnheilkunde/ wbm-kzhk/kurzbeschreibung, zuletzt abgerufen am 27.07.2017).

Hinzu kommt, dass die beiden Universitäten durch ihr gemeinsames Universitätsklinikum[15] auf handlungspraktischer und wissenschaftlicher Ebene bereits in mehreren medizinischen Fachgebieten, so auch in der Kinderzahnheilkunde, intensiv zusammenarbeiten.

Das Prinzip der gemeinschaftlichen Arbeit sollte auch im Studiengang zum Tragen kommen. Beide inhaltlich hauptverantwortlichen Professoren, je einer pro Universität, bildeten von vorneherein eine Doppelspitze, d.h. beiden war eine gleichberechtigte Teilung der inhaltlichen Verantwortung für den Studiengang wichtig. Sie waren sich einig in der Entscheidung, dass keine federführende Hochschule gewählt werden sollte, die andere Rechte oder Pflichten bezüglich des Weiterbildungsangebots innehaben könnte. Diese Grundsatzentscheidung führte frühzeitig im Prozess der Angebotsplanung zu der Frage nach den möglichen und nicht zuletzt tatsächlich sinnvollen Typen des Studienabschlusses.

Die Hochschulrektorenkonferenz hat 2005 in ihren Empfehlungen zur Entwicklung von Doppeldiplomen und gemeinsamen Abschlüssen für Hochschulen folgende Kriterien offengelegt, welche zur Beschreibung der Praxis einer von mehreren Hochschulen gemeinsam getragenen Abschlussvergabe dienen:

- *„Die Studiengänge werden gemeinsam von den beteiligten Hochschulen entwickelt und/oder anerkannt*
- *Studierende aus der einen Hochschule studieren Teile des Studienprogramms an der anderen Hochschule*
- *Die Dauer der Studienaufenthalte an den beiden Einrichtungen sind von vergleichbarer Länge*
- *Studienabschnitte und Examina, die an der einen Hochschule erbracht wurden, werden automatisch und vollständig von der anderen Hochschule anerkannt*
- *Hochschullehrer der einen Hochschule unterrichten auch an der anderen Hochschule, arbeiten das Curriculum gemeinsam aus und bilden gemeinsame Kommissionen für Zulassung und Prüfungen"* (HRK 2015, o.S.).

Zur Wahl stehen generell folgende Abschlusstypen, die von der Hochschulrektorenkonferenz ursprünglich für international aufgestellte Studienangebote klassifiziert wurden. Es handelt sich hierbei um das Doppeldiplom und den gemeinsamen Abschluss. Die Form der Dokumentierung bildet den Unterschied zwischen diesen beiden Typen.

„Grundsätzlich gilt, dass für eine wissenschaftliche Leistung nur ein einziger Grad verliehen werden darf. Der spezifische Charakter des absolvierten Studiengangs muss in der Dokumentierung deutlich werden:

- *Doppeldiplom: Jede Hochschule stellt eine Urkunde aus, wobei beide Urkunden dergestalt verzahnt sind, dass sie inhaltlich eine einzige Urkunde bilden*
- *Gemeinsamer Abschluss: Beide Hochschulen stellen gemeinsam eine Urkunde aus"* (HRK 2015, o.S.).

Im vorliegenden Fall wurde sich für einen gemeinsamen Abschluss entschieden. Diese Entscheidung hatte bzw. hat ebenfalls Auswirkungen auf den Prozess der Studiengangplanung und -entwicklung, insbesondere bezogen auf den Akkredi-

---

15 Das Universitätsklinikum Gießen und Marburg (UKGM) ist das erste privatisierte Universitätsklinikum des Landes Hessen. Das Land Hessen hält 5% der Beteiligung, die restlichen Anteile entfallen auf die Rhön-Klinikum AG.

tierungsprozess, sowie speziell auf den administrativen Anteil des Studiengangmanagements.

Bereits in der Phase der Angebotsplanung war es wichtig, dass die Unterlagen, die zur präsidialen Entscheidung über die Einrichtung von Studiengängen
eingereicht wurden, und die damit verbundenen vorgelagerten fachbereichsin-
ternen Gremienentscheidungen sowohl bezüglich des Formats als auch der zeitlichen Rhythmen aufeinander abgestimmt waren. Die formale und zeitliche Abstimmung und Angleichung von Vorlagen, Prozessen, Abläufen und Zeitplänen
zieht sich durch den gesamten Prozess der kooperativen Angebotsgestaltung.
Hierbei ist es wichtig zu bedenken, dass jede Hochschule ihr eigenes, ausgeklü-
geltes, auf Entscheidungen und Routinen fußendes System entwickelt hat und
anwendet, das kompatibel ist mit der tradierten Organisationskultur und den aktuell gültigen politischen und strategischen Planungen der Hochschulleitungen.
Die Zusammenarbeit auf Augenhöhe mit einer anderen Hochschule, die wiederum ebenfalls auf eine eigene Organisationskultur und Historie bezogen ist,
führt zwangsläufig dazu, dass beispielsweise bisherige Traditionen und Routinen hinterfragt und ggf. modifiziert werden müssen. Sie müssen miteinander in
eine Passung gebracht werden. Dies kann im Modus der *Angleichung*, der *Anpassung*, der *Überformung* oder der *Verdrängung* alter durch neue, gemeinsam
entwickelte oder von einer der Hochschulen adaptierte Typen von Vorlagen,
Prozessen und Strukturen geschehen.

Im vorliegenden Fall wurde die Angleichung der Vorlagen zur Einrichtung
des Studiengangs dadurch erleichtert, dass an beiden Universitäten Kurzkonzep-
te als Entscheidungsgrundlage in die Präsidien eingereicht wurden, die sich sehr
stark ähneln.[16] Ein Grund hierfür ist, dass die Vorlagen für diese Entschei-
dungspapiere gemeinsam innerhalb der ersten Förderphase des WM³-Projektes
entwickelt wurden und im Anschluss daran in nur leicht modifizierter Version in
Marburg und Gießen etabliert werden konnten. Die beiden beteiligten Professoren konnten somit gemeinsam ein Dokument erstellen, welches sie jeweils ihrem Fachbereich sowie ihrer Hochschulleitung als Entscheidungsgrundlage vor-
legten. Nachdem an beiden Universitäten sowohl auf Fachbereichs- als auch auf
Präsidiumsebene eine positive Stellungnahme ausgesprochen wurde, konnten
beide Hochschulen gemeinsam in die konkrete Angebotsentwicklung einsteigen.

---

16 Die Vorlagen befinden sich unter dem Titel „Eckpunkte für die Entwicklung von berufsbegleitenden, weiterbildenden Masterstudiengängen im Rahmen von WM³ an der Philipps-Universität
Marburg" bzw. „Leitfäden zur Konzepterstellung von Weiterbildungsmastern und Zertifikatskursen an der Justus-Liebig-Universität Gießen" auf der Projektwebsite unter folgendem Link:
http://www.wmhoch3.de/forschung-und-entwicklung/veroeffentlichungen/veroeffentlichungen-
erste-foerderphase/85-konzepte, zuletzt abgerufen am 21.11.2016. Eine systematisierte Beschreibung aller im Kontext von WM³ erarbeiteten Regelungen, Konzepte und Handreichungen
findet sich im Beitrag von Lengler/Sweers/Seitter in diesem Band.

In dieser Phase ist generell, neben der zentralen inhaltlichen Feinabstimmung, ein besonderes Augenmerk auf Verwaltungsprozesse zu lenken, im Falle eines gemeinsamen Abschlusses sind diese von den Verwaltungsabteilungen beider Universitäten gemeinsam zu bearbeiten.

Aufgrund der gleichberechtigten Verantwortung für den Studiengang wurde an den beiden Universitäten auch auf der Verwaltungsebene ein arbeitsteiliges Studiengangmanagement eingeführt. De facto wurden im vorliegenden Fall die administrativen Kernprozesse gleichermaßen auf beide Verwaltungen aufgeteilt. Die eine Universität zeichnet sich für die Einschreibung verantwortlich, wohingegen die andere Hochschule für die Prüfungsverwaltung zuständig ist. In diesem Zusammenhang ist es wichtig zu sondieren, welche Organe, Gremien und Verwaltungseinheiten der kooperierenden Hochschulen in den Planungs-, Entwicklungs- und Managementprozess einbezogen werden müssen. Es spielt zudem eine Rolle, wie die wissenschaftliche Weiterbildung innerorganisatorisch aufgestellt und strukturell eingebettet ist. So kommt es im Einzelfall dazu, dass Referate mit Stabsstellen und/oder Zentren verhandeln, die ihre Aufgabe in der wissenschaftlichen Weiterbildung z.T. unterschiedlich definieren bzw. diese Aufgabe einrichtungsspezifisch mit anderen Funktionsträgerinnen und -trägern teilen. Dies ist vorab bzw. spätestens im Prozess zu eruieren, um ggf. die Hintergründe und Logiken von bestimmten Entscheidungen besser verstehen zu können. Ein Wissen über die spezifische organisationale Gestalt und Verortung der wissenschaftlichen Weiterbildung ist hilfreich bei der Entscheidung über zu involvierende Fachabteilungen und Verantwortliche.

Es darf nicht vergessen werden, dass im Falle eines gemeinsamen Masterabschlusses die beteiligten Hochschulen einen dezidierten Kooperationsvertrag aushandeln müssen, der nicht zuletzt alle Aufgaben- und Kostenverteilungen sowie Absprachen über mögliche Risikoszenarien beinhalten sollte, und organisational betrachtet ganz an der Spitze angesiedelt sein muss, d.h. im konkreten Fall, dass derlei Verträge von den Präsidien der Hochschulen unterzeichnet werden. Die Präsidien und deren zentrale Organisationseinheiten, allen voran die Rechtsabteilungen, sind somit mit ausreichend zeitlichem Vorlauf in die Kooperationsbestrebungen einzubeziehen.

Die oben bereits erwähnte arbeitsteilige Bearbeitung administrativer Verfahren hat zur Folge, dass pauschal bei der zeitlichen Planung der Abstimmungs- und Genehmigungsprozesse innerhalb der Hochschulen immer beide Gremienwege und deren Terminplanung berücksichtigt werden müssen. Die einrichtungsspezifischen Verständnisse und daraus abgeleiteten Vorlagen für beispielsweise Kostenkalkulationen[17] oder Gebührensatzungen müssen mit der Kooperationspartnerin verhandelt und ggf. an die Bedingungen der jeweils anderen angepasst werden. Ähnlich verhält es sich mit der Dokumentation, die im Falle einer Programmakkreditierung bei der externen Akkreditierungsagentur eingereicht werden muss. Einige Hochschulen arbeiten prioritär mit sogenannten „Hausagenturen" zusammen. Mit diesen wurden meist bereits in der Vergangenheit im konkreten kommunikativen Austausch sowie erfahrungsgesättigt zentrale Absprachen und Abstimmungen über relevante Begründungen und deren Darlegungen getroffen. Wenn nun aber die „Hausagenturen" an beiden Hochschulen unterschiedliche sind, so bedarf es an mindestens einer der beiden Hochschulen eines gesteigerten Angleichungsaufwandes oder einer Adaptionsbereitschaft in dem Sinne, dass Vorlagen der anderen Hochschule übernommen werden.

Lessons learned

Als lessons learned aus einer kooperativen Angebotsgestaltung zwischen zwei gleichberechtigten Universitäten kann *erstens* festgehalten werden, dass in einer kooperativen Angebotsplanung und -entwicklung insbesondere von großformatigen, stark strukturierten und durch externe Akkreditierungsagenturen qualitätsgesicherten Weiterbildungsangeboten viel Zeit für intra- sowie interorganisationale Absprachen sowie die Angleichung, Anpassung, Überformung, Verdrängung und Neuerung von organisationsspezifisch etablierten Vorlagen, Regelungen, Strukturen und Prozessen eingeplant werden sollte. Darüber hinaus ist zu bedenken, dass es bei der Aushandlung von Regelungen, die in starkem Zusammenhang mit der Organisationskultur oder der strategischen Ausrichtung der Hochschule stehen, Zeit, Anlässe und „Räume" für eine Aushandlung und Verständigung zwischen den verantwortlichen Organen bedarf. Als gedankliches Experiment soll hier exemplarisch angeregt werden, über die Voraussetzungen und Bedingungen für die Entwicklung eines für alle Seiten akzeptablen Kooperationsvertrages oder die Erstellung einer Kostenkalkulation, die den haushaltstechnischen Entscheidungen aller beteiligten Hochschulen entspricht,

---

17 Bundesweit existieren an den staatlichen Hochschulen unterschiedliche Modelle zur Berechnung der Vollkostenrechnung. Darüber hinaus gibt es keine allgemeingültige Festlegung über die Höhe der Overheadsätze sowie der Kostenarten, die hierunter subsumiert werden. Diese Heterogenität ist bedingt durch unterschiedliche Regelungen in den Hochschullandesgesetzen bzw. einer fehlenden Vorgabe bezüglich der Umsetzung der Vollkosten- bzw. Trennungskostenrechnung unter besonderer Berücksichtigung des europäischen Beihilferechts (siehe hierzu ausführlicher die Analyse von Tauer/Göbel (2014) zu den Auswirkungen des europäischen Beihilferechts auf die Öffnung der Hochschulen).

nachzudenken. Oder über die dafür notwendigen Entscheidungen und zu beteiligenden hochschulinternen und -externen Organe zu phantasieren.

Zweitens ist es ratsam, die Verwaltung und die relevanten Gremien an der eigenen Hochschule frühzeitig in die Überlegungen einzubeziehen, um mit ihnen gemeinsam den Prozess und alle damit verbundenen Verfahrensschritte und Fragestellungen zu sondieren. Eine direkte Involvierung von Fachexpertinnen und -experten zu bestimmten Fragestellungen sowie die zeitge grundsätzliche Verzahnung der Administrationen der kooperierenden Hochschulen zum Zwecke des abgestimmten kooperativen Studiengangmanagements ist ebenfalls zu empfehlen.

Als *dritter* Aspekt ist als Konsequenz aus der Erfahrung mit diesem kooperativ entwickelten Studiengang die Notwendigkeit eines steten Kooperationsmanagements zu nennen. Es ist wichtig, intra- und interorganisational an allen beteiligten Hochschulen „im Gespräch zu bleiben", um somit ggf. vorzeitig über optimierungsbedürftige Prozesse und Strukturen informiert zu sein sowie eine generelle Weiterentwicklung des Angebots auf der Ebene des Produkts, der Prozesse und Strukturen anzustreben. Nur wenn es auf allen Ebenen, d.h. sowohl auf der Ebene der fachlichen Studiengangverantwortung als auch auf der administrativen Ebene – bezogen auf den Fachbereich sowie die Zentralverwaltung – und auf der strategischen Ebene[18] eine beständige Zusammenarbeit im Sinne eines Austauschs über Erfahrungen in der operativen Umsetzung des Angebots und über mögliche Entwicklungslinien gibt, kann ein Weiterbildungsangebot nachhaltig in die Hochschulen implementiert und bei Bedarf flexibel und zeitnah an sich verändernde Umwelteinflüsse und Anforderungen der verschiedenen Zielgruppen angepasst werden.

3.2 Weiterbildender Masterstudiengang „Kulturelle Bildung an Schulen" – eine Kooperation zwischen Universität und Stiftung

Kurzbeschreibung des Studiengangs

Der weiterbildende Masterstudiengang „Kulturelle Bildung an Schulen" ist ein *diagonal* ausgerichtetes Kooperationsprojekt zwischen der Philipps-Universität und der ALTANA Kulturstiftung. Das Studium ist in vier Semester untergliedert und dauert i.d.R. zwei Jahre. Die Weiterbildung findet berufsbegleitend statt. 28 Tage sind als Präsenz eingeplant. Insgesamt werden im Studium 60 Leistungs-

---

18 Darunter sind die für die wissenschaftliche Weiterbildung zuständigen Präsidiumsmitglieder, Beauftragte für wissenschaftliche Weiterbildung, Referentinnen und Referenten für wissenschaftliche Weiterbildung oder Zentrumsmitarbeitende zu fassen.

punkte erbracht. Der Studiengang schließt nach erfolgreichen Prüfungen mit einem Master of Arts ab. Die Voraussetzung für einen Studienbeginn ist eine zweijährige Berufserfahrung oder eine vergleichbare Tätigkeit im Bereich der kulturellen Bildung. Der erste berufsqualifizierende Hochschulabschluss, der eine der Zugangsvoraussetzungen darstellt, kann durch die erfolgreiche Teilnahme an einem individuellen Eignungsfeststellungsverfahren kompensiert werden. Durch dieses besondere Aufnahmeverfahren (Motivationsschreiben plus Portfolio über die eigene bisherige künstlerisch-kulturelle Arbeit) wird sichergestellt, „dass professionelle und in ihrer Sparte anerkannte Akteure (wie z.B. KünstlerInnen), die keinen Hochschulabschluss besitzen, nicht vom Studium ausgeschlossen werden" (Kammler 2016, S. 33). Insgesamt richtet sich das Angebot vor allem an berufstätige Schulleitungen, Lehrkräfte, Künstlerinnen und Künstler sowie Vermittlerinnen und Vermittler in Kultureinrichtungen, die im Kontext der kulturellen Bildung tätig sind. Im Studium

> „erfahren die Studierenden unter Bezugnahme auf die eigene Biographie alle relevanten Felder, um an der Schnittstelle von Schule und Kultureller Bildung, als LehrerIn oder als außerhochschulische(r) PartnerIn schulentwickelnd zu arbeiten. Dabei geht es gleichermaßen um das Verstehen und bildungstheoretische Verorten von Kultureller Bildung wie auch um Vernetzungsstrategien, Partizipation im Kollegium oder die Antragstellung für Fördermittel" (Kammler 2016, S. 34).

Das Lehr-Lernsetting selbst zeichnet sich durch vielfältige Austauschmöglichkeiten und Praxiskontakte aus. Die Studierenden erarbeiten sich in Kooperationen mit Institutionen aus dem Bereich der Kulturellen Bildung sowie mit international anerkannten Künstlerinnen und Künstlern eigene ästhetische Erfahrungen, die wiederum „eine zentrale Grundlage für die Reflexion über ästhetische Bildungsprozesse" (ebd.) darstellen. Begleitet durch professionelle Unterstützung erproben die Studierenden alle Inhalte des Studiums studienbegleitend bereits im Professionsfeld Schule, wodurch der Theorie-Praxis-Transfer sowie die spätere Implementierung und Optimierung der Kulturellen Bildung befördert werden. Der Austausch zwischen Schulleitungen und Lehrkräften mit außerhochschulischen Partnerinnen und Partnern aus dem künstlerischen Bereich ist durch die besondere Zusammensetzung der Studienkohorten im Grundgedanken des Studiums angelegt. Dies führt dazu, dass das „interprofessionelle Verstehen bereits im Studium an[ge]legt und [ge]sichert" (Kammler 2015, S. 209) wird.

Prozessbeschreibung der kooperativen Angebotsentwicklung

Die Idee der Kooperation, die bereits in der Angebotsbeschreibung prominent zum Vorschein kam, ist ebenfalls ein maßgebliches und strukturbildendes Element in der Angebotsplanung, -entwicklung und im Management des Studiums.

Bereits der Idee für den weiterbildenden Masterstudiengang „Kulturelle Bildung an Schulen" fällt ein kooperativer Aspekt zu. Sie basiert auf einem anfangs noch relativ losen Kontakt zwischen der ALTANA Kulturstiftung und der Universität Marburg, aus dem im Laufe der Zusammenarbeit eine enge Kooperationsbeziehung entstand. Ursprünglich fragte die Stiftung an der Universität eine Projektberatung ihrer Initiative „KulturTagJahr"[19] an. Die Partnerinnen stellten schnell fest, dass sie ein gemeinsames übergeordnetes Ziel verfolgen. Sie vereint die Vision, Kulturelle Bildung an Schulen durch die Förderung eines kulturellen Schulprofils sowie die Etablierung ästhetisch-künstlerischen Handelns als zentralem Bestandteil von Schule und Unterricht zu stärken und zu professionalisieren.

„Aus dieser ähnlich geprägten Wahrnehmung und Interessenlage heraus entwickelte sich eine gemeinsame Dialogebene, die zunächst noch nicht auf ein konkretes Ziel ausgerichtet, sondern vielmehr durch das Anliegen geprägt war, zukünftig *gemeinsam, auf Augenhöhe* zwischen den Partnern und *sinnbringend* für das Feld der kulturellen Bildung zu arbeiten. Aus diesem Dialog und gemeinsamen Anliegen entwickelte sich dann das Format eines Weiterbildungsmasters" (Kammler/Seitter 2018, im Erscheinen).

Die beiden Organisationen arbeiten insbesondere im Kontext der kooperativen Angebotsgestaltung inhaltlich sehr stark verknüpft. Sie trafen in der Entwicklungsphase gemeinsam strategische Entscheidungen bezüglich der inhaltlichen Ausgestaltung und generellen Entwicklung des Studiengangs und begreifen auch aktuell noch die Durchführung und Vermarktung des Studiengangs als eine gemeinsame Aufgabe. In einem eigens für den Studiengang gebildeten Kernteam werden insbesondere folgende Aspekte intensiv, gemeinsam und kontinuierlich bearbeitet:

- kooperative Zielbestimmung
- Entwicklung und Umsetzung gemeinsamer Marketing-Strategien
- Etablierung eines gemeinsamen öffentlichen Auftritts in den Medien
- Durchführung gemeinsamer Tagungen
- Entwicklung von Vernetzungsstrategien

---

19 „Gemeinsam mit Künstlern erkunden Schüler ein Schuljahr lang die Natur. Nach einem Konzept der ALTANA Kulturstiftung erhalten Schulen über ein Jahr hinweg die Möglichkeit, ein KulturTagJahr durchzuführen, in dem sie mit Künstlern verschiedener Disziplinen zusammenarbeiten. An einem festen Tag pro Woche geht es für einen gesamten Jahrgang um künstlerisches Erforschen als verbindlichen Teil des Unterrichts" (http://www.altana-kulturstiftung.de/bildung-kunst-natur/kulturtagjahr/, zuletzt abgerufen am 07.03.2017) „Das KulturTagJahr ist ein Kooperationsprojekt zwischen der ALTANA Kulturstiftung, der Stiftung Polytechnische Gesellschaft Frankfurt am Main und dem Hessischen Kultusministerium. Partnerinstitutionen im Kulturbereich sind das Ensemble Modern, die Dresden Frankfurt Dance Company, das Schauspiel Frankfurt, das Atelier Goldstein und die Hochschule für Musik und Darstellende Kunst Frankfurt" (http://www.altana-kulturstiftung.de/bildung-kunst-natur/kulturtagjahr/, zuletzt abgerufen am 07.03.2017)

- Nutzen von Feldzugängen
- Bestimmung und Umsetzung der Kooperations- und Studieninhalte (vgl. ebd.).

Es handelt sich bei diesem Kooperationsfall, wie aus der obenstehenden umfänglichen Liste der gemeinsamen Aufgaben hervorgeht, um eine sehr intensive und stetige Kooperationsbeziehung, die auf mehreren Ebenen gelebt wird. Neben der inhaltlichen Arbeit an dem Curriculum richten die Philipps-Universität und die ALTANA Kulturstiftung zur Dissemination der Idee auch wissenschaftliche Tagungen aus und arbeiten gemeinsam an einer internationalen Vernetzung zugunsten der Förderung von Kultureller Bildung an Schulen. Um die Professionalisierungsmission gemeinsam und synergetisch umzusetzen, gingen die Philipps-Universität und die ALTANA Kulturstiftung eine langfristige, durch einen Kooperationsvertrag fixierte Kooperationsbeziehung ein. Im Laufe des Prozesses kamen noch weitere Kooperationspartnerinnen und -partner mit unterschiedlicher Prägung und verschiedenen Unterstützungsleistungen hinzu, mit denen wiederum weitere Absprachen getroffen und Verträge geschlossen wurden.

Zu Beginn der Kooperationsbeziehung fokussierte sich die Kernarbeitsgruppe, die aus gleichberechtigten Mitgliedern der Philipps-Universität und Mitarbeitenden der Stiftung besteht, auf die inhaltliche Ausgestaltung der Qualifizierung, die für ein professionelles Agieren im Bereich der Kulturellen Bildung befähigen soll. Erst im Zuge der Erstellung der universitären Dokumente und Unterlagen zur Einrichtung des Studiengangs und insbesondere im Zusammenhang mit der Finanzkalkulation stellte sich die Frage, inwiefern die Stiftung das Vorhaben durch ihre einschlägigen Kontakte in das künstlerische Feld hinein sowie zu anderen Stiftungen und nicht zuletzt durch finanzielle Ressourcen unterstützen könnte. Da es sich im Segment der wissenschaftlichen Weiterbildung in der Regel um kostenpflichtige Weiterbildungsangebote handelt, stellt die Finanzierung der Teilnehmergebühren eine zentrale Hürde bei der Entwicklung und nachhaltigen Implementierung der Angebote dar. Die ALTANA Kulturstiftung sagte letztlich eine finanzielle Unterstützung in der Durchführungsphase zu, durch die es vorerst „gelungen [ist], die realen zur Deckung der Kosten notwendigen Studiengebühren zu halbieren" (Kammler 2016, S. 34). Diese Finanzierungszusage erleichterte es den Initiatorinnen und Initiatoren des Studiengangs auch universitätsintern eine positive Grundstimmung gegenüber dem Vorhaben zu erzielen und die notwendige Unterstützung des Fachbereichs zu erhalten. An diesem Beispiel zeigt sich, dass sich eine außerhochschulisch potente Kooperationspartnerin positiv auf die Überzeugungskraft und Verhandlungsstärke von Mitgliedern innerhalb der eigenen Organisation auswirken kann.

Im Laufe der Zeit kamen weitere Partnerinnen und Partner hinzu. So wird der weiterbildende Masterstudiengang ebenfalls durch das Hessische Kultusministerium ideell und finanziell unterstützt. Das Ministerium vergibt Teilstipendien für die Teilnahme an dem Masterstudiengang für Lehrkräfte, die in Hessen an KulturSchulen tätig sind. Darüber hinaus bestehen zwischen dem Fachbereich Erziehungswissenschaften und dem Hessischen Kultusministerium mehrere Forschungskooperationen.

Eine weitere Partnerin ist die Commerzbank Stiftung, deren inhaltliche Schwerpunkte auch auf die Bereiche Wissenschaft, Kultur und Soziales ausgerichtet sind. Die Stiftung vergibt selbstständig – jedoch in Zusammenarbeit mit den Studiengangverantwortlichen – Stipendien an Künstlerinnen und Künstler sowie an Vermittlerinnen und Vermittler, die sich durch die Teilnahme am Studiengang auf wissenschaftlichem Niveau professionalisieren möchten. Durch diese kompensatorische Förderpolitik werden beide Teile der Zielgruppe des Studiums, d.h. die Lehrkräfte und die künstlerisch Tätigen, bedacht und unterstützt.

Die PwC-Stiftung unterstützt das mit dem Studiengang verbundene Anliegen, das Konzept der Kulturellen Bildung bundesweit publik zu machen und die Akteurinnen und Akteure in diesem Feld zu vernetzen. In diesem Kontext ist die durch die Stiftung geförderte Kooperation mit 27 Schulen sowie kulturellen Institutionen des Kultur.Forscher!-Netzwerks zu nennen. Es werden Hospitationsmöglichkeiten für Studierende ermöglicht und überregionale Netzwerktreffen organisiert. Darüber hinaus stellt die PwC-Stiftung weitere Stipendien für den Studiengang bereit.

Noch im Entwicklungsprozess des Studiengangs wurde die Bundesakademie Kulturelle Bildung Wolfenbüttel als inhaltlich und strukturell ausgerichtete Kooperationspartnerin involviert. Die Bundesakademie berät und unterstützt die Verantwortlichen des Masterstudiengangs zum Thema des Schnittstellenmanagements und im Kontext von Fragen der überregionalen Vernetzung. Die Bundesakademie richtet gemeinsam mit der Philipps-Universität Modulbausteine im Rahmen des Masterstudiengangs aus. Darüber hinaus beteiligen sich beide an wissenschaftlichen Tagungen zum gemeinsamen Thema der Kulturellen Bildung.

Die Lehre in der Weiterbildung durch Universitätsangehörige wird durch weitere Dozierende aus dem künstlerischen Feld angereichert. Es bestehen also auch an dieser Stelle Kooperationsbeziehungen zwischen der Hochschule und dem Praxisfeld. Insbesondere die ALTANA Kulturstiftung war behilflich bei der Kontaktanbahnung zwischen den universitären Studiengangverantwortlichen und Künstlerinnen und Künstlern, die für die didaktische Umsetzung in einigen Bereichen des Curriculums und vor allem zur Umsetzung der übergeordneten Studiengangvision unverzichtbar sind. Die Lehre wird durch Dozierende der Hochschule, der ALTANA Kulturstiftung, der Bundesakademie und aus dem

künstlerischen Feld angeboten und ist somit durch verschiedene Einflüsse geprägt. Diese Vielfalt an Lehrpersonen und -typen kann nur durch eine intensive
und stetige Zusammenarbeit zwischen den Partnerinnen und Partnern realisiert
werden. Eine enge inhaltliche Abstimmung ist ein zentraler Gelingensfaktor dafür, dass in der Lehre eine in sich stimmige Linie verfolgt wird, selbst wenn die
Lehrenden – wie im vorliegenden Fall – aus heterogenen, organisational und
professionell höchst unterschiedlichen Kontexten stammen.

Die Unterstützungsleistungen in dieser mehrperspektivischen diagonalen
Kooperationsbeziehung sind vielfältig. Sie reichen von der gemeinsamen inhaltlichen Arbeit, die durch die Eingabe verschieden geprägter Perspektiven der unterschiedlichen Akteurinnen und Akteure profitiert, über Kontakt- und Vernet-
zungspotentiale bis hin zu finanziellen Unterstützungen, wie beispielsweise die
pauschale Übernahme von Durchführungskosten oder individualisierte Stipendien für Teilnehmende.

Man kann bei diesem Beispiel zwischen kooperierenden und fördernden
Organisationen unterscheiden. Als Kooperationspartnerinnen und -partner sind
allen voran die ALTANA Kulturstiftung zu nennen, aber auch die Bundesakademie Wolfenbüttel kann als Kooperationspartnerin bezeichnet werden. För-
dernde Organisationen sind dagegen das Hessische Kultusministerium, die
Commerzbank Stiftung und die PwC-Stiftung. Sie alle zusammen ermöglichten
die visionsreiche Entwicklung und erfolgreiche Implementierung des Studiengangs im Feld der Kulturellen Bildung.

Lessons learned

Die Besonderheit dieses Kooperationsfalls liegt nicht nur darin begründet, dass
es sich hierbei um eine diagonale Kooperation handelt, sondern wird zusätzlich
dadurch unterstrichen, dass die Kooperation zwischen einer Stiftung und einer
Hochschule stattfindet. Stiftungen zeichnen sich durch besondere Spezifika aus,
die Kammler und Seitter folgendermaßen beschreiben:

> „Stiftungen haben als zivilgesellschaftliche Akteure und potentielle Kooperationspartner spe-
> zifische Ressourcen, die sie unabhängig von politischen Vorgaben selbstständig – und oft un-
> bürokratisch – zur Verfolgung ihres Stiftungszweckes einsetzen können und deren kooperati-
> ve Bündelung mit Hochschulen für beide Seiten von hohem strategischen und praktischen
> Vorteil sein kann" (Kammler/Seitter, 2018, im Erscheinen).

Im Gegenzug zu diesen vielfältigen Unterstützungsmöglichkeiten stellen Stiftungen auch konkrete Anforderungen an ihre Kooperationspartnerinnen und
-partner. Sie fordern z.B. „klare Kommunikationswege, Transparenz in der Pro-
jektdurchführung, [einen] gemeinsame[n] Auftritt in Veröffentlichungen und
Medien u.a." (ebd.) ein. Stiftungen verfügen häufig über eine professionelle

Marketingabteilung und sind es gewohnt, öffentlichkeitswirksam und für ihren Stiftungszweck werbend tätig zu sein. (Deutsche) Hochschulen sind in diesem Bereich in der Regel vergleichsweise (noch) nicht so gut aufgestellt. An dieser Stelle kann die von Hochschulen betriebene wissenschaftliche Weiterbildung noch lernen und von den Stiftungen profitieren.

Dieser Kooperationsfall ist ein gelungenes Beispiel für eine kooperative Angebotsgestaltung inklusive einer professionellen Vermarktung. Die Zusammenarbeit in der Kooperation (Kernteam) war konstant und auf operativer und inhaltlicher Ebene sehr eng. In einigen Bereichen fand eine im Detail sehr intensive Zusammenarbeit statt, in anderen Bereichen wurde mehr auf professionelle Arbeitsteilung gesetzt. Im Wechsel beider Arbeitsformen konnten die Synergieeffekte aus der diagonalen Kooperation optimal genutzt werden. Zudem profitierte das Vorhaben von einer festen Kofinanzierung und der Ausweitung der gemeinsamen Arbeiten auf weitere Forschungs- und Entwicklungsprojekte. Diese Vorteile können auch in Kooperationen mit Partnerinnen und Partnern aus dem Profit- und dem Non-Profitbereich – wie Unternehmen und soziale Einrichtungen – entstehen, weshalb die Ergebnisse durchaus auch auf andere diagonale Kooperationen außerhalb des Stiftungswesens transferierbar sind.

3.3 Weiterbildender Zertifikatskurs „Kernkompetenzen für den Beruf: Kommunikation und Betriebswirtschaft" – eine Kooperation zwischen Hochschule und Volkshochschule

Kurzbeschreibung des Studiengangs

Der Zertifikatskurs „Kernkompetenzen für den Beruf: Kommunikation und Betriebswirtschaft" wurde gemeinsam von der Technischen Hochschule Mittelhessen und der regionalen Volkshochschule des Landkreis Gießen Friedberg durch Eigenmittel der regionalen Volkshochschule (VHS) und aus WM³-Projektgeldern konzipiert. Der Zertifikatskurs beinhaltet die Themen „Arbeitsorganisation" und „Medienkompetenz" und richtet sich an

„Personen, die bisher keine oder wenig betriebswirtschaftliche Vorkenntnisse vorweisen bzw. die ihre Kenntnisse wieder auffrischen wollen und einen Mix aus grundlegendem betriebswirtschaftlichen und kommunikationstheoretischen sowie praktischem Wissen insbesondere für den Wiedereinstieg in den Beruf aber auch den Berufsalltag erwerben möchten" (http:// www.wmhoch3.de/weiterbildungsangebot/angebotsportfolio/zertifikatslehrgaenge?option=co m_chronoforms&chronoform=viewDetail&id=58, zuletzt abgerufen am 27.07.2017).

Der Arbeitsaufwand des Angebots beträgt 45 Präsenzstunden, die in den Räumlichkeiten sowohl der Hochschule als auch der Volkshochschule stattfinden, und wird ergänzt durch 80 Stunden, die als Selbstlernphase mit E-Learning-Anteilen konzipiert sind. Die Dozierenden sind Hochschullehrende sowie Kursleiterinnen und Kursleiter der Volkshochschule. Die Weiterbildung schließt mit einem Hochschulzertifikat ab. Es werden nach erfolgreicher Abschlussprüfung 23 Leistungspunkte (ECTS) vergeben.

Prozessbeschreibung der kooperativen Angebotsentwicklung

Bei diesem Beispiel[20] handelt es sich um eine *vertikale* Kooperation, da hier zwei Institutionen mit einschlägigem Bildungsauftrag, jedoch aus unterschiedlichen Segmenten des Bildungsbereichs, zusammen ein gemeinsam getragenes Weiterbildungsangebot entwickelt haben. Mit der kooperativen Angebotsentwicklung wurde neben fachlich-inhaltlichen Ausrichtungen insbesondere das Ziel einer *Erhöhung der Durchlässigkeit* zwischen dem hochschulischen und dem außerhochschulischen Bereich sowie die Einbindung einer für Hochschulen nicht-traditionellen Zielgruppe[21] verfolgt. Diese Zielgruppe weist, wie in einer im Rahmen des WM³-Projektes durchgeführten Bedarfsanalyse herausgearbeitet werden konnte (Präßler 2015), zwar eine hohe Bildungsaffinität auf, sie wird jedoch (bisher) selten über die klassischen Kommunikationskanäle[22] der Hochschulen erreicht. Die Volkshochschule ist dieser Zielgruppe hingegen als Bildungsort weitaus geläufiger. Aus der oben genannten Analyse ging sogar hervor, „dass die Volkshochschulen den höchsten Bekanntheitsgrad unter den Weiterbildungsanbietern einnehmen" (vgl. Präßler 2015, S. 177). Um die im WM³-Projekt anvisierte Zielgruppe der Berufsrückkehrerinnen und -rückkehrer ansprechen zu können, wurde eine Kooperation mit der Volkshochschule mit dem Ziel der gemeinsamen Angebotsentwicklung eingegangen. Die Intention lag darin, dass sich zwei Weiterbildungsanbieterinnen zusammenschließen und sich somit sowohl in fachlich-inhaltlicher als auch in distributionspolitischer Hinsicht gegenseitig ergänzen. Im Endeffekt sollte so ein Weiterbildungsprodukt geschaffen werden, das die Stärken beider Institutionen bündelt und zu-

---

20 Die Reflexion des Planungs- und Entwicklungsprozesses basiert auf Gesprächen mit den hochschulseitig verantwortlichen WM³-Projektmitarbeitenden, die sich sowohl auf ihre in einem Forschungstagebuch festgehaltenen Aufzeichnungen der zahlreichen Kooperationstreffen beziehen, als auch auf einen Artikel, der sich mit der Annäherung von differenten Lernkulturen im Kontext von kooperativer Angebotsplanung und -entwicklung auseinandersetzt (vgl. Hanak/Sturm 2016).
21 Im betrachteten Zertifikatskurs wurde konkret die Zielgruppe der Berufsrückkehrenden und der beruflich Tätigen anvisiert.
22 Zu den Kommunikationskanälen, die klassischerweise zur Akquise von Studierenden an Hochschulen genutzt werden, zählen z.B. schulbezogene Messen, Hochschulinformationstage für Schülerinnen und Schüler oder Einträge in Datenbanken und Internetauftritte.

gleich exemplarisch einer Zielgruppe beim Übergang von einem Bildungssegment in das nächste verhilft.

Das Thema der Durchlässigkeit wurde darüber hinaus seitens der Hochschule zusätzlich auf das Potential des Themenkomplexes der *Anrechnung- und
Anerkennung außerhochschulisch erworbener Kompetenzen* hin fokussiert.
Deshalb wurden bereits im Prozess der Entwicklung die Rahmenbedingungen
für ein funktionales und realistisches Anrechnungsmodell diskutiert (vgl. Ha-
nak/Sturm 2016). Hanak und Sturm betonen, dass es im konkreten Fall nicht,
wie in vielen anderen Beispielen, darum gehen sollte, „dass eine Hochschule ein
Studienprogramm entwickelt, auf welches dann außerhochschulisch erworbene
Kompetenzen pauschal angerechnet werden können" (Hanak/Sturm 2016, S.
116). Es ging also nicht um eine nachträgliche Anrechnung mithilfe einer nach-
gelagerten Überprüfung der Gleichwertigkeit, sondern vielmehr „um eine gemeinsame und gleichberechtigte Programmentwicklung zwei[er] Bildungsanbieter"
(Hanak/Sturm 2016, S. 117). Die Besonderheit dieser konkreten Vorgehensweise
ist durch das kooperative Verfahren, d.h. die segmentübergreifende Zusammenarbeit zweier Bildungsträgerinnen, überhaupt erst möglich geworden. Durch die
konsequente kooperative Planung und Entwicklung eines gemeinsamen Bil-
dungsangebots wurde ein integriertes Anrechnungsverfahren kreiert. Die Inhalte
und Qualifikationsziele des Zertifikatsprogramms wurden gemeinsam festgelegt. In diesem Zuge wurde zugleich eruiert, welche der hierfür notwendigen
Weiterbildungsangebote bereits an einer der beiden Einrichtungen existent sind
und als Äquivalente in die Curriculumsentwicklung einbezogen werden können.
An die Stelle einer nachträglichen Überprüfung der Gleichwertigkeit trat ein integriertes prozessbegleitendes Verfahren der Überprüfung bereits bestehender
Bildungsangebote auf ihre Passungsfähigkeit in ein neu zu erstellendes Zertifikatsprogramm. Diese Variante hatte den großen Vorteil, dass beide Bildungsan-
bieterinnen gemeinsam Leerstellen in ihren jeweiligen Portfolios entdeckten und
somit in die Lage versetzt wurden, zusammen zu entscheiden, in welcher Form
diese geschlossen werden sollten und wer hierfür die Verantwortung übernahm.
Am Ende dieses Abgleichungs- und Abstimmungsprozesses stand ein Curriculum, das sich zum einen aus bereits bewährten Modulen und Kursen beider Institutionen zusammensetzte und zum anderen durch spezifische, neu entwickelte
Bausteine ergänzt wurde.

Im Prozess der gemeinsamen Konzeptentwicklung wurden neben der curricularen Ausrichtung und den thematischen Verantwortlichkeiten für die einzelnen Zertifikatsmodule insbesondere die anzurechnenden Inhalte, die an Volkshochschulen gelehrt werden und die eminente Bestandteile des Curriculums des
neuen Zertifikatskurses sind, festgelegt. In einem aufwendigen Prozess des re-
ziproken Kennenlernens auf inhaltlich-programmatischer, institutioneller und

kultureller Ebene wurde schnell deutlich, dass es an Volkshochschulen ein renommiertes Format der Weiterbildung gibt, das sich für eine Angleichung zwischen den beiden Institutionen eignet. Es handelt sich hierbei um Xpert Business-Kurse[23] der Volkshochschulen, bei denen Potential für Anrechnung und Anerkennung auf Hochschulgrade vermutet wurde. Um diese Vermutung konkret zu überprüfen, wurden die volkshochschuleigenen Dokumentationen der Kompetenzen, die durch Xpert-Kurse vermittelt werden, durch einen Hochschulprofessor gesichtet. Dieser stellte die Gleichwertigkeit des akademischen Niveaus des Xpert-Kurses gemäß der Stufe 6 des Deutschen Qualifikationsrahmens für Lebenslanges Lernen[24] fest. Beim Abgleich der Dokumentationsvorlagen und der Überführung der Kursbeschreibung der Xpert-Kurse in die Modulblätter der Hochschule unterstützte maßgeblich ein WM³-Mitarbeiter, dessen wissenschaftliches Forschungs- und Erkenntnisinteresse sich auf das Themenfeld der Anerkennung und Anrechnung außerhochschulisch erworbener Kompetenzen konzentriert. Um eine möglichst hohe Transparenz herzustellen und dadurch den Prozess der Anerkennung und Anrechnung in der Hochschule zu erleichtern und zu routinisieren, wurde sich darauf verständigt, dass die Ergebnisse der Xpert-Dokumentation in die Vorlagen der Hochschule, also in das Format der Modulblätter, überführt werden sollten. Die Voraussetzungen für diese Entscheidung und letztlich für den Transfer der Inhalte aus der einen in die andere Vorlage waren ein intensiver Austausch der beiden Institutionen, ein in diesem Zuge entstandenes gegenseitiges Vertrauen sowie die Fixierung auf ein gemeinsames Ziel, das für beide Seiten messbare und realistische Erfolge versprach. Um die Überführung zu realisieren, wurde darüber hinaus von den beteiligten Akteurinnen und Akteuren aus beiden Institutionen ein gewisser Grad an Flexibilität und Übersetzungskompetenz gefordert.

In der Prüfungsordnung des Zertifikatskurses[25] wurde festgelegt, dass die Volkshochschule gegenüber der Hochschule mitteilungspflichtig ist, sobald sich an dem Portfolio der Xpert Business-Kurse Änderungen ergeben sollten, die Auswirkungen auf die Inhalte der Kurse haben. Diese Absprache wurde mit dem Ziel der nachhaltigen Qualitätssicherung getroffen.

---

23 Xpert Business ist ein bundesweites System für kaufmännische und betriebswirtschaftliche Weiterbildung. Es besteht aus Kursen und Zertifikaten. Jeder Kurs kann mit einer Prüfung abgeschlossen werden. Die Absolventinnen und Absolventen erhalten ein Zertifikat, das in Kombination mit weiteren Xpert-Zertifikaten zu XP-Abschlüssen führt. (siehe online: http://www. xpert-business.eu/, zuletzt abgerufen am 08.08.2017).

24 Für mehr Informationen zum DQR vgl. http://www.kmk.org/fileadmin/Dateien/pdf/PresseUnd Aktuelles/2013/131202_DQR-Handbuch__M3_.pdf, zuletzt abgerufen am 19.09.2017).

25 Der Zertifikatskurs wurde auf Grundlage der im WM³-Projekt erarbeiteten hochschulübergreifenden – d.h. für alle drei Hochschulen im Verbund gültigen – Rahmenordnung für Zertifikatskurse entwickelt.

Die umfangreiche Überführung der Dokumentation von einer für Volkshochschulen bisher weitestgehend unbekannten Dokumentationsform in die
gängige, allseits akzeptierte Formatvorlage der Modulblätter hat letztlich dazu
geführt, dass Teilnehmenden am Zertifikatskurs bis zu drei Module pauschal
angerechnet werden können, sofern sie über bestandene Xpert-Zertifikate verfügen. Dieses Beispiel bietet Adaptionspotentiale für andere hochschulische Bil-
dungseinrichtungen, die Angebote der wissenschaftlichen Weiterbildung vorhalten und damit weiterbildungsaktive Zielgruppen ansprechen möchten, die ihre
Bildungskarriere bisher außerhalb der Hochschule vorangetrieben haben und als
nächsten Schritt eine Aufstiegsqualifizierung anstreben. An diesem Beispiel hat
sich gezeigt, dass die detaillierte Dokumentation der Kompetenzen, die in den
Xpert Business Kursen an Volkshochschulen vermittelt und abgeprüft werden,
mit leichten Modifikationen in die Modulblätter der Hochschulen überführt
werden und somit als Grundlage für pauschale Anrechnungsverfahren dienen
können. Die Prüfung der Gleichwertigkeit, die letztlich immer durch die Hochschulen vorgenommen werden muss, wird durch dieses Verfahren vereinfacht.

Die Vorteile, die sich aus diesem Modell der integrierten pauschalen Anrechnung ergeben, sind sowohl auf Seiten der Zertifikatsstudierenden als auch
auf Seiten der beiden kooperierenden Institutionen festzumachen. Die mentale
Hürde, die einige Bildungsinteressierte daran hindert, ihre Weiterbildung an
Hochschulen zu absolvieren, wird über die Kooperation zwischen Volkshochschule und Hochschule weitestgehend reduziert. Die Aufwertung der Weiterbildung, die durch die Beteiligung der Hochschule erzeugt wird, hat positive Wir-
kung auf die Akzeptanz der Qualifikation bei (späteren) Arbeitgebern der
Absolventinnen und Absolventen des Zertifikatskurses. Die Studierenden können sich, sofern sie bereits über Xpert Business-Zertifikate verfügen, diese anrechnen lassen und somit die *„Anrechnung als Instrument zur Verkürzung des
Studiums"* (Hanak/Sturm 2015, S. 24) nutzen. Nicht zuletzt erhalten die Absolventinnen und Absolventen zweierlei Arten von Zertifikatsdokumenten, das
Zertifikat der Hochschule und die Einzelzertifikate der Volkshochschule. Sie
verfügen somit am Ende der Weiterbildung über eine Zusammenstellung offizi-
eller Kompetenznachweise, die in verschiedenen Kontexten bekannt und anerkannt sind.

Lessons learned

Die Vorteile für die beiden Bildungsträgerinnen sind ähnlich gelagert, wenn
auch in unterschiedlicher Ausrichtung. So gewinnt die Volkshochschule durch
die Kooperation mit einer Hochschule an Renommee sowohl gegenüber Mitbe-
werberinnen und Mitbewerbern als auch gegenüber ihrer traditionellen Ziel-

gruppe. Die Hochschule dagegen öffnet sich für eine Zielgruppe, für die sie bisher nicht sichtbar genug war und erweitert dadurch ihren Kreis an potentiellen Teilnehmenden. Beide Institutionen profitieren somit am Beispiel der Anrechnungsverfahren vom Instrument der *bildungssegmentübergreifenden kooperativen Angebotsgestaltung*.

Als übergeordnetes Ergebnis kann festgehalten werden, dass sich die Dokumentation der Xpert Business-Kurse sehr gut als Grundlage für pauschale Anrechnungsverfahren an Hochschulen eignet. Dies kann interessant sein für andere Hochschulen, die auf dieser Grundlage ebenfalls mit Volkshochschulen zusammenarbeiten wollen, oder als Inspiration dienen, um zu erforschen, welche anderen Dokumententypen von Bildungsträgern für die Überprüfung eines Äquivalenzvergleichs dienlich sein könnten, sei es für eine *pauschale*, eine *individuelle* oder eine *kombinierte* Anrechnung (siehe Hanak/Sturm 2016, 49ff.).

3.4 Synopse

In allen drei Kooperationsperspektiven (horizontal, diagonal und vertikal) treten Besonderheiten hervor, die jeweils als synergiestiftend erlebt wurden.

Bei *horizontalen* Kooperationen lassen sich beispielsweise die Kompetenzen von mehreren Hochschulen bündeln. Durch die Zusammenarbeit erhalten die Kooperationspartnerinnen die Chance, gemeinsam erfolgreich in einen Weiterbildungsmarkt einzusteigen. Durch die Kooperation wird zudem verhindert, dass sie komplementäre Angebote anbieten und ggf. in eine Konkurrenzsituation geraten. Die Bündelung der Kompetenzen bezieht sich auf alle Phasen von der Planung über die Entwicklung bis hin zur Angebotsdurchführung und dem Management. Durch die Kooperation zwischen gleichgestellten Partnerinnen (z.B. zwei Universitäten) können wertschöpfende Prozesse gleichberechtigt aufgeteilt werden. Aber auch unterstützende Prozesse (z.B. im administrativen Bereich) können arbeitsteilig zwischen den Partnerinnen umgesetzt werden, wodurch sich jede der Hochschulen konzentrieren und professionalisieren kann, ohne letztlich die Ressourcen und Expertisen für alle Prozessschritte bereit halten zu müssen. Es werden die Stärken aus ein- und demselben Sektor gebündelt und dadurch intensiviert.

Bei einer *vertikalen* Kooperation dagegen können die Potentiale unterschiedlicher Bildungssegmente miteinander nutzbringend für alle Beteiligten kombiniert werden. Die Vorteile dieses Kooperationstypus liegen beispielsweise in der Ansprache neuer Zielgruppen und unter Umständen in der leichteren Nutzung von Anrechnungspotentialen. Diese Kooperation erleichtert die Übergänge im Bildungssystem durch einen direkten Austausch zwischen den verschiedenen

Institutionen und Etappen des lebenslangen Lernens. In diesen Kooperationsbeziehungen ist daher der bildungssegmentübergreifende Prozess organisationalen Lernens hervorzuheben. Die Partnerinnen und Partner profitieren von den Stärken des jeweils anderen und gleichen dadurch im Idealfall die eigenen Schwächen aus.

Ähnlich sind die Vorteile in *diagonalen* Kooperationen gelagert. Der jeweilige Feldzugang aller Partnerinnen und Partner sowie die Verzahnung von Netzwerken bergen auch hier viel Potential für die Entwicklung und Implementierung eines neuen gemeinsamen Produkts. Da bei diagonalen Kooperationen mindestens eine der Partnerinnen oder einer der Partner aus einem wirtschaftlichen oder einem – im Vergleich zum öffentlichen Bildungswesen – finanzkräftigeren Bereich kommt, entsteht oftmals ein größerer finanzieller Spielraum, z.B. durch Stipendien oder Projekt- und Fördergelder. Darüber hinaus zeichnen sich diagonale Kooperationen auch dadurch aus, dass durch sie ein direkter Zugang zu den institutionellen Abnehmerinnen und Abnehmern ermöglicht wird.

Die folgende Tabelle fasst perspektivenspezifisch die jeweils herausragenden Synergieeffekte von Kooperationen zusammen. Diese werden entsprechend des Phasenmodells von Hanft (2014), die die Abschnitte *Angebotsplanung, Angebotsentwicklung* und *Angebotsdurchführung/-management* unterteilt, in der folgenden Abbildung dargestellt.

Kooperations-perspektive	Angebotsplanung	Angebotsentwicklung	Angebotsdurchführung/-management
horizontal	Ausschalten von Konkurrenz	Aufteilung der Inhalte/Module nach Schwerpunkten der Professuren	Kombination von Professuren unterschiedlicher Hochschulen Aufteilung der administrativen (hoheitlichen) Aufgaben auf verschiedene Standorte
diagonal	Anschubfinanzierung, Zusage von Stipendien Unterstützung der Idee aus der Praxis/ von einer potenten Partnerin, positive Effekte nach innen (Fachbereiche, Gremien)	Aufteilung der Inhalte/Module zwischen Wissenschaft und Praxisfeld	Kombinatorische Lehre von Dozierenden aus Wissenschaft und Praxis Potential für zusätzliche Kooperationsprojekte, die den synergetischen Zielerreichung zuträglich sind
vertikal	Ansprache neuer Zielgruppen	Aufteilung der Inhalte/Module zwischen verschiedenen Bildungssegmenten Nutzung bereits bestehender Inhalte/Module (Stichwort: Xpert-Kurs) Potential für Anrechnung und Anerkennung	Kombination von professoraler Lehre und stärker erwachsenen-pädagogisch ausgerichteter Lehre Aufgaben der unterstützenden administrativen Aufgaben zwischen den Bildungseinrichtungen

- Gemeinsame Bedarfsermittlung, Nutzung der jeweiligen direkten und indirekten Feldexpertisen
- Bündelung der Kompetenzen, des Wissens und der Kontakte (Kooperationen und Netzwerke)
- Arbeitsteilung abhängig von Expertisen, Erfahrungen und Ressourcen
- Aufteilung der Ressourcen (Zeit, Geld) und Teilung des Risikos

Abbildung 7:   Synergieeffekte der unterschiedlichen Kooperationsperspektiven

4 Fazit

Kooperationen, wie sie in diesem Artikel anhand von Praxisbeispielen vorgestellt wurden, sind nicht nur vorteilhaft und zugleich herausfordernd für diejenigen, die sich konkret mit der Angebotsplanung, -entwicklung und -durchführung
bzw. dem Management von Weiterbildungsangeboten befassen. Sie sind letztlich eine Aufgabe, der sich die gesamte Organisation zu stellen hat. Hochschulen werden in diesem Fall zeitgleich mit den Spezifika des Geschäftsfeldes der
wissenschaftlichen Weiterbildung und denen des kooperativen Handlungsmodus
konfrontiert.

Die wissenschaftliche Weiterbildung ist an allen drei in diesem Artikel betrachteten Hochschulen zwar nicht komplett neu, hat aber nicht zuletzt durch
den Wettbewerb „Aufstieg durch Bildung: offene Hochschulen" deutlich an
Fahrt aufgenommen. Durch die Projektförderung, d.h. durch ein extrinsisch und
fiskalisch motiviertes Engagement in der wissenschaftlichen Weiterbildung,
wurden mit den entwickelten Weiterbildungsangeboten *Ernstfälle* geschaffen,
die innerhalb der Hochschule bearbeitet werden mussten. Im konkreten Fall sind
hiermit die entwickelten weiterbildenden Angebote gemeint bzw. die organisationalen Unterstützungsprozesse und die damit einhergehenden Zwänge, die
durch Kooperationsvereinbarungen oder im Kontakt mit potentiellen und tatsächlichen Weiterbildungsstudierenden entstehen. Generell gesehen bedeuten
die Entwicklung eines weiterbildenden Masterstudiengangs und vor allem die
Entwicklung eines Zertifikatskurses,[26] dass nicht nur innerhalb der und von den
explizit für wissenschaftliche Weiterbildung zuständigen Fachabteilungen von
Hochschulen, sondern vielmehr in Zusammenarbeit mit allen relevanten Stellen
innerhalb der Hochschule bestehende Prozesse für die wissenschaftliche Weiterbildung überarbeitet und neue Prozesse aufgesetzt werden müssen. Die Relevanz und Bereitschaft, sich innerhalb einer Hochschule mit Lösungen für weiterbildungsspezifische Fragestellungen zu befassen, steigt im Idealfall mit jedem
weiteren konkreten weiterbildenden Masterstudiengang und Zertifikatskurs an.
Die tatsächlichen Bedarfe an Unterstützungsleistungen seitens der internen sowie externen Zielgruppen und die administrativen, organisatorischen und strukturellen Leerstellen, die auf Klärungsbedarf hinweisen, werden in vielen Fällen
erst im konkreten Entwicklungsprozess oder Umsetzungsfall virulent.

---

26 Die Entwicklung eines Zertifikatskurses stellt die Hochschulen insofern vor größere Herausforderungen, als dass es sich hierbei um ein Format handelt, das an Hochschulen weder vergleichbar mit dem Master noch mit dem Bachelor ist. Die Prozesse und Strukturen für klassisch ein-
geschriebene Studierende müssen modifiziert werden. Dies zeigt sich bereits in der Frage, ob es
sich bei Zertifikatsteilnehmenden um Studierende handelt oder um eine weitere Kategorie von
Personen an Hochschulen.

Resümierend kann festgehalten werden, dass durch Kooperationen mit Unternehmen, Stiftungen und anderen Bildungsträgern oder auch durch Kooperationen zwischen Hochschulen die Bedarfsklärung erleichtert werden kann. Das Wissen der einzelnen Partnerinnen und Partner um die Bildungsbedarfe, aber auch die zeitlichen, finanziellen und strukturellen Rahmenbedingungen der institutionellen und individuellen Nachfragenden lassen sich somit besser in der Angebotsplanung und -entwicklung berücksichtigen. Der Erfahrungsaustausch zwischen den Partnerinnen und Partnern und die Einbeziehung der vielfältigen Netzwerke (u.a. Berufsverbände, Fachverbände, Berufsnetzwerke) führen zu einer Steigerung der Praxis- und Nachfrageorientierung der Angebote. Eine Arbeitsteilung in der Angebotsgestaltung kann ebenfalls die Praxisorientierung unterstützen, z.b. durch die Gewinnung von Dozentinnen und Dozenten aus der Praxis für die weiterbildenden Angebote. Arbeitsteilung kann aber auch zur Minimierung des Finanzrisikos, zur Reduktion von Kosten oder zur Professionalisierung einzelner Aufgabenbereiche (z.b. professionelles Marketing für Weiterbildungsangebote, das von der Expertise der Marketingabteilungen von Unternehmen profitiert) beitragen. Neben all diesen positiven Effekten von Kooperationen darf jedoch nicht vergessen werden, dass sich Hochschulen durch Kooperationen an externe Partnerinnen und Partner binden und einen Teil ihrer Autonomie in Lehre und Forschung dadurch aufgeben. Mit Kooperationsvereinbarungen sind Absprachen, gemeinsame Entwicklungsplanungen und (Anpassungs-) Zwänge verbunden, die den Druck zur Veränderung der Prozesse, Strukturen und z.T. sogar der Organisationskultur erhöhen. Die Vorteile und Begleiterscheinungen von Kooperationen sind somit immer mit den übergeordneten Zielen der Hochschulen abzugleichen und wechselseitig abzuwägen.

Literatur

Dollhausen, Karin (2008): Vorbemerkungen. In: Gieseke, Wiltrud (Hrsg.): *Bedarfsorientierte Angebotsplanung in der Erwachsenenbildung*. Bielefeld: wbv, S. 7-8.

Hanak, Helmar/Sturm, Nico (2015): *Anerkennung und Anrechnung außerhochschulisch erworbener Kompetenzen: eine Handreichung für die wissenschaftliche Weiterbildung*. Wiesbaden: Springer VS.

Hanak, Helmar/Sturm, Nico (2016): Annäherung differenter Lernkulturen als Voraussetzung von Durchlässigkeit. In: Dörner, Olaf/Iller, Carola/Pätzold, Henning (Hrsg.): *Differente Lernkulturen – regional, national, transnational*. Leverkusen-Opladen: Barbara Budrich, S. 115-126.

Hanft, Anke (2014): *Management von Studium, Lehre und Weiterbildung*. Münster: Waxmann.

Hanft, Anke/Brinkmann, Katrin/Kretschmer, Stefanie/Maschwitz, Annika/Stöter, Joachim (2016): *Organisation und Management von Weiterbildung und Lebenslan-*

gem Lernen an Hochschulen. Ergebnisse der wissenschaftlichen Begleitung des Bund-Länder-Wettbewerbs Aufstieg durch Bildung: offene Hochschulen. Münster. Bd.2. New York: Waxmann.

HRK (2015): *Empfehlungen der HRK zur Entwicklung von Doppeldiplomen und gemeinsamen Abschlüssen (1).* Empfehlung des Senats der HRK vom 15.2.2005 (Online verfügbar unter: https://www.hrk.de/positionen/position/beschluss/detail/empfehlun gen-der-hrk-zur-entwicklung-von-doppeldiplomen-und-gemeinsamen-abschlues sen-1/, zuletzt abgerufen am 30.01.2017).

Kammler, Christian (2015): Professionalisierung an der Schnittstelle zwischen Schule und Kultureller Bildung. In: Pädagogische Führung. Zeitschrift für Schulleitung und Schulberatung. 26. Jg. Heft 6, S. 208-210.

Kammler, Christian (2016): Professionalisierung im Feld Schule und Kulturelle Bildung. „WBM-KuBiS" – Philipps-Universität Marburg. In: *Journal für LehrerInnenbildung.* 16. Jg. Heft 1, S. 32-34.

Kammler, Christian/Seitter, Wolfgang (2018): Stiftungen und wissenschaftliche Weiterbildung an Hochschulen. Die Kooperation zwischen der Altana Kulturstiftung und der Philipps-Universität Marburg. In: Schröer/Andreas/Engel, Nicolas/Fahrenwald, Claudia/Göhlich, Michael/Schröder, Christian/Weber, Susanne Maria (Hrsg.): *Organisation und Zivilgesellschaft.* Wiesbaden: Springer VS, im Druck.

Knust, Michaela (2006): *Geschäftsmodelle der wissenschaftlichen Weiterbildung. Eine Analyse unter Berücksichtigung empirischer Ergebnisse.* Lohmar [u.a.]: Eul.

Präßler, Sarah (2015): Bedarfsanalyse. Forschungsbericht zu Bedarfen individueller Zielgruppen. Erwerbstätige, Bachelorabsolvent_innen, Personen mit Familienpflichten, Berufsrückkehrer_innen. In: Seitter, Wolfgang/Schemmann, Michael/ Vossebein, Ulrich (Hrsg.): *Zielgruppen in der wissenschaftlichen Weiterbildung. Empirische Studien zu Bedarf, Potential und Akzeptanz.* Wiesbaden: Springer VS, S. 61-187.

Schemmann, Michael/Seitter, Wolfgang (2014): Angebotsentwicklung in der wissenschaftlichen Weiterbildung als Resultante eines vierfachen Zielgruppenbezugs. In: von Felden, Heide/Schmidt-Lauff, Sabine/Pätzold, Henning (Hrsg.): *Programme, Themen und Inhalte in der Erwachsenenbildung. Dokumentation der Jahrestagung der Sektion Erwachsenenbildung der Deutschen Gesellschaft für Erziehungswissenschaft vom 19. bis 21. September 2013 an der Otto von-Guericke-Universität Magdeburg.* Baltmannsweiler: Schneider Hohengehren, S. 154-169.

Schlutz, Erhard (2006): *Bildungsdienstleistungen und Angebotsentwicklung.* Münster, München [u.a.]: Waxmann.

Seel, Norbert M. (1999): *Instruktionsdesign: Modelle und Anwendungsgebiete. Unterrichtswissenschaft 27.* (Online verfügbar unter: http://www.pedocs.de/volltexte /2013 /7725/pdf/Unter Wiss_1999_1_Seel_Instruktionsdesign.pdf, zuletzt abgerufen am 15.09.2016).

Seitter, Wolfgang (2013): Professionelles Handeln im Kooperations- und Vernetzungskontext. In: Dollhausen, Karin/Feld, Timm C./Seitter, Wolfgang (Hrsg.): Erwachsenenpädagogische Kooperations- und Netzwerkforschung. Wiesbaden: Springer VS, S. 33-48.

Seitter, Wolfgang (2014): Nachfrageorientierung als neuer Steuerungsmodus. Wissenschaftliche Weiterbildung als organisationale Herausforderung universitärer Studienangebotsentwicklung. In: Weber, Susanne Maria/Göhlich, Michael/Schröer, Andreas/Schwarz, Jörg (Hrsg.): Organisation und das Neue. Beiträge der Kommission Organisationspädagogik. Wiesbaden: Springer VS, S. 141-150.

Seitter, Wolfgang/Schemmann, Michael/Vossebein, Ulrich (2015): Bedarf – Potential – Akzeptanz. Integrierende Zusammenschau. In: Seitter, Wolfgang/Schemmann, Michael/Vossebein, Ulrich (Hrsg.): *Zielgruppen in der wissenschaftlichen Weiterbildung. Empirische Studien zu Bedarf, Potential und Akzeptanz.* Wiesbaden: Springer VS, S. 23-59.

Sweers, Franziska (2017): *Aushandlung in der wissenschaftlichen Weiterbildung. Eine empirische Studie zu kooperativer Angebotsgestaltung.* Dissertation Marburg.

Tauer, Jan/Göbel, Stefan (2014): Die Hochschulweiterbildung zwischen Gemeinwohl und Rechtsicherheit. Der Umgang mit beihilferechtlichen Unsicherheiten. In: *Hochschule und Weiterbildung* H.1, S. 20-25; (Online verfügbar: URN: urn:nbn:de:0111-pedocs-103518, zuletzt abgerufen am 01.08.2017).

Zink, Franziska (2013): Kooperative Angebotsentwicklung von weiterbildenden Masterstudiengängen. Empirische Betrachtung interinstitutioneller Aushandlungsprozesse. In: Vogt, Helmut (Hrsg.): *Hochschule und Weiterbildung. DGWF Jahrestagung 2012. Wächst zusammen, was zusammen gehört?* (Beiträge/DGWF 53), S. 144-152.

Qualifizierung des Personals in der wissenschaftlichen Weiterbildung: Das Zertifikatsprogramm und die Modulwerkstatt von WM³ Weiterbildung Mittelhessen

Monika Braun/Marguerite Rumpf[1]

Zusammenfassung

Im Beitrag werden zwei Qualifizierungsangebote des Personals in der wissenschaftlichen Weiterbildung innerhalb des „WM³-Projekts" vorgestellt: Das Zertifikatsprogramm „Kompetenz für professionelle Hochschullehre mit dem Schwerpunkt wissenschaftliche Weiterbildung" und die „Modulwerkstatt". Außerdem werden die Ergebnisse der Evaluationen dieser Angebote zusammengefasst. Das Ziel des Beitrags besteht darin, eine Antwort auf die Frage geben zu können, ob und inwieweit das Personal in der wissenschaftlichen Weiterbildung mit diesen Qualifizierungsmaßnahmen erreicht wurde.

Schlagwörter

Personal; Qualifizierung; Zertifikatsprogramm; Modulentwicklung; Evaluation

Inhalt

---

1   *Monika Braun* | Philipps-Universität Marburg | monika.braun@staff.uni-marburg.de
     Marguerite Rumpf | Technische Hochschule Mittelhessen | marguerite.rumpf@zdh.thm.de

1   Einleitung

Für eine erfolgreiche Entwicklung und Umsetzung wissenschaftlicher Weiterbildungsangebote kommt dem wissenschaftlichen und administrativen Hoch-
schulpersonal eine essentielle Bedeutung zu. Diese herausgehobene Stellung
schlägt sich bislang allerdings kaum in einer entsprechenden Forschungspraxis
über Selbstverständnis oder Aufgabenprofile nieder, im Gegenteil: Publikatio-
nen über das Personal in der wissenschaftlichen Weiterbildung sind rar. Gründe
für diese geringe Aufmerksamkeitsfokussierung liegen u.a. darin, dass die ge-
naue Aufgabenverteilung der Akteure im Tätigkeitsfeld der wissenschaftlichen
Weiterbildung abhängig ist von der Organisationsform der wissenschaftlichen
Weiterbildung an der jeweiligen Hochschule (vgl. nur Wanken/Kreutz/Meyer/
Eirmbter-Stolbrink 2011, S. 17) und somit von Hochschule zu Hochschule stark
variiert. Dementsprechend werden innerhalb der Hochschulen unterschiedliche
Bezeichnungen sowie Aufgaben- und Funktionszuschreibungen für die in einem
wissenschaftlichen Weiterbildungsangebot involvierten internen Akteure vorgenommen. Außerdem ist die Implementierung der wissenschaftlichen Weiterbildung nach wie vor größtenteils in einer Aufbau- und Entwicklungsphase, so
dass auch die Aufgaben des Personals dynamischen Prozessen unterworfen sind.

Ein ebenso blinder Fleck in der bisherigen Forschungspraxis ist die Quali-
fizierungsdimension. Die Frage, wie die unterschiedlichen in der wissenschaftlichen Weiterbildung tätigen Akteursgruppen für diese Aufgabe vorbereitet und
qualifiziert werden, ist bislang kaum systematisch bearbeitet worden. Diese
Leerstelle ist insofern umso erstaunlicher, als dass der Erfolg wissenschaftlicher
Weiterbildungsangebote entscheidend von der Qualität des eingesetzten Personals abhängt.

Der vorliegende Beitrag setzt an diesem Desiderat an und zeigt am Beispiel
des hochschultypenübergreifenden Verbundprojektes „WM³ Weiterbildung Mittelhessen"[2] konkrete, systematisch entwickelte Qualifizierungsangebote und de-

---

2   Die drei mittelhessischen Hochschulen Justus-Liebig-Universität Gießen, Philipps-Universität
    Marburg und Technische Hochschule Mittelhessen haben sich im Hinblick auf ihre gemeinsa-
    men Entwicklungsplanungen im Bereich der wissenschaftlichen Weiterbildung zum Verbund-
    projekt „WM³ Weiterbildung Mittelhessen" zusammen geschlossen, um mit Hilfe des BMBF-
    Wettbewerbs „Aufstieg durch Bildung: offene Hochschulen" ein an wirtschaftlichen und gesell-
    schaftlichen Interessen optimal ausgerichtetes Weiterbildungsangebot zu schaffen und zu einer
    nachhaltigen Stärkung der wissenschaftlichen Weiterbildung an den Hochschulen beizutragen.
    Dieses Vorhaben wurde in der ersten Förderphase (2011-2015) aus Mitteln des BMBF und aus
    dem ESF der EU mit den Förderkennzeichen 16OH11008, 16OH11009, 16OH11010 und in der
    zweiten Förderphase (2015-2017) mit den Förderkennzeichen 16OH12008, 16OH12009,
    16OH12010 aus Mitteln des BMBF gefördert. Weitere Projektinformationen sind unter
    www.wmhoch3.de zu finden.

ren zielgruppenspezifische Wirkeffekte auf. Dazu werden zunächst in einem kurzen Überblick Aufgaben und Funktionen des Personals in Angeboten der wissenschaftlichen Weiterbildung im Allgemeinen skizziert und der Forschungs- bzw. Entwicklungsstand zu bisherigen Qualifizierungsmaßnahmen für das in der wissenschaftlichen Weiterbildung tätige Personal beschrieben (2). Danach wird am konkreten Beispiel gezeigt, wie vor dem Hintergrund eines didaktischen Konzepts spezifische Qualifizierungsmaßnahmen für das Personal in der wissenschaftlichen Weiterbildung konzipiert, umgesetzt und evaluiert wurden und werden. Dazu wird das didaktische Konzept innerhalb des Verbundprojekts WM[3] kurz vorgestellt. Anschließend werden mit dem Zertifikatsprogramm „Kompetenz für professionelle Hochschullehre mit dem Schwerpunkt wissenschaftliche Weiterbildung" und der Modulwerkstatt zwei Bestandteile dieses Konzepts ausführlich beschrieben (3). Zudem werden die Ergebnisse der Evaluationen dieser Qualifizierungsmaßnahmen dargestellt und in der Zusammenschau analysiert (4).[3] Ein Fazit sowie ein Ausblick auf weitere zielgruppenspezifische Qualifizierungsangebote schließen die Ausführungen ab (5).

Das Ziel dieses Beitrags besteht darin, die besonderen Qualifizierungsmaßnahmen von WM[3] darzustellen und dahingehend zu analysieren, ob das Personal in der wissenschaftlichen Weiterbildung an den Verbundhochschulen des WM[3]-Projekts erreicht werden konnte. Ada Pellert hat in diesem Zusammenhang folgende These formuliert: „Insgesamt löst ein systemischeres Engagement in der hochschulischen Weiterbildung einen Bedarf an spezialisierter hochschuldidaktischer Weiterbildung aus" (Pellert 2013, S. 101). Im Folgenden wird also diese „spezialisierte hochschuldidaktische Weiterbildung" innerhalb des WM[3]-Projekts untersucht und im Hinblick auf ihren Erfolg bei der Zielgruppe analysiert.

2   Personal in Angeboten der wissenschaftlichen Weiterbildung

In Angeboten der wissenschaftlichen Weiterbildung sind verschiedene Akteure involviert, deren konkreter Aufgabenbereich sich – wie bereits oben erwähnt – nach der jeweiligen Organisationsstruktur der wissenschaftlichen Weiterbildung in der jeweiligen Hochschule richtet. Im Folgenden werden in aller Kürze all-

---

3   Unter http://www.wmhoch3.de/images/dokumente/Evaluationsbericht_FINAL_BF.pdf (Letzter Zugriff: 17.07.2017) ist der ausführliche Evaluationsbericht zum Zertifikatsprogramm und unter http://www.wmhoch3.de/images/dokumente/Modulwerkstatt_und_Lehrkompetenzforschung.pdf (Letzter Zugriff: 17.07.2017) der Forschungsbericht zur Modulwerkstatt abrufbar.

gemeine Rollenzuschreibungen vorgenommen, um das Personal in der wissenschaftlichen Weiterbildung zu skizzieren. Dabei wird differenziert zwischen

- den Lehrenden (intern und extern),
- den Studiengangleitungen,
- den Angebotsentwickelnden,
- den Koordinierenden der Angebote,
- sowie den Verwaltungsmitarbeitenden.

In der Lehre in Angeboten der wissenschaftlichen Weiterbildung sind zumeist das wissenschaftliche Personal der eigenen Hochschule und anderer Hochschulen sowie qualifizierte Praktikerinnen und Praktiker tätig. Aufgrund der hohen fachlichen und didaktischen Anforderungen an die Lehre in wissenschaftlichen Weiterbildungsangeboten lehren in den Angeboten überwiegend Professorinnen und Professoren. Bei der Beschäftigung von hochschulinternem Personal besteht die Problematik, dass die Lehre häufig nicht auf das Lehrdeputat im grundständigen Studium angerechnet werden kann (vgl. nur Bade-Becker 2017, S. 176; Wanken/Kreutz/Meyer/Eirmbter-Stolbrink 2011, S. 18; Pellert 2013, S. 98).

Im Allgemeinen übernimmt eine Professorin oder ein Professor die Studiengangleitung eines wissenschaftlichen Weiterbildungsangebots (häufig auch als akademische Gesamtleitung oder akademische Leitung bezeichnet). Die akademische Leitung ist zumeist Ideengeber und Initiator eines Weiterbildungsangebots sowie maßgeblicher Akteur in der Konzeptions- und Entwicklungsphase. So legt die Professorin oder der Professor in ihrer Funktion als potenzielle Studiengangleitung die Grundstruktur des Weiterbildungsangebots fest und erarbeitet den Finanzplan. Bei der Umsetzung eines wissenschaftlichen Weiterbildungsangebots kommen in der Regel darüber hinaus Aufgaben hinzu, die sich vor allem auf die Qualitätssicherung und das Qualitätsmanagement beziehen. Darüber hinaus ist das Networking und Marketing im Hinblick auf die Akquise von Teilnehmerinnen und Teilnehmern äußerst relevant (vgl. Pellert 2013, S. 99). Außerdem sind die akademischen Leitungen Ansprechpartner und -partnerinnen für die jeweils einschlägigen Akteure aus Politik, Wirtschaft und Gesellschaft, wie zum Beispiel Berufsorganisationen und Interessenvertretungen.

Die Angebotsentwicklerinnen und Angebotsentwickler in der wissenschaftlichen Weiterbildung sind also häufig die Professorinnen und Professoren, die dann bei der Umsetzung auch die Studiengangleitung übernehmen. Ebenso können aber Angebote auch vom Personal des Mittelbaus initiiert und entwickelt werden.

Besonders wichtig für den Erfolg eines Angebots in der wissenschaftlichen Weiterbildung ist die Tätigkeit der Studiengangkoordinierenden. Diese übernehmen eine wichtige Schnittstellenfunktion zwischen der akademischen Leitung, den Studierenden sowie weiteren universitätsinternen und -externen Kooperationspartnern. Die Aufgaben von Studiengangkoordinierenden umfassen die operative Abwicklung eines Studiengangs sowie die Studiengangorganisation. Dabei spielt auch die Finanzverwaltung eine nicht zu unterschätzende Rolle. Des Weiteren sind die Kommunikation und Koordination mit allen am Studiengang beteiligten Personen und Institutionen sowie die Öffentlichkeitsarbeit wesentliche Aufgaben. Dies beinhaltet selbstverständlich auch die Beratung der Teilnehmenden am Weiterbildungsangebot (vgl. Braun 2013, S. 5-7).[4]

Die Verwaltungsmitarbeitenden sind in verschiedenen Bereichen mit der wissenschaftlichen Weiterbildung befasst: Zum Beispiel bei der Studienberatung, bei der Einschreibung/Zulassung, bei Rechts- und Finanzfragen, bei der Überwachung und Initiierung von Zahlungseingängen und -ausgängen, bei der Kommunikationspolitik (zum Beispiel: Werbung, Öffentlichkeitsarbeit) (vgl. Wanken/Kreutz/Meyer/Eirmbter-Stolbrink 2011, S. 18; Knust 2006, S. 32f.). Zudem ist die Verwaltungsebene auch bei Verfahren zur Anrechnung und Anerkennung außerhochschulisch erworbener Kompetenzen involviert. Die Verwaltung dient als Anlaufstelle für Antragstellende, als Informationsinstanz zum Ablauf des Verfahrens und als erste inhaltliche Prüfungsinstanz (vgl. Hanak/Sturm 2015, S. 79f.).

Das Verwaltungspersonal wird teilweise mit den entsprechenden Aufgaben in der wissenschaftlichen Weiterbildung gesondert beauftragt. Andere Aufgaben werden punktuell ohne Bezug zur wissenschaftlichen Weiterbildung umgesetzt.

Bei einer Betrachtung des Forschungs- und Entwicklungsstands bezüglich der Frage, ob und wie das Personal auf seine jeweiligen Aufgaben in der wissenschaftlichen Weiterbildung vorbereitet wird, lässt sich bis zum Start des Bund-Länder-Wettbewerbs „Aufstieg durch Bildung: offene Hochschulen" (2011-2020) ein Desiderat feststellen. Spezielle Qualifizierungen für das Personal in der wissenschaftlichen Weiterbildung gab es offenbar nicht. Vielmehr konnten sich die Lehrenden mit Hilfe der hochschuldidaktischen Programme der Hochschulen fortbilden. Dabei boten einige Hochschulen vor dem Wettbewerb, wie zum Beispiel die Universität Oldenburg, hochschuldidaktische Qualifizierungen für Lehrende aus der Praxis an, die sich für eine Lehrtätigkeit in der Weiterbildung qualifizieren wollten.[5]

---

4 Zum Aufgabenprofil von Studiengangkoordinierenden vgl. auch den Aufsatz von Gronert/ Rundnagel 2018.
5 Eine Ausnahme stellte das Qualifizierungsangebot „Dozent für Weiterbildung an Universitäten und Hochschulen" dar, das schon im Jahr 2011 beworben wurde. Dieser zehntägige Zertifikatslehrgang richtete sich an „Lehrende an Universitäten und Hochschulen, die in Weiterbildungsstudiengängen und anderen Weiterbildungsformaten" tätig sind oder werden wollten. Bei diesem Angebot handelte es sich um die Weiterentwicklung eines bisher vom DiZ (Zentrum für

Im Zuge des Wettbewerbs „Aufstieg durch Bildung: offene Hochschulen"
wurden in den Projekten zahlreiche Qualifizierungsmaßnahmen für die an der
wissenschaftlichen Weiterbildung beteiligten Akteure konzeptioniert, entwickelt
und teilweise umgesetzt. Sichtbar wurden diese internen Qualifizierungsmaßnahmen insbesondere bei der „Spring School 2017" an der Carl von Ossietzky
Universität Oldenburg. Das Ziel der Spring School bestand darin, mit Hilfe von
Workshops und Vorträgen einen Rahmen für einen Austausch der Projektbeteiligten zu ihren internen Qualifizierungsmaßnahmen zu schaffen.[6] Im Nachgang
der „Spring School 2017" wurden die rund 30 vorgestellten internen Qualifizierungsmaßnahmen den Arbeitsschwerpunkten des „Netzwerks Offene Hochschulen" zugeordnet, um eine weitere Vernetzung zwischen den Projekten und
Hochschulen zu ermöglichen und die Qualifizierungsmaßnahmen öffentlich
sichtbar zu machen.[7]

Im Folgenden sind die internen Qualifizierungsmaßnahmen zum Arbeits-
schwerpunkt „Personal- und Organisationsentwicklung" im Hinblick auf die
Zielgruppen der Maßnahmen und Umsetzungsformen überblicksartig dargestellt.[8]

Hochschuldidaktik) der staatlichen bayrischen Hochschulen für angewandte Wissenschaften
angebotenen Pilotprojektes. Es fand in Kooperation des DiZ und des Zentrums für Weiterbildung und Wissenstransfer der Universität Augsburg statt.

6   Die Organisation der dreitägigen Spring School vom 1.-3. März 2017 übernahmen die vom
Bundesministerium für Bildung und Forschung (BMBF) beauftragte Wissenschaftliche Beglei-
tung des Bund-Länder-Wettbewerbs „Aufstieg durch Bildung: offene Hochschulen" und die
Koordination des „Netzwerks Offene Hochschulen".

7   Die fünf Arbeitsschwerpunkte des „Netzwerks Offene Hochschulen" sind: Kompetenzanrech-
nung und Durchlässigkeit; Produktentwicklung und -vermarktung; Personal- und Organisationsentwicklung; Instruktionsdesign und Bildungstechnologien und Qualitätsmanagement und
Evaluation. Für die Spring School hatten die Projektbeteiligten zusätzlich zu ihrem Vortrag oder
Workshop auch ein Poster über das betreffende Qualifizierungsangebot erstellt. Die Poster sind
nun – in der Form von pdf-Dokumenten – unter den einschlägigen Arbeitsschwerpunkten auf
der Homepage des „Netzwerks Offene Hochschulen" abrufbar. Vgl. https://de.netzwerk-offene-
hochschulen.de/public_pages/45 (Letzter Zugriff: 03.07.2017).

8   Vgl. https://de.netzwerk-offene-hochschulen.de/public_pages/48 (Letzter Zugriff: 03.07.2017).
An dieser Stelle wird darauf verzichtet, die internen Qualifizierungsmaßnahmen der anderen
Themencluster darzustellen und zu analysieren.

Zielgruppe	Umsetzung
1 Lehrende in der wissenschaftlichen Weiterbildung, Studiengangentwickelnde, Studiengangkoordinierende, Mitarbeitende in Stabstellen oder im Wissenschaftsmanagement	• Hochschuldidaktisches Zertifikatsprogramm aus 200 Arbeitseinheiten (á 45 min) in Form von ein- oder zweitägigen Workshops ➢ geleitet von externen Referenten oder Projektmitarbeitenden
2 (Potenzielle) akademische Leitungen von wissenschaftlichen Weiterbildungsangeboten	• individualisierte Beratung durch die Projektleitung und die Projektkoordination ➢ punktuell, durchgängige Prozessberatung, Einzelberatung, selbstständige Fortbildung durch medial aufbereitete Dokumente, etc.
3 Lehrende in den Zertifikatskursen Teilnehmende der Weiterbildungsangebote	• Sensibilisierung im Hinblick auf Gender und Diversity der Lehrenden erfolgt über: ➢ ein Vorabgespräch, Lektüre, Onlinetools ➢ (telefonische) Beratung in Bezug auf die Umsetzung in der Lehre ➢ Sensibilisierung der Kursteilnehmenden für das Thema Gender und Diversity und Evaluation der Kurse
4 Lehrende der Ingenieurswissenschaften	• Die Workshops entwickeln sich im Austausch mit den Teilnehmenden • Workshops (90 Min.) durchgeführt vom Projektteam • Workshops (4-stündig) von einer Expertin • Inverted Classroom durch das Projektteam und eine Expertin
5 Studierende aller Fächer und Semester, welche von Lehrenden „entsandt" werden	• Blended Learning: 12 Wochen mit 4 Präsenzsitzungen (2 ECTS) • Kursbetreuung und Gestaltung der Online-Phasen mit einem moodle-Kurs • Gruppenarbeiten und Selbststudium – parallel praktische Arbeit an einem E- Learning-Projekt • zusätzliche persönliche Beratungsgespräche für das eigene Lehrprojekt
6 Projektbeteiligte Weitere Mitarbeitende der wissenschaftlichen Weiterbildung (v.a. Angebotsentwickelnde/ Koordinationspersonen)	• eintägige Präsenz-Workshops, 1-2mal jährlich • Durchführung durch Projektmitarbeitende und interne, externe Expert*innen
7 Professorinnen und Professoren sowie Lehrbeauftragte, die in berufsbegleitenden Studiengängen lehren	• Das Programm führt in das Blended Learning-Konzept ein • in Form von Präsenzworkshops und ergänzenden Online-Sessions sowie zusätzliche persönliche Beratungsgespräche
8 Primär Lernbegleitende des Forschungs-projekts; dies sind i.d.R. wissenschaftliche Mitarbeitende der beteiligten Hochschulen	• Präsenzschulung zur Einführung • begleitende Beratung bei der Durchführung der Weiterbildung • Reflexionstreffen der Lernbegleitenden, Ergänzung durch Angebote des Zentrums für Lehre und Lernen im Bereich didaktischer Kompetenzen
9 Lehrende an Hochschulen, welche sich in der wissenschaftlichen Weiterbildung engagieren wollen	• eintägige hochschuldidaktische Weiterbildung als Qualifizierungsbaustein für die wissenschaftliche Weiterbildung zzgl. eines halbtägigen Workshops zur Praxisreflexion

Abbildung 1: Qualifizierungsangebote „Personal- und Organisationsentwicklung", vorgestellt bei der Spring School 2017 (eigene Darstellung)

Die meisten Qualifizierungsangebote und -maßnahmen richten sich an Lehrende in den wissenschaftlichen Weiterbildungsangeboten. Dabei werden teilweise explizit die Professorinnen und Professoren als Lehrende benannt. Ein Angebot richtet sich ausschließlich an „Lehrende der Ingenieurswissenschaften". Anhand der Übersicht wird aber auch deutlich, dass es Qualifizierungsangebote gibt, die sich an mehrere Personalakteure in der wissenschaftlichen Weiterbildung richten, darunter die Angebotsentwickelnden und Angebotskoordinierenden (siehe Angebote 1 und 6).

Auch das WM³-Projekt entwickelte von Projektbeginn an spezifische Maßnahmen zur Qualifizierung des Personals in der wissenschaftlichen Weiterbildung (s. Abb.1, Ziffern 1 und 2). Die erste dieser Maßnahmen wurde kontinuierlich über die gesamte Projektlaufzeit umgesetzt und auch umfassend evaluiert. Im Folgenden werden dieses Qualifizierungsangebot (vgl. Abb. 1, Ziffer 1) sowie die Modulwerkstatt ausführlich dargestellt (vgl. zu Abb. 1, Ziffer 2, Braun 2018).

3   Das didaktische Konzept von „WM³ Weiterbildung Mittelhessen"

Im Fokus der ersten Förderphase des WM³-Projekts stand der Aufbau neuer, nachfrageorientierter und berufsbegleitender Masterstudiengänge, Zertifikatskurse und Studienmodule. Um bedarfsgerechte Angebote für die Zielgruppe der Weiterbildungsangebote zu schaffen und um die Qualität der Angebote zu steigern, wurde im Projektantrag der ersten Förderphase ein aus mehreren Teilprojekten bestehendes didaktisches Konzept verankert, das im Folgenden kurz vorgestellt wird.

Der mediendidaktische Teil des didaktischen Konzepts beinhaltete, dass bei der Entwicklung von Studienmodulen verstärkt auf Blended Learning-Konzepte zurückgegriffen werden sollte. Außerdem wurden die Angebotsentwickelnden und Lehrenden bei der Content-Entwicklung und Weiterentwicklung von Modulen durch die Projektmitarbeitenden der mediendidaktischen Teilprojekte beraten und im Hinblick auf den Umgang mit den Neuen Medien z.B. durch entsprechende Schulungen unterstützt.

Zweitens umfasste das didaktische Konzept die Qualifizierung der Lehrenden in den Weiterbildungsprogrammen. Im Rahmen der internen Weiterbildung hatten die Lehrenden der mittelhessischen Hochschulen bereits vor dem Start des WM³-Projekts die Möglichkeit, sich mit dem Zertifikatsprogramm „Kompetenz für professionelle Hochschullehre" des Hochschuldidaktischen Netzwerks Mittelhessen (HDM) für die grundständige Lehre zu qualifizieren.[9] Dieses Zerti-

---

9   Das HDM ist eine seit 2007 bestehende Kooperation zwischen der Philipps-Universität Marburg (UMR), der Justus-Liebig-Universität Gießen (JLU) und der Technischen Hochschule Mittelhessen (THM). Die Aufgabe des HDMs besteht darin, den Lehrenden an diesen Hochschulen ein hochschuldidaktisches Weiterbildungs- und Beratungsangebot zur Verfügung zu stellen. Das Angebot richtet sich an alle in die Lehre eingebundenen Professorinnen und Professoren, Mitarbeiterinnen und Mitarbeiter sowie an Nachwuchswissenschaftlerinnen und Nachwuchswissenschaftler der drei Verbundhochschulen. Außerdem können Lehrbeauftragte der Verbundhochschulen teilnehmen. Vgl. die HDM-Homepage http://www.hd-mittelhessen.de/hdm.cfm (Letzter Zugriff: 29.06.2017).

fikatsprogramm sollte gemäß dem WM³-Projektantrag mit Blick auf die Lehr- und Lernsituation in der wissenschaftlichen Weiterbildung um den Schwerpunkt „Wissenschaftliche Weiterbildung" erweitert werden. Ein weiteres Qualifizierungsinstrument war die „Modulwerkstatt", in der die Teilnehmenden an der Entwicklung ihrer eigenen Weiterbildungsmodule und/oder Lerneinheiten arbeiten sollten.

Das Ziel des didaktischen Konzepts von WM³ bestand darin, eine möglichst praxisnahe, bedarfs- und transferorientierte Professionalisierung der in der Weiterbildung tätigen Lehrenden zu erreichen und damit qualitativ hochwertige, teilnehmer- und transferorientierte Weiterbildungsmodule und Lerneinheiten zu entwickeln und zu implementieren.

Das didaktische Konzept umfasste also verschiedene Qualifizierungsformate: Erstens die Erweiterung eines vorhandenen seminaristischen hochschuldidaktischen Angebots mit ganztägigen Workshops für Lehrende in der wissenschaftlichen Weiterbildung. Dabei sollte den Lehrenden die Möglichkeit gegeben werden, ihre Qualifizierung mit einem hochschuldidaktischen Zertifikat abzuschließen. Zweitens wurde mit der Modulwerkstatt ein spezifisches, neues Format kreiert, bei dem die Teilnehmenden aktiv an ihren Produkten arbeiten konnten. Hier wird insbesondere der Zusammenhang zum zentralen Projektziel – die Entwicklung von neuen, nachfrageorientierten und berufsbegleitenden Masterstudiengängen, Zertifikatskursen und Studienmodulen – deutlich. Drittens boten die E-Learning-Berater zur Umsetzung von Inhalten in mediendidaktisch sinnvoller Weise Gespräche und Schulungen an. Dabei richtete sich die Beratung nach den Bedarfen und den Bedürfnissen der Ratsuchenden und reichte von einer fortlaufenden Beratung bis hin zu einer punktuellen Beratung.[10]

Mangels Vorbildern an Qualifizierungen für das Personal in der wissenschaftlichen Weiterbildung wurden also innerhalb von WM³ in der ersten Förderphase vollständig neue Qualifizierungsangebote und -maßnahmen entwickelt und implementiert. Aufgrund des Pilotcharakters dieser Qualifizierungsbemühungen wurden die Maßnahmen gleichzeitig umfassend evaluiert – mit Blick auf ihren Erfolg, mit Blick auf Optimierungspotentiale und mit Blick auf die Frage, ob und inwieweit die anvisierten Zielgruppen der Maßnahmen tatsächlich erreicht werden konnten.

Im Folgenden werden nun das Zertifikatsprogramm und die Modulwerkstatt inklusive der bereits durchgeführten Evaluationen dieser Qualifizierungsangebote detailliert dargestellt und analysiert.

---

10 Im Rahmen der Entwicklung und Implementierung von wissenschaftlichen Weiterbildungsangeboten fanden jenseits der organisierten Qualifizierung eine Reihe von Coachings und Beratungen statt. Vgl. hierzu auch die Beiträge von Braun 2018 und Sweers/Lengler in diesem Band.

3.1 Das Zertifikatsprogramm: Konzeption und Umsetzung

Das Zertifikatsprogramm „Kompetenz für professionelle Hochschullehre mit
dem Schwerpunkt wissenschaftliche Weiterbildung" wurde am Anfang der ersten Förderphase des WM³-Verbundprojekts 2012 auf der Grundlage des bestehenden Zertifikatsprogramms „Kompetenz für professionelle Hochschullehre"
des Hochschuldidaktischen Netzwerks Mittelhessen (HDM) entwickelt. Der
Zertifikatsschwerpunkt ist so konzipiert, dass er Lehrende auf die Besonderheiten und Anforderungen der Lehre in der wissenschaftlichen Weiterbildung vorbereiten soll. Außerdem richtet er sich an Personen, die eine darüber hinausge-
hende Tätigkeit in der wissenschaftlichen Weiterbildung innehaben oder sich
diese vorstellen können, wie zum Beispiel im Bereich der Studiengangentwicklung oder Studiengangkoordination, in einer Stabsstelle oder im Wissenschafts-
management. Aus diesen Gründen enthält das Zertifikatsprogramm „Kompetenz
für professionelle Hochschullehre mit dem Schwerpunkt wissenschaftliche Weiterbildung" neben Angeboten auf der mikrodidaktischen Ebene vor allem Angebote auf der meso- und makrodidaktischen Ebene, die sich unter anderem auf die
Gestaltung von Weiterbildungsstudiengängen beziehen (vgl. Braun 2012, S. 1).

Das Zertifikatsprogramm besteht aus einem Pflicht-, einem Wahlpflicht-
und einem Wahlbereich mit insgesamt 200 Arbeitseinheiten (AE).[11] Dabei wurde der Pflichtbereich vom bestehenden HDM-Zertifikat „Kompetenz für professionelle Hochschullehre" übernommen. Der Wahlpflichtbereich setzt sich aus
einem umfassenden Veranstaltungsangebot rund um die wissenschaftliche Weiterbildung zusammen. Innerhalb des Wahlpflichtbereichs sind die Veranstaltungen „Einführung in die wissenschaftliche Weiterbildung für Lehrende" und eine
Veranstaltung im Bereich „E-Learning" verpflichtend. Der Wahlbereich besteht
aus einer anwendungsbezogenen, individuellen Schwerpunktsetzung. Die Arbeitseinheiten können entweder durch den Besuch weiterer Veranstaltungen o-
der durch eine Lehrinnovation[12] bezogen auf die wissenschaftliche Weiterbildung erlangt werden. In der ersten Förderphase von WM³ konnte der
Wahlbereich zusätzlich durch die Teilnahme an der Modulwerkstatt abgedeckt
werden (vgl. Braun 2012, S. 4f.).

---

11 Eine Arbeitseinheit im HDM entspricht 45 Minuten Workshopangebot.
12 Eine Lehrinnovation kann etwa die Beteiligung an der Entwicklung von Modulen, Studiengän-
    gen, Lehrkonzepten oder Lehrveranstaltungen in der wissenschaftlichen Weiterbildung umfas-
    sen. Vgl. Braun 2012, S. 4f.

Pflichtteil des Zertifikats „Kompetenz für professionelle Hochschullehre", 80 AE	Wahlpflicht mit dem Schwerpunkt „Wissenschaftliche Weiterbildung", 80 AE	Wahl Anwendungsbezogene, individuelle Schwerpunktsetzung, 40 AE
• Lehren und Lernen (32-40 AE) • Prüfen und Beraten (12-16 AE) • Lehrevaluation (12-16 AE) • Medienkompetenz (12-16 AE)	• Insgesamt müssen Veranstaltungen zum Thema „Wissenschaftliche Weiterbildung" im Umfang von 80 AE besucht werden. Davon sind zwei Veranstaltungen verpflichtend: •Einführung in die wissenschaftliche Weiterbildung für Lehrende (8 AE) •Eine (weitere) Veranstaltung zum Thema „E-Learning" (8-16 AE)	• Modulwerkstatt oder • Lehrinnovation oder • Individuelle Schwerpunktsetzung in der wiss. Weiterbildung

Abbildung 2: Struktur des Zertifikats

Die Teilnehmenden am Zertifikatsprogramm werden gezielt auf ein weiteres Beschäftigungs- und Karrierefeld vorbereitet. Zertifikatsabsolventen erhalten die Möglichkeit, ihre breite Qualifizierung nachzuweisen, die zum Beispiel bei Bewerbungs- und Berufungsverfahren ausschlaggebend sein könnte.

Lernziele des Zertifikatsprogramms sind unter anderem, dass die Teilnehmenden Kenntnisse erlangen über (vgl. Braun 2012, S. 1f.)

▪ die Gründe und Chancen für das Engagement von Hochschulen und Lehrenden in der wissenschaftlichen Weiterbildung,

▪ die Unterschiede zwischen einem klassischen Studiengang und einem Studiengang in der wissenschaftlichen Weiterbildung,

▪ die Charakteristika von Angeboten in der wissenschaftlichen Weiterbildung

▪ die Teilnehmenden von Angeboten in der wissenschaftlichen Weiterbildung und

▪ die Besonderheiten und Herausforderungen in der Lehre in der wissenschaftlichen Weiterbildung.

Von November 2012 bis März 2015 wurden insgesamt 18 „HDM-WM[3]"-Workshops im Zertifikatsschwerpunkt Wissenschaftliche Weiterbildung mit einem Umfang von 24 Veranstaltungstagen mit 146 Teilnehmenden (Teilnahmefälle) durchgeführt. Die Modulwerkstatt fand im Sommersemester 2013 statt.[13]

---

13 Auch in der zweiten Förderphase wurden 14 Workshops mit 18,5 Schulungstagen von insgesamt 148 Teilnehmenden besucht. Darunter befanden sich zahlreiche Personen, die aktiv am Zertifikatsprogramm teilnehmen und den Zertifikatsabschluss bis September 2017 anstrebten. Erwartet werden am Ende der Projektlaufzeit 21 Absolventinnen und Absolventen des Zertifikatsprogramms.

2/2012	1/2013	2/2013	1/2014	2/2014	1/2015
Einführung in die wissenschaftliche Weiterbildung für Lehrende	Wie entwickele ich einen Weiterbildungs-studiengang?	Von der Idee zum Konzept eines Weiterbildungs-studiengangs	Anerkennung und Anrechnung außerhochschuli-scher Kompeten-zen (in der wis-senschaftlichen Weiterbildung)	Selbststudium (in der wissenschaft-lichen Weiter-bildung) initiieren und begleiten	Anerkennung und Anrechnung außerhochschu-lischer Kompeten-zen (in der wissenschaftlich-en Weiterbildung)
	ILIAS-Kurse als virtuelle Lernräume in der wissenschaft-lichen Weiterbildung	ILIAS-Kurse als virtuelle Lern-räume in der wissenschaft-lichen Weiterbildung	E-Learning Tools zur Begleitung wissenschaft-licher Arbeiten in der wissenschaft-lichen Weiterbildung	Aufgaben von Studiengangs-koordinatorinnen und Studiengangs-koordinatoren	Barrierefreie Dokumente erstellen
		Einführung in die wissenschaftliche Weiterbildung für Lehrende	Kooperationen (mit Stiftungen) in der wissenschaft-lichen Weiterbildung	Einführung in die wissenschaftliche Weiterbildung für Lehrende	Präsentieren jenseits von PowerPoint in der wissenschaft-lichen Weiterbildung
		Blockseminare in der wissenschaft-lichen Weiterbil-dung erfolgreich planen und durchführen	Aktivierende Lehrformen (in der wissenschaft-lichen Weiterbildung)	Wissens-management und „Social Media" in (Weiterbildungs-) Studiengängen	

Abbildung 3: Veranstaltungen im Zertifikatsprogramm in der 1. Förderphase des Projekts WM³ – Weiterbildung Mittelhessen (2. Halbjahr 2012 – 1. Halbjahr 2015)[14]

Die mikrodidaktischen Veranstaltungen befassten sich unter anderem mit der Gestaltung von

▪ Präsenzphasen und Selbststudium,
▪ Aktivierenden Methoden,
▪ Blockseminaren,
▪ dem Präsentieren jenseits von PowerPoint.

Die Lernziele bestanden darin, dass die Teilnehmenden – je nach Angebotsbele-gung der Veranstaltungen im Wahlpflichtbereich wissenschaftliche Weiterbil-dung – zusätzlich folgende Fähigkeiten auf der Mikroebene im Hinblick auf die Lehre in der wissenschaftlichen Weiterbildung erlangen. Sie können

---

14 Der vollständige Titel der zuerst genannten Veranstaltung aus 1/2014 und aus 1/2015 lautet: „Anerkennung und Anrechnung außerhochschulischer Kompetenzen (in der wissenschaftlichen Weiterbildung): Durchlässigkeit aktiv gestalten".

- ihre Lehre didaktisch-methodisch anspruchsvoll und für die wissenschaftliche Weiterbildung angemessen gestalten,
- auf die heterogene Teilnehmerschaft in der wissenschaftlichen Weiterbildung (unter anderem im Hinblick auf die Fachdisziplinen, die Qualifikationen, die Berufs- und Lebenserfahrungen) in angemessener Weise reagieren,
- ihre Rolle als Lehrende in der wissenschaftlichen Weiterbildung reflektieren und definieren und
- lernberatend in der wissenschaftlichen Weiterbildung tätig werden.

Die Veranstaltungen innerhalb des Zertifikatsschwerpunkts auf der meso- und makrodidaktischen Ebene behandelten Themen wie

- die Studiengangentwicklung in der wissenschaftlichen Weiterbildung,
- die Anerkennung und Anrechnung außerhochschulischer Kompetenzen,
- die Anbahnung und Pflege von Kooperationen,
- die Aufgabenfelder eines Studiengangkoordinators/einer Studiengangkoordinatorin.

Die Teilnehmenden am Zertifikatsprogramm sind, in Abhängigkeit von der individuellen Belegung der Schwerpunktveranstaltungen, in der Lage, zusätzlich auch Fähigkeiten im meso- und makrodidaktischen Bereich zu erwerben. Sie können

- im Ansatz Weiterbildungsstudiengänge und andere Angebotsformate im Bereich der wissenschaftlichen Weiterbildung (zum Beispiel Zertifikate) gestalten,
- Anrechnungsverfahren in der wissenschaftlichen Weiterbildung beschreiben,
- Gründe, Vorteile, aber auch hemmende Faktoren für kooperativ konzipierte und umgesetzte Weiterbildungsangebote identifizieren.

Im Folgenden wird die absolute Zahl der Teilnehmerinnen und Teilnehmer an den 18 Veranstaltungen innerhalb des Zertifikatsprogramms „Kompetenz für professionelle Hochschullehre mit dem Schwerpunkt wissenschaftliche Weiterbildung" analysiert. Dies bedeutet, dass Teilnahmefälle betrachtet werden und nicht danach differenziert wird, wie oft eine Person an den Veranstaltungen teilgenommen hat.

Insgesamt konnten 146 Teilnahmefälle in den 18 „HDM-WM[3]"-Workshops des Zertifikatsschwerpunkts der ersten Förderphase verzeichnet werden. Von den 146 Teilnahmefällen gaben 39 männlich und 107 weiblich als Geschlecht an.

Die meisten Teilnehmenden (84) kamen von der Philipps-Universität Marburg, gefolgt von der Justus-Liebig-Universität Gießen (39) und der Technischen Hochschule Mittelhessen (22). Eine Teilnehmerin stammte von einer anderen Hochschule.

Der hohe Anteil der Teilnehmerinnen und Teilnehmer von der Philipps-Universität Marburg lässt sich nicht eindeutig erklären. Ein Grund mag darin liegen, dass in der ersten Förderphase schon frühzeitig an der Philipps-Universität Marburg insgesamt neun Angebote (fünf Weiterbildungsmaster und vier Zertifikatskurse) der wissenschaftlichen Weiterbildung entwickelt werden konnten. Alle an der Entwicklung dieser Angebote beteiligten Personen wurden über die Veranstaltungen mittels entsprechender Verteilerlisten informiert und ausdrücklich zu den Veranstaltungen innerhalb des Zertifikatsprogramms eingeladen.

Bei der Analyse der akademischen Titel der Teilnehmenden fällt auf, dass lediglich eine Person Universitätsprofessorin/Universitätsprofessor war. Hinzu kamen vier weitere Professorinnen/Professoren von einer Fachhochschule. Darüber hinaus lässt sich aus den Statistiken ablesen, dass 34 Teilnehmende über einen Doktortitel verfügten. Gerade die Informationen zum Titel der Teilnehmenden legen die Vermutung nahe, dass sich die meisten Teilnehmerinnen und Teilnehmer in der Promotionsphase befanden und vorwiegend aus dem Mittelbau kamen.

Betrachtet man die Teilnahmefälle im Hinblick auf den fachlichen Hintergrund, so ist eine große Vielfalt festzustellen. Hier kann ein Zusammenhang zur zeitlich parallelen Entwicklung von wissenschaftlichen Weiterbildungsangeboten hergestellt werden: Zahlreiche Personen, die an der Entwicklung dieser Angebote beteiligt waren, nahmen an den Workshops teil. Eine weitere Erklärung für die Vielfalt liegt darin, dass auch der fachliche Hintergrund der Teilnehmenden am Zertifikatsprogramm stark differierte.

Aus der Statistik lässt sich außerdem herauslesen, dass 29 Teilnehmerinnen und Teilnehmer aus der Verwaltung, aus der Hochschuldidaktik und aus Zentren an den Veranstaltungen teilgenommen haben.

Die Auswertung der Teilnahmefälle führt zu der folgenden Gesamtstatistik:

146 Teilnahmefälle bei 18 Workshops Teilnehmende pro Workshop: ø 8	Geschlecht: Frauen 107 (73%) Männer 39 (27%)

Qualifikationsniveau:
Dr.	34	(23,3%)
Prof. (Uni)	1	(0,7 %)
Prof. (FH)	4	(2,7 %)
Hochschulabschluss	107	(73,3 %)

Fächercluster:
Gesellschaft, Wirtschaft, Recht	37 (25,3 %)
Natur, Technik, Medizin	24 (16,4 %)
Geisteswissenschaften	56 (38,4 %)
Verwaltung, Zentren, Hochschuldidaktik	29 (19,9 %)

Abbildung 4: Gesamtstatistik aus den Daten zu den Teilnehmenden der „HDM-WM³"-Workshops der ersten Förderphase

3.2 Die Modulwerkstatt: Konzeption und Umsetzung

Ein wesentliches Ziel der ersten Förderphase des WM³-Projekts (bis März 2015) bestand darin, berufsbegleitende Weiterbildungsangebote (Master oder Zertifikatskurse) zu entwickeln. Um die Entwicklerinnen und Entwickler bei der Erstellung ihrer Weiterbildungsangebote zu unterstützen wurde im Sommersemester 2013 die Modulwerkstatt angeboten, die auch als Wahlbereich des Zertifikatsprogramms „Kompetenz für professionelle Hochschullehre mit dem Schwerpunkt wissenschaftliche Weiterbildung" angerechnet werden konnte.

Zielgruppe der Modulwerkstatt waren Dozierende und/oder Studiengangentwickelnde bzw. (potenziell) Studiengangkoordinierende, die Module und Lerneinheiten zum Zweck der wissenschaftlichen Weiterbildung entwickeln, anbieten und durchführen. Übergeordnetes Ziel der Modulwerkstatt war die Qualitätssicherung der in der ersten Förderphase des WM³-Projekts entwickelten Angebote durch eine praxisnahe, bedarfs- und transferorientierte Förderung didaktisch-methodischer Kompetenzen. Die Modulwerkstatt bot den Teilnehmenden die Möglichkeit, ihre Weiterbildungsangebote mit professioneller Unterstützung und Begleitung und im kollegialen Austausch zu konzipieren und (weiter-) zu entwickeln. Dabei bestanden die Präsenzveranstaltungen aus einer Kombination von Seminareinheiten mit „klassischen" Instruktionsphasen, dialogischen Veranstaltungen im Plenum, projektorientierten Gruppenübungen sowie Projektergebnispräsentationen mit Diskussion im Plenum. Der halboffene Angebotscharakter umfasste zudem Projektarbeiten im Team und Blended Learning-Angebote, die die Präsenzveranstaltungen mit den modernen Formen

von E-Learning didaktisch sinnvoll miteinander verknüpften. Durch eine online-
Plattform konnte eine Möglichkeit für den kollegialen Austausch der Angebotsentwickelnden und -anbietenden untereinander – über die Präsenzphasen hinaus
– geschaffen werden. Dazu wurde ein virtueller Seminarraum auf der Lernplattform ILIAS eingerichtet, der mit dem Web-Kommunikationssystem (zum Beispiel: Adobe Connect©) auch „real time-Gruppendiskussionen" zwischen den
Teilnehmenden ermöglichte.[15]

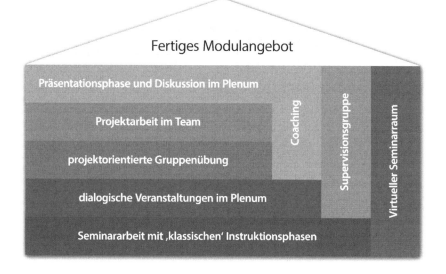

Abbildung 5: Arbeitsphasen und Elemente der Modulwerkstatt. (Grafik:
Alexander Sperl)

Im Sommersemester 2013 nahmen bei den vier Präsenzterminen[16] der Modulwerkstatt zwölf, sechs, sieben und neun Personen teil. Von den zwölf Werkstatt-
teilnehmenden entwickelten sieben Personen Weiterbildungsmaster oder Zertifikatskurse an den drei Verbundhochschulen. Drei Personen waren an der
Erlangung des HDM-Zertifikats „Kompetenz für professionelle Hochschullehre
mit dem Schwerpunkt wissenschaftliche Weiterbildung" interessiert. Auch
nahm eine Person regelmäßig an der Modulwerkstatt teil, die kein eigenes wissenschaftliches Weiterbildungsangebot entwickelte.

---

15 Siehe dazu Konzept der Modulwerkstatt: http://www.wmhoch3.de/images/dokumente/Modul-
    werkstatt_und_Lehrkompetenzforschung.pdf (Letzter Zugriff: 13.03.2017).
16 Der erste Präsenztermin war ganztägig, die drei weiteren Präsenztermine halbtägig.

Um eine Teilnahmebescheinigung der Modulwerkstatt im Umfang von 40 AEs zu erhalten und somit den vollen Umfang auf das Zertifikat anrechnen lassen zu können, mussten die Teilnehmenden Lernportfolios erstellen. Durch diese sollten sie erstens ihre eigenen Lernerfolge reflektieren. Zweitens sollten die Lernportfolios auch dem Dozenten Auskunft darüber geben, welche Lernerfolge sich bei den Lernenden eingestellt haben und wie die Arbeitsergebnisse in das eigene Aufgabenfeld transferiert wurden.

Die Portfolios der Modulwerkstatt konnten online über den virtuellen Seminarraum der Modulwerkstatt erstellt und dann dem Dozenten der Modulwerkstatt durch Freischaltung zugänglich gemacht oder als pdf-Dokument gesendet werden. Ein Portfolio wurde von einer Person erstellt, die sich im Laufe der Modulwerkstatt entschied, auch an der Entwicklung eines Weiterbildungsmasters mitzuwirken.

4   Die Evaluationen der Qualifizierungsmaßnahmen

Sowohl die Evaluation des Zertifikatsprogramms „Kompetenz für professionelle Hochschullehre mit dem Schwerpunkt wissenschaftliche Weiterbildung" als auch die Evaluation der Modulwerkstatt basieren auf einer Kombination aus quantitativen und qualitativen Methoden, um umfassende und mehrperspektivische Evaluationsergebnisse zu erzielen. Diese stützen sich auf:

1. Eine Auswertung der standardisierten HDM-Evaluationsbögen der 18 „HDM-WM³"-Workshops im Zertifikatsschwerpunkt sowie der vier Präsenztermine der Modulwerkstatt (quantitativ).
2. Eine Auswertung von sieben leitfadengestützten Interviews mit Zertifikatsteilnehmerinnen und -teilnehmern und eine Auswertung von vier leitfadengestützten Interviews mit Teilnehmenden der Modulwerkstatt (qualitativ).

Die Evaluationsbögen des HDMs werden am Ende von jeder Veranstaltung ausgegeben und anonym von den Teilnehmenden ausgefüllt. Sie fordern die Teilnehmenden zu einer Bewertung zu den folgenden Aspekten der Veranstaltung auf: die Dozentin/der Dozent, die Veranstaltung (Arbeitsatmosphäre, Stoffmenge, Arbeitstempo), die Inhalte und die Organisation (Ablauf, Räumlichkeiten). Darüber hinaus besteht am Ende des Feedbackbogens die Möglichkeit, Kommentare zu verfassen.[17] Die ausgefüllten Evaluationsbögen werden von den Teilnehmenden in einen Rückumschlag gelegt, der am Ende verschlossen und per Hauspost an das HDM verschickt wird. Die Auswertung erfolgt im

---

17 Ein Evaluationsbogen des HDMs findet sich im Anhang dieses Beitrags.

Office-Programm Excel und wird abschließend an die Referentinnen und Referenten verschickt und im HDM archiviert.

Das HDM setzt seine Evaluationsbögen in allen Veranstaltungen ein, um eine Verbesserung der Qualität des Weiterbildungsangebots zu erreichen. Dabei bezieht sich „Verbesserung" vor allem auf die Didaktik, die Inhalte sowie die Organisation einer Veranstaltung. Außerdem geben die Evaluationsauswertungen den Referentinnen und Referenten der Workshops, den jeweils involvierten Mitarbeitenden des HDMs und WM[3] einen Einblick in die Lehrleistungen aus Sicht der Teilnehmenden. Des Weiteren können aus den Ergebnissen Handlungsoptionen abgeleitet und entsprechende Veränderungen und Optimierungen umgesetzt werden.

Die Interviews wurden nach den Prinzipien des Leitfadeninterviews geführt. Bei dieser Methode für qualitative Interviews „[…] orientieren sich [die Forschenden] an einem Interview-Leitfaden, der jedoch viele Spielräume in den Frageformulierungen, Nachfragestrategien und in der Abfolge der Frage eröffnet" (Hopf 2007, S. 351). Leitfadengestützte Interviews geben den interviewten Personen hinreichend Raum, ihre individuellen Meinungen und Eindrücke zu beschreiben. Auch erhielten die Befragten in den vorliegenden Fällen die Gelegenheit, sowohl mögliche Missstände und Gründe für ihre Unzufriedenheit als auch etwaige Verbesserungsvorschläge zu benennen und zu erläutern.

Die leitfadengestützten Interviews sowohl zum Zertifikatsschwerpunkt Wissenschaftliche Weiterbildung als auch zur Modulwerkstatt wurden von den jeweils verantwortlichen WM[3]-Mitarbeiterinnen durchgeführt. Somit muss die Frage offenbleiben, ob die Interviewpartnerinnen und Interviewpartner ihre potenzielle Kritik in vollem Umfang äußerten.

4.1 Die Evaluationen der Workshops des Zertifikatsprogramms

Insgesamt gesehen wurden die 18 „HDM-WM[3]"-Workshops innerhalb des Zertifikatsschwerpunkts Wissenschaftliche Weiterbildung positiv evaluiert. Zwölf Items wurden mit 1,2 bis 1,5 bewertet und liegen damit nahe bei der Aussage „stimme voll zu" bzw. genau zwischen den Aussagen „stimme voll zu" (1,0) und „stimme zu" (2,0).[18] Besonders positiv wurde das Item „Der Dozent/die Dozentin ging auf Fragen und Anregungen ausreichend ein" mit dem Wert von 1,2 bewertet.

---

18 Die Antwortkategorien lauten: „Stimme voll zu" (1,0); „Stimme zu" (2,0); „Stimme teilweise zu" (3,0); „Stimme nicht zu" (4,0). Vgl. den Evaluationsbogen im Anhang dieses Beitrags.

Ebenso positiv wurden die folgenden Items beurteilt, da sie negativ formuliert sind und Verneinungen enthalten. Somit ist 3,8 ein ausgesprochen gutes Ergebnis:

- Die behandelte Stoffmenge war zu umfangreich.
- Das Arbeitstempo war zu schnell.

Eine etwas weniger gute Bewertung hat das Item „Die Inhalte waren für mich interessant" mit 1,6 erhalten. Die beiden folgenden Items wurden mit 1,8 bewertet:

- Die Inhalte werden für meine (spätere) Lehrtätigkeit nützlich sein.
- Ich habe Anregungen zur eigenen Entwicklung der Themen erhalten.

Die schlechteste Bewertung mit 2,1 wurde bei dem folgenden Item erzielt:

- Die Inhalte wurden mit Bezügen zu Theorie und Forschung präsentiert.

Aus den Ergebnissen der Gesamtauswertung der „HDM-WM³"-Veranstaltungen[19] in der ersten Förderphase lässt sich die folgende Graphik erstellen:

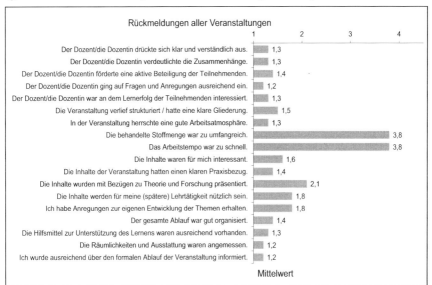

Abbildung 6:   Grafische Darstellung der Gesamtauswertung der Items

---

19 Siehe Abb. 3: Veranstaltungen im Zertifikatsprogramm in der 1. Förderphase des Projekts WM³ Weiterbildung Mittelhessen (2. Halbjahr 2012 – 1. Halbjahr 2015) in diesem Beitrag.

Um eine genauere Analyse der Ergebnisse vorzunehmen, sollen die in der Gesamtstatistik am schlechtesten bewerteten drei Items gesondert ausgewertet
werden. Hierzu werden die folgenden Kategorien an „HDM-WM³"-Veranstal-
tungen gebildet:

1. Veranstaltung: Einführung in die wissenschaftliche Weiterbildung für Lehrende (2012, 2013, 2014 = drei Veranstaltungen)
2. Veranstaltungen im Bereich E-Learning (fünf Veranstaltungen)
3. Veranstaltungen auf der mikrodidaktischen Ebene (vier Veranstaltungen)
4. Veranstaltungen auf der meso- und makrodidaktischen Ebene (sechs Veranstaltungen).

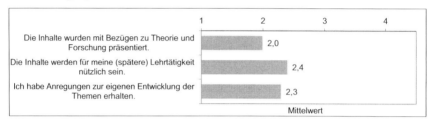

Abbildung 7:   Ausgewählte Items: Einführungen in die wissenschaftliche
                 Weiterbildung für Lehrende

Bei der Auswertung dieser Items fällt bei den „Einführungen in die wissenschaftliche Weiterbildung für Lehrende" im Vergleich zum Gesamtdurchschnitt
auf, dass das Item: „Die Inhalte wurden mit Bezügen zu Theorie und Forschung
präsentiert" mit 2,0 etwas positiver ausfällt (Gesamtdurchschnitt 2,1). Dagegen
sind die beiden anderen hier ausgewählten Items noch schlechter bewertet als im
Gesamtdurchschnitt:

- Die Inhalte werden für meine (spätere) Lehrtätigkeit nützlich sein. (hier 2,4;
  Gesamtdurchschnitt 1,8)
- Ich habe Anregungen zur eigenen Entwicklung der Themen erhalten. (hier:
  2,3; Gesamtdurchschnitt 1,8)

Vermutlich kommt bei diesen Ergebnissen zum Tragen, dass die „Einführung in
die wissenschaftliche Weiterbildung für Lehrende" kein typischer hochschuldidaktischer Workshop ist, in dem vorwiegend mikrodidaktische Inhalte rund um
das Lehren und Lernen an der Hochschule thematisiert werden. Vielmehr umfasst dieser Workshop eine allgemeine Einführung in die wissenschaftliche Weiterbildung aus Hochschulentwicklungsperspektive, vermittelt die Unterschiede
zur grundständigen Lehre und gibt einen ersten Einblick in die Herausforderun-

gen für Lehrende in der wissenschaftlichen Weiterbildung. Somit erhebt die Einführung auch nicht den Anspruch, dass die Inhalte für die (spätere) Lehrtätigkeit nützlich sein sollen.

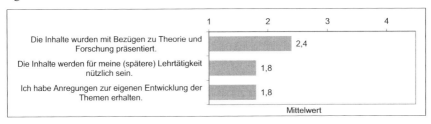

Abbildung 8: Ausgewählte Items: Veranstaltungen im Bereich E-Learning

Im Bereich E-Learning hat das Item: „Die Inhalte wurden mit Bezügen zu Theorie und Forschung präsentiert" mit 2,4 eine relativ schlechte Bewertung erhalten (Gesamtdurchschnitt: 2,1). Dieses Ergebnis kann damit erklärt werden, dass sich die Dozierenden der E-Learning-Workshops bewusst dafür entschieden haben, Aspekte der medialen Lehr-Lernforschung nur am Rande zu thematisieren. Im Zentrum der Workshops stand vielmehr die Anwendungsorientierung der behandelten Tools, wie zum Beispiel die Möglichkeiten der Lernplattform ILIAS, die wichtige und hilfreiche Funktionen für die online-gestützte und online-begleitete Lehre bietet. Dass der praktische Nutzen und die praktische Anwendung derart im Zentrum dieser Veranstaltungen gestanden haben, ergab sich aber nicht nur aus den Zielsetzungen und der Konzeptionen der Veranstaltungen, sondern sei auch von den Teilnehmenden so gewünscht worden. Somit sind die Bezüge zu Theorie und Forschung bewusst in den Hintergrund gerückt worden, da die Dozierenden die Lehr- und Lernbedürfnisse der Teilnehmenden bedienen wollten, die eher praxis- und anwendungsorientiert waren.

Die beiden anderen hier gesondert ausgewerteten Items sind identisch mit den Werten des Gesamtdurchschnitts.

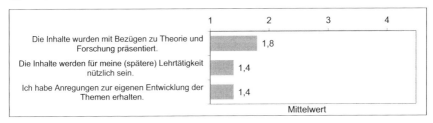

Abbildung 9: Ausgewählte Items: Veranstaltungen auf der mikrodidaktischen Ebene

Die Veranstaltungen auf der mikrodidaktischen Ebene haben bei den drei ausgewählten Items überdurchschnittlich gute (1,8) bzw. sehr gute Werte (1,4) erhalten. Somit wurden die mikrodidaktischen WM³-Veranstaltungen auch ihrem
Anspruch gerecht, die Teilnehmenden in ihrer Lehre zu unterstützen, für die
Lehrtätigkeit relevante Inhalte zu vermitteln und im Bereich „Lehren und Lernen" fortzubilden. In den Titeln der mikrodidaktischen Veranstaltungen wurde
bewusst „in der wissenschaftlichen Weiterbildung" in Klammern gesetzt,[20] da
die Teilnehmenden das Gelernte in ihre eigene Lehre transferieren sollten, die
nahezu bei allen grundständig ist. Zwar wurden in den zweitägigen Workshops
immer wieder Vergleiche und Bezüge zu Angeboten der wissenschaftlichen
Weiterbildung hergestellt; dennoch bezogen sich die praktischen Erfahrungen
und Fragen der Teilnehmenden in den Workshops vorwiegend auf ihre eigene
Lehrtätigkeit in der grundständigen Lehre. Somit lassen sich auch die sehr guten
Bewertungen der Items: „Die Inhalte werden für meine (spätere) Lehrtätigkeit
nützlich sein" und „Ich habe Anregungen zur eigenen Entwicklung der Themen
erhalten" zumindest teilweise erklären.

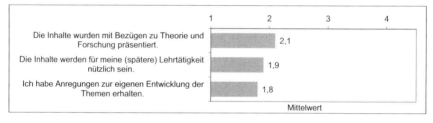

Abbildung 10: Ausgewählte Items: Veranstaltungen auf der meso- und
makrodidaktischen Ebene

Die Auswertung der Evaluationsergebnisse der Veranstaltungen auf der meso-
und makrodidaktischen Ebene führt zu dem Ergebnis, dass zwei Werte identisch
sind mit den Werten des Gesamtdurchschnitts (Items: „Die Inhalte wurden mit
Bezügen zu Theorie und Forschung präsentiert"; „Ich habe Anregungen zur eigenen Entwicklung der Themen erhalten"). Auch der mit 1,9 erzielte Wert für
das Item: „Die Inhalte werden für meine (spätere) Lehrtätigkeit nützlich sein"
weicht nur geringfügig vom Gesamtdurchschnittswert für dieses Item (1,8) ab.

---

20 Vgl. nur die Titel der zweitägigen Veranstaltungen: „Blockseminare (in der wissenschaftlichen
    Weiterbildung) erfolgreich planen und durchführen"; „Aktivierende Lehrformen (in der wissen-
    schaftlichen Weiterbildung)"; „Selbststudium (in der wissenschaftlichen Weiterbildung) initiie-
    ren und begleiten"; „Präsentieren jenseits von Powerpoint (in der wissenschaftlichen Weiterbil-
    dung)".

Bezogen auf die drei gesondert ausgewerteten Items wurde deutlich, dass die mikrodidaktischen Workshops mit Abstand am besten abgeschnitten haben. Im Hinblick auf die anderen „HDM-WM³"-Veranstaltungen ist allerdings fraglich, ob diese drei Items mit den jeweiligen Zielen der Veranstaltungen kompatibel waren und ob die Veranstaltungen den Anspruch erhoben, eben diese Lernergebnisse bei den Teilnehmenden zu erzielen. Dies wurde besonders bei der Auswertung der E-Learning-Veranstaltungen und bei der Auswertung der „Einführungen in die wissenschaftliche Weiterbildung für Lehrende" deutlich. Auch standen bei den Veranstaltungen auf der meso- und makrodidaktischen Ebene das Thema Lehre sowie der Theorie- und Forschungsbezug der Inhalte nicht im Fokus des Veranstaltungskonzepts.[21]

4.2   Leitfadengestützte Interviews zum Zertifikatsprogramm

Im Zeitraum zwischen dem 21. Juli 2015 und dem 16. September 2015 wurden sieben Personen zu ihrer Teilnahme am Zertifikatsprogramm „Kompetenz für professionelle Hochschullehre mit dem Schwerpunkt wissenschaftliche Weiterbildung" befragt. Von diesen Personen kamen drei von der Philipps-Universität Marburg, zwei von der Justus-Liebig-Universität Gießen und zwei von der Technischen Hochschule Mittelhessen.

Nach dem Erfragen der berufsbiographischen Angaben behandelten die Interviews die folgenden vier Themenblöcke:

1. Motivation für eine Teilnahme am Zertifikatsprogramm
2. Struktur des Zertifikatsprogramms und Bewertung der Veranstaltungsangebote
3. Betreuung der Zertifikatsteilnehmerinnen und Zertifikatsteilnehmer durch das HDM und durch die WM³-Mitarbeiterin
4. Optimierungsbedarfe.

Selbstverständlich bekamen die Befragten am Ende des Gesprächs die Möglichkeit, abschließende Bemerkungen zu ihrer Teilnahme am Zertifikatsprogramm zu formulieren. Das kürzeste Interview hatte eine Länge von 19:24 Minuten, das längste Interview von 33:50 Minuten.

---

21 Vgl. nur die Themen der Veranstaltungen auf der meso- und makrodidaktischen Ebene: Studiengangentwicklung; Studiengangkoordination; Anrechnung und Anerkennung von außerhochschulisch erworbenen Kompetenzen; Kooperationen (mit Stiftungen) in der wissenschaftlichen Weiterbildung.

Die Ergebnisse der leitfadengestützten Interviews sind in der folgenden Abbildung 11 zusammengefasst.

Leitfadengestützte Interviews

1. Motivation für die Teilnahme am Zertifikatsprogramm

- Allgemeine Gründe und persönliches Interesse
- Interesse an wissenschaftlicher Weiterbildung, Erweitern des eigenen Berufsprofils und Erwerb des Zertifikats für die spätere Karriere

2. Struktur des Zertifikatsprogramms und Bewertung der Veranstaltungen

- Positive Bewertung der Struktur des Zertifikatsprogramms inklusive der zwei verpflichtenden Bestandteile des Wahlpflichtbereichs
- Positive Bewertung der Modulwerkstatt
- Positive Bewertung der Veranstaltungen mit meso- und makrodidaktischen Themen („innovativ")
- Unklarheiten bei der Anrechnung von Veranstaltungen auf das Schwerpunktzertifikat

3. Betreuung der Teilnehmenden am Zertifikatsprogramm

- Teilweise: Schwierigkeiten bei der Betreuung, da es für die Teilnehmenden am Zertifikatsprogramm zwei Ansprechpartner gibt (HDM und „WM³")

4. Optimierungsbedarfe

- „Einführung in die wissenschaftliche Weiterbildung für Lehrende" in jedem Halbjahr anbieten
- Verbesserung der Kommunikation zwischen HDM und „WM³"
- Optimierung des Informationsangebots über die „Lehrinnovation" und den „erleichterten Zugang" für HDM-Absolventinnen und HDM-Absolventen

Abbildung 11: Zusammenfassung der Ergebnisse der leitfadengestützten Interviews zum Zertifikatsprogramm

Im Ergebnis wurden in den leitfadengestützten Interviews einige Optimierungsbedarfe am Zertifikatsschwerpunkt Wissenschaftliche Weiterbildung identifiziert, die in kurzer Zeit erfolgreich umgesetzt werden konnten. Beispielsweise sind seit der zweiten Förderphase sämtliche Informationen zum Zertifikatsschwerpunkt gebündelt auf der Homepage von WM³ Weiterbildung Mittelhessen unter „Lehren in der Weiterbildung", „Informationsmaterial" zu finden. Außerdem wurde der Text über das Zertifikatsprogramm „Kompetenz für professionelle Hochschullehre mit dem Schwerpunkt wissenschaftliche Weiterbildung" in den HDM-Programmheften optimiert und um die Beschreibung des „besonderen Zugangs" ergänzt (erstmals im HDM-Programmheft 1/2016). Allerdings konnte dem Wunsch, die „Einführung in die wissenschaftliche Weiterbildung für Lehrende" einmal im Halbjahr anzubieten, aus Kapazitätsgründen nicht entsprochen werden.

4.3 Die Evaluation der Präsenzveranstaltungen der Modulwerkstatt

Im Folgenden werden die Evaluationsergebnisse der Modulwerkstatt präsentiert. Insgesamt lagen 34 standardisierte Evaluationsbögen der Präsenztermine der Modulwerkstatt zur Auswertung vor (vgl. Rumpf/Hartung 2015, S. 27ff.). Dabei handelte es sich um die oben schon erwähnten standardisierten Evaluationsbögen des HDM.

Besonders positiv wurden die Aussagen „Die Dozentin/der Dozent ging auf Fragen und Anregungen ausreichend ein" und „Der Dozent war am Lernerfolg der Teilnehmenden interessiert" mit 1,1 bewertet. Dagegen erhielten die folgenden drei Items die schlechtesten Ergebnisse:

- Die Inhalte waren für mich interessant (2,1)
- Die Inhalte wurden mit Bezügen zu Theorie und Forschung präsentiert (2,1)
- Die Inhalte werden für meine (spätere) Lehrtätigkeit nützlich sein (2,3).

Allerdings waren gerade die zuletzt genannten beiden Items nicht im vollen Umfang mit den Zielen der Modulwerkstatt vereinbar. So stand bei einigen Präsenzveranstaltungen die Entwicklung eigener Module in den Weiterbildungsstudiengängen im Fokus, wodurch weder aktuelle Theorien eingebunden noch Tipps für die eigene Lehrtätigkeit besprochen wurden. Es kann daher davon ausgegangen werden, dass aktuelle theoretische Bezüge in manchen Präsenzveranstaltungen zu kurz kamen und so die Fragen danach in den Evaluationsbögen nicht (4 Personen) oder negativ beantwortet wurden. Diese Vermutung spiegelt auch ein Kommentar im Themenfeld „Das habe ich vermisst" wider. Hier schreibt eine Person in den Evaluationsbogen zum zweiten Präsenztermin: „Einen Fragebogen, der dem Lernsetting der Modulwerkstatt gerecht wird."[22]

Anbei die Auswertung der Präsenzphasen in grafischer Form:

---

22 Vgl. Evaluationsbogen Nr. 3, zweite Präsenzphase.

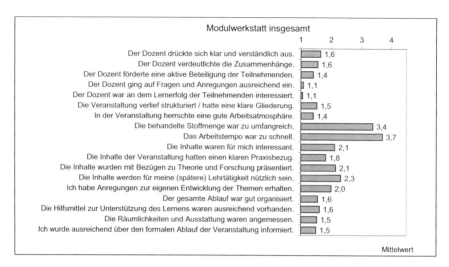

Abbildung 12: Grafische Darstellung der Gesamtauswertung zur Modulwerkstatt

4.4 Leitfadengestützte Interviews zur Modulwerkstatt

Nach dem letzten Präsenztermin der Modulwerkstatt im Juli 2013 wurden insgesamt vier Retrospektiveninterviews[23] geführt. Das erste Interview fand direkt im Anschluss an den letzten Präsenztermin statt, das vierte acht Wochen später.

Der Aufbau der Interviews war immer identisch. Nach den einleitenden Worten durch die Interviewerin war das Gespräch in drei Bereiche eingeteilt. Der erste Frageteil hatte allgemeine Fragen und Aspekte zum Inhalt (berufliche Tätigkeiten, Fragen zur Angebotsentwicklung, Motivation der Teilnahme). Der zweite Teil beinhaltete konkrete Fragen zum Angebot der Modulwerkstatt, wie zum Beispiel: Welche Inhalte waren relevant? Waren die Inhalte gut eingebettet? Welche Einheiten waren überflüssig oder haben gefehlt? Hinzu kamen noch Fragen zum E-Learning-Angebot und zum Verhältnis zwischen Input- und Gruppenarbeitsphasen während der Präsenztermine. Auch die Vor- oder Nachteile der Kombination aus Studiengangentwickelnden und Personen, die „nur" das Zertifikat „Kompetenz für professionelle Hochschullehre mit dem Schwerpunkt wissenschaftliche Weiterbildung" erwerben, wurden abgefragt. Außerdem kamen noch die Rahmenbedingungen wie Gruppengröße, Raum, Zeit und Ort

---

23 Mit Retrospektiveninterviews sind hier Interviews gemeint, die sich ausschließlich mit einem zurückliegenden und abgeschlossenen Ereignis beschäftigen.

zur Sprache. Im dritten Frageteil hatten die interviewten Personen die Möglichkeit, ein Resümee zu ziehen und selbst noch weitere Aspekte zu nennen. Die Interviews waren 18 Minuten, 30 Minuten, 34 Minuten und 19 Minuten lang.

Durch die unterschiedlichen Arbeitsstände in der jeweiligen Angebotsentwicklung wurden keine „klassischen" Kategorien ausgewertet. Das Hauptaugenmerk lag daher auf den Entwicklungsständen. Die Teilnehmenden, die noch nicht mit der Angebotsentwicklung zum Zeitpunkt der Interviews betraut waren, profitierten von der Heterogenität und dem vorhandenen Wissen innerhalb der Teilnehmendengruppe, auch die Inputphasen wurden positiv wahrgenommen.[24]

Die Personengruppe, die zu Beginn der „eigenen" Angebotsentwicklung die Modulwerkstatt besuchte, sprach davon, sich durch die Modulwerkstatt über die Inhalte klarer geworden zu sein und einige methodische Ideen für die Modulkonzeption erhalten zu haben.[25] Auch hier wurden die heterogene Gruppe und der interdisziplinäre Austausch nicht als Mangel, sondern eher positiv gesehen. Andererseits wurde in zwei Interviews auch deutlich, dass einige gerne noch mehr Input gehabt hätten, dabei wird aber die Unterstützung durch den Dozierenden der Modulwerkstatt positiv herausgestellt.

Auch in Interviews mit Personen, die in der Angebotsentwicklung schon weiter fortgeschritten waren, wurde die Beratung durch den Dozierenden genauso positiv herausgestellt wie das Feedback durch die anderen Teilnehmenden der Modulwerkstatt. Allerdings sah eine Person die Inputphasen als zu viel an. Die Möglichkeiten der Netzwerkbildung über das eigene Projekt hinaus wurden als Bereicherung und Mehrwert wahrgenommen.[26]

Insgesamt gesehen wurde in den Interviews die Problematik deutlich, dass nicht alle Gruppen die gleichen Anfangsvoraussetzungen hatten, da einige in der Entwicklung ihrer Studiengänge bzw. Zertifikatskurse schon weiter fortgeschritten waren als andere. Dies kam besonders in der Kritik zur Aufgabenstellung zum Vorschein, die für einige problemlos, für andere eher schwieriger lösbar war. Die Möglichkeit, über die Software Adobe Connect innerhalb der einzelnen Gruppen in Kontakt zu treten, wurde von keiner Gruppe genutzt. Dies lässt darauf schließen, dass die Gruppen versuchten, sich persönlich zu treffen. Auch wenn die meisten Gruppen sich eine Fortführung der Modulwerkstatt über ein Semester hinaus wünschten, konnte diesem Wunsch nicht entsprochen werden: Das Konzept der Modulwerkstatt sah vor, pro Semester eine Modulwerkstatt mit „neuen" Angebotsentwickelnden stattfinden zu lassen.

---

24 Vgl. Interview Modulwerkstatt 5, Z. 173-178.
25 Vgl. Interview Modulwerkstatt 3, Z. 61f. und Z. 69-76.
26 Vgl. Interview Modulwerkstatt 4, Z. 544.

4.5 Zusammenschau der Evaluationsergebnisse

Insgesamt gesehen sind das Zertifikatsprogramm „Kompetenz für professionelle Hochschullehre mit dem Schwerpunkt wissenschaftliche Weiterbildung" sowie die Modulwerkstatt ausgesprochen positiv evaluiert worden. Bei den standardisierten Evaluationsbögen waren vor allem die Bewertungen der Dozierenden herausragend. Nicht so gute Bewertungen erhielten die Items: „Die Inhalte wurden mit Bezügen zu Theorie und Forschung präsentiert" sowie „Die Inhalte werden für meine (spätere) Lehrtätigkeit nützlich sein". Allerdings waren diese Items offensichtlich nicht mit dem Konzept der Modulwerkstatt sowie den meisten „HDM-WM³"-Workshops kompatibel.

Insbesondere die leitfadengestützten Interviews haben verdeutlicht, dass die Veranstaltungen mit meso- und makrodidaktischen Themen innerhalb des Zertifikatsschwerpunkts Wissenschaftliche Weiterbildung auf großes Interesse und eine positive Resonanz gestoßen sind. In der Modulwerkstatt wurde die Heterogenität der Teilnehmenden als Bereicherung empfunden. Hier kamen Personen zusammen, die aktiv an der Angebotsentwicklung mitarbeiteten, und Personen, welche die Modulwerkstatt als Wahlbereich des Zertifikats gewählt hatten. Gleiches gilt auch für die „HDM-WM³"-Workshops, an denen Angebotsentwickelnde und Interessierte am Zertifikatsschwerpunkt bzw. am Thema Wissenschaftliche Weiterbildung teilnahmen. Sowohl Teilnehmende am Zertifikatsprogramm als auch Teilnehmende der Modulwerkstatt haben in den Interviews betont, dass sie von der Interdisziplinarität und der unterschiedlichen Hochschulherkunft der anderen Teilnehmenden profitiert haben. Ein spannender Aspekt ist, dass die angebotenen E-Learning-Workshops im Zertifikatsprogramm unterschiedlich bewertet wurden. In der Modulwerkstatt war dies ähnlich. Überdies zeigte sich, dass die Angebotsentwickelnden eher in persönlichen Gesprächen zusammenfanden als online mit Hilfe der Software Adobe Connect.

Sowohl beim Zertifikatsprogramm als auch bei der Modulwerkstatt wurde der Wert zum Item „Der Dozent/die Dozentin ging auf Fragen und Anregungen ausreichend ein" besonders positiv evaluiert. Auch wenn in manchen Fällen Kritik an den Bezügen zu Theorie und Forschung oder zur Nützlichkeit für (spätere) Lehrtätigkeiten) bestand, so scheinen dennoch die Dozierenden die Fragen der Zertifikatsteilnehmenden umfänglich beantwortet zu haben (Wert 1,2 beim Zertifikatsprogramm und 1,1 bei der Modulwerkstatt).

5 Fazit und Ausblick

Mit dem Zertifikatsprogramm „Kompetenz für professionelle Hochschullehre mit dem Schwerpunkt wissenschaftliche Weiterbildung" und mit der Modulwerkstatt wurden zwei Qualifizierungsmaßnahmen konzipiert, entwickelt und erfolgreich implementiert. Im Hinblick auf die Frage, ob das Personal in der wissenschaftlichen Weiterbildung erreicht und qualifiziert werden konnte, kann das folgende Fazit gezogen werden.

Professorinnen und Professoren in ihren Rollen und Funktionen als Lehrende, Angebotsentwickelnde und Studiengangleitungen in Weiterbildungsangeboten wurden nicht mit dem Zertifikatsprogramm erreicht. Allein schon aus zeitlichen Gründen ist es Professorinnen und Professoren meist nicht möglich, an einem derartigen seminaristischen Qualifizierungsangebot mit ganztägigen Präsenzfortbildungsveranstaltungen teilzunehmen. Hinzu kommt, dass die Konzeption und die Inhalte der Workshops sich nach dem Kenntnis- und Wissensstand der Teilnehmenden richten, die vorwiegend aus dem Mittelbau stammen. Somit sind andere spezialisierte und individualisierte Maßnahmen der Qualifizierung notwendig, um Professorinnen und Professoren auf ihre Tätigkeiten in Angeboten der wissenschaftlichen Weiterbildung vorzubereiten. Dementsprechend wurden in der zweiten Förderphase des WM³-Projekts „Individualisierte Beratungs- und Fortbildungsformate für Studiengangleitungen bei der Entwicklung und Umsetzung von Weiterbildungsangeboten" konzeptioniert.[27]

Im Gegensatz dazu bildeten sich Personen aus dem Mittelbau mit Hilfe des Zertifikatsprogramms weiter, die eine Tätigkeit in der wissenschaftlichen Weiterbildung innehaben oder sich diese vorstellen können, wie zum Beispiel im Bereich der Studiengangentwicklung oder Studiengangkoordination. Überraschend war, dass eine vergleichsweise hohe Zahl an Verwaltungsmitarbeitenden an den „HDM-WM³"-Workshops teilgenommen hat. Diese Gruppe stand bei der Konzeption des Zertifikatsprogramms nicht als Zielgruppe im Fokus. Aus den Teilnahmestatistiken konnte jedoch nicht abgelesen werden, ob auch Verwaltungsmitarbeitende der Fachbereiche dabei waren, die mit Aufgaben bei der Umsetzung wissenschaftlicher Weiterbildungsangebote befasst sind (zum Beispiel bei der Prüfungsverwaltung). Dabei darf der (mesodidaktische) Beitrag von Verwaltungsmitarbeitenden „für eine effektive und effiziente Umsetzung von wissenschaftlichen Weiterbildungsangeboten sowohl auf Fachbereichs- wie zentraler Hochschulebene nicht unterschätzt werden" (Seitter 2015, S. 54).

Bei den Teilnehmenden der Modulwerkstatt ist herauszustellen, dass an diesem Angebot tatsächlich die Entwicklerinnen und Entwickler von Weiterbil-

---

27 Vgl. hierzu den Beitrag von Braun 2018.

dungsmastern und Zertifikatskursen teilnahmen. Darüber hinaus waren in der Modulwerkstatt (wissenschaftliche) Mitarbeitende dabei, die als Studiengangkoordinierende in den zu entwickelnden Angeboten vorgesehen waren und in der Tat später auch diese Funktion übernahmen. Einige der Teilnehmenden hatten vor, auch als Lehrende in den Angeboten tätig zu werden. Weitere Teilnehmende traten als die Ideengebenden und Angebotsentwickelnden der jeweiligen Weiterbildungsmaster und -zertifikate hervor, ohne einen Professoren-Titel zu tragen. Dementsprechend wurde die Frage, ob die Inhalte der Modulwerkstatt für eine spätere Lehrtätigkeit von Bedeutung sind, eher negativ bewertet. In der Modulwerkstatt ging es weniger um die konkrete Lehre als vielmehr um die Angebotsentwicklung selbst. Die Kombination aus Inputphasen, Gruppen- und Selbstlernphasen erwies sich für das Themenfeld der Angebotsentwicklung als passend. Der Werkstattgedanke konnte hier zur Geltung kommen und die Teilnehmenden schätzten den kollegialen Austausch in der Modulwerkstatt als äußerst gewinnbringend ein.

Da das Thema Angebotsentwicklung im Fokus der Modulwerkstatt als aktivierendes, produzierendes Qualifizierungsangebot stand, nahmen keine Mitarbeitenden aus der Verwaltung teil.

Die These von Pellert: „Insgesamt löst ein systemischeres Engagement in der hochschulischen Weiterbildung einen Bedarf an spezialisierter hochschuldidaktischer Weiterbildung aus" (Pellert 2013, S. 101) hat sich insoweit bestätigt, als dass mit dem Zertifikatsprogramm und der Modulwerkstatt nicht alle Akteure erreicht werden konnten, die für eine erfolgreiche Entwicklung und Umsetzung von wissenschaftlichen Weiterbildungsangeboten verantwortlich sind. Über diese beiden Qualifizierungsformate hinaus müss(t)en insbesondere spezialisierte hochschuldidaktische Weiterbildungsangebote für Professorinnen und Professoren sowie externe Praktikerinnen und Praktiker entwickelt werden, um diese gezielt auf die Lehre in den Weiterbildungsangeboten vorzubereiten. Außerdem ist die Konzeption von spezifischen Qualifizierungsangeboten für Verwaltungsmitarbeitende in der Zentralverwaltung und in den Fachbereichen denkbar, um die Implementierung wissenschaftlicher Weiterbildungsangebote auch auf der Verwaltungsebene zu professionalisieren.

Literatur

Bade-Becker, Ursula (2017): Rechtliche und organisatorische Herausforderungen bei der Implementierung der wissenschaftlichen Weiterbildung. In: Hörr, Beate/Jütte, Wolfgang (Hrsg.): *Weiterbildung an Hochschulen. Der Beitrag der DGWF zur Förderung wissenschaftlicher Weiterbildung*. Bielefeld: W. Bertelsmann Verlag, S. 171-179.

Braun, Monika (2012): *Das Zertifikat „Kompetenz für professionelle Hochschullehre mit dem Schwerpunkt wissenschaftliche Weiterbildung"*, abrufbar unter: http://www. wmhoch3.de/images/dokumente/Konzept_HDM_Zertifikat.pdf (Letzter Zugriff: 17.03.2017).

Braun, Monika unter Mitarbeit von Franziska Zink und Lea Kollewe (2013): *Aufgabenfelder von Studiengangsentwickelnden und Studiengangskoordinierenden in der wissenschaftlichen Weiterbildung*, abrufbar unter: http://www.wmhoch3.de/ images/dokumente/Aufgabenfelder_Studiengangskoordinator.pdf (Letzter Zugriff: 16.07.2017).

Braun, Monika (2015): Evaluation des Zertifikatsprogramms „Kompetenz für professionelle Hochschullehre mit dem Schwerpunkt wissenschaftliche Weiterbildung", abrufbar unter: http://www.wmhoch3.de/images/dokumente/Evaluationsbericht_FI NAL_BF.pdf (Letzter Zugriff: 17.07.2017).

Braun, Monika (2018): Die Beratung von akademischen Leitungen bei der Entwicklung und Implementierung von Angeboten der wissenschaftlichen Weiterbildung. In: Seitter, Wolfgang/Friese, Marianne/Robinson, Pia (Hrsg.): *Wissenschaftliche Weiterbildung zwischen Implementierung und Optimierung*. Wiesbaden: Springer VS, S. 205-226.

Gronert, Laura/Rundnagel, Heike (2018): Studiengangkoordinationen in dezentral organisierten Weiterbildungsprogrammen. Eine zentrale Schnittstelle mit vielfältigem Aufgabenspektrum. In: Seitter, Wolfgang/Friese, Marianne/Robinson, Pia (Hrsg.): *Wissenschaftliche Weiterbildung zwischen Implementierung und Optimierung*. Wiesbaden: Springer VS, S. 179-203.

Hanak, Helmar/Sturm, Nico (2015): *Außerhochschulisch erworbene Kompetenzen anrechnen – Praxisanalyse und Implementierungsempfehlungen*. Wiesbaden: Springer VS.

Hopf, Christel (2007): Qualitative Interviews – ein Überblick. In: Flick, Uwe/Kardorff, Ernst von/Steinke, Ines (Hrsg.): *Qualitative Forschung. Ein Handbuch*. Reinbek bei Hamburg: Rowohlt-Taschenbuch-Verl., 5. Auflage, S. 349-360.

Knust, Michaela (2006): *Geschäftsmodelle der wissenschaftlichen Weiterbildung: Eine Analyse unter Berücksichtigung empirischer Ergebnisse*. Köln: JOSEF EUL Verlag.

Pellert, Ada (2013): Rollenkonzepte in der akademischen Weiterbildung – eine Aufgabe für die Personalentwicklung. In: Hofer, Christian/Schröttner, Barbara/Unger-Ullmann, Daniela (eds.): *Akademische Lehrkompetenzen im Diskurs. Theorie und Praxis. A Discourse on Academic Teaching Competencies. Theory and Practice*, Münster/New York/München/Berlin: Waxmann, S. 95-102.

Rumpf, Marguerite/Hartung, Olaf (2015): *Die Modulwerkstatt. Lehrkompetenzentwicklung in der Weiterbildung für die Weiterbildung*, abrufbar unter: http://www. wmhoch3.de/images/dokumente/Modulwerkstatt_und_Lehrkompetenzforschung.pd f (Letzter Zugriff: 28.06.2017).

Seitter, Wolfgang (2015): „Zertifikat ‚Kompetenz für professionelle Hochschullehre mit dem Schwerpunkt wissenschaftliche Weiterbildung'. Konzeption, Umsetzung, Weiterentwicklung." In: Klinkner, Margot (Hrsg.): *DGWF – Jahrestagung 2015 vom 23. bis 25. September 2015 an der Universität Freiburg*. »Lehr-/Lernarrangements in der wissenschaftlichen Weiterbildung – Herausforderungen und Erfolgsfaktoren für eine wirksame Didaktik«. Kurzfassungen der Beiträge und Kurzporträts der Beitragenden sowie der Moderatorinnen und Moderatoren, S. 54, abrufbar unter: https://dgwf.net/fileadmin/user_upload/DGWF-Jahrestagung2015_Abstractband. pdf (Letzter Zugriff: 28.03.2017).

Seitter, Wolfgang/Schemann, Michael/Vossebein, Ulrich (2015): Einleitung. In: Dies. (Hrsg.): *Zielgruppen in der wissenschaftlichen Weiterbildung. Empirische Studien zu Bedarf, Potential und Akzeptanz*, Wiesbaden: Springer VS, S. 15-21.

Wanken, Simone/Kreutz, Maren/Meyer, Rita/Eirmbter-Stolbrink, Eva (2011): Strukturen wissenschaftlicher Weiterbildung – Wissenschaft und Praxis. *Reihe Wissenschaft und Praxis*. Heft 43, S. 1-27, abrufbar unter: http://www.uni-trier.de/fileadmin/fb1/prof/PAD/WBI/Personen/Meyer/PDF/Broschur_Layout_1__5_gesichert.pdf (Letzter Zugriff: 26.06.2017).

Websites

Hochschuldidaktisches Netzwerk Mittelhessen: http://www.hd-mittelhessen.de/hdm.cfm
WM³ Weiterbildung Mittelhessen: http://www.wmhoch3.de

Anhang

Veranstaltungsevaluation

Titel (ID):			Datum:	

Die Dozentin / Der Dozent	stimme voll zu	stimme zu	stimme teilweise zu	stimme nicht zu
...drückte sich klar und verständlich aus.	☐	☐	☐	☐
...verdeutlichte die Zusammenhänge.	☐	☐	☐	☐
...förderte eine aktive Beteiligung der Teilnehmenden.	☐	☐	☐	☐
...ging auf Fragen und Anregungen ausreichend ein.	☐	☐	☐	☐
...war am Lernerfolg der Teilnehmenden interessiert.	☐	☐	☐	☐

Die Veranstaltung	stimme voll zu	stimme zu	stimme teilweise zu	stimme nicht zu
Die Veranstaltung verlief strukturiert / hatte eine klare Gliederung.	☐	☐	☐	☐
In der Veranstaltung herrschte eine gute Arbeitsatmosphäre.	☐	☐	☐	☐
Die behandelte Stoffmenge war zu umfangreich.	☐	☐	☐	☐

Das Arbeitstempo der Veranstaltung war zu schnell.	☐	☐	☐	☐

Die Inhalte	stimme voll zu	stimme zu	stimme teilweise zu	stimme nicht zu
Die Inhalte der Veranstaltung waren für mich interessant.	☐	☐	☐	☐
Die Inhalte der Veranstaltung hatten einen klaren Praxisbezug.	☐	☐	☐	☐
Die Inhalte wurden mit Bezügen zu aktuellen Theorien und Forschungen präsentiert.	☐	☐	☐	☐
Die Inhalte werden für meine (spätere) Lehrtätigkeit nützlich sein.	☐	☐	☐	☐
Ich habe Anregungen zur eigenen didaktischen Entwicklung und Vertiefung des Themas erhalten.	☐	☐	☐	☐

Die Organisation	stimme voll zu	stimme zu	stimme teilweise zu	stimme nicht zu
Der gesamte Ablauf der Veranstaltung war gut organisiert.	☐	☐	☐	☐
Die Hilfsmittel zur Unterstützung (Skript, Medien) des Lernens waren ausreichend vorhanden.	☐	☐	☐	☐
Die Räumlichkeiten und die Ausstattung waren für die Veranstaltung angemessen.	☐	☐	☐	☐
Ich wurde ausreichend über den formalen Ablauf der Veranstaltung informiert.	☐	☐	☐	☐

Das habe ich vermisst:

Das fand ich überflüssig:

Anregungen (thematisch, inhaltlich, organisatorisch):

War dies Ihre erste Veranstaltung beim HDM? Wenn ja, wie haben Sie vom HDM erfahren?
☐ ja   ☐ nein
Die Beantwortung folgender Fragen ist Ihnen frei gestellt. Sie ermöglichen uns, die Bedürfnisse verschiedener Zielgruppen stärker zu berücksichtigen, können aber aufgrund geringer Fallzahlen Ihre Identität preisgeben.

Ich bin zurzeit:		
ProfessorIn	**HabilitandIn**	**DoktorandIn**
wiss. MitarbeiterIn	**Lehrbeauftragte(r)**	**Sonstiges**
Geschlecht:		
männlich ☐		

Projektförmigkeit und Kooperationsorientierung: Hochschulische Organisationsentwicklungsprozesse im Kontext wissenschaftlicher Weiterbildung

Asja Lengler/Franziska Sweers[1]

Zusammenfassung

Projektförmigkeit und Kooperationsorientierung werden als zentrale Merkmale von weiterbildungsspezifischen, hochschulischen Entwicklungsprozessen vorgestellt. Zuerst erfolgt eine erfahrungsbezogene Rekonstruktion von projektgetriebenen und kooperativ ausgerichteten Prozessen der Organisationsentwicklung am Beispiel von drei Hochschulen, die sich zu einem Verbundprojekt zusammengeschlossen haben. Die Rekonstruktion dieser Prozesse dient daraufhin als Basis für eine vom Einzelfall abstrahierte und systematische Beschreibung der Potentiale von Projekten und Kooperationen für Organisationsentwicklung. Abschließend werden die genannten Spezifika als leitende Modi hochschulischer Organisationsentwicklungsprozesse der wissenschaftlichen Weiterbildung dargelegt.

Schlagwörter

Organisationsentwicklung, Projekt und Projektförmigkeit, Kooperation und Kooperationsorientierung

Inhalt

---

1   *Asja Lengler* | Justus-Liebig-Universität Gießen
     Franziska Sweers | Philipps-Universität Marburg | franziska.sweers@staff.uni-marburg.de

1 Einführung

Der rasante wirtschaftliche, technologische und soziale Wandel erfordert eine (hoch-)dynamische Wissensentwicklung und -produktion, wodurch kontinuierliche Weiterbildung nach den Grundsätzen des Lebenslangen Lernens zunehmend an Relevanz gewinnt (vgl. Herm et al. 2003, S. 28). Mit der Novellierung des Hochschulrahmengesetzes im Jahre 1998 ist auch die Anerkennung der Weiterbildung als Kernaufgabe von Hochschulen neben Forschung und Lehre verbunden (vgl. Schäfer 2012, S. 184f.). Dennoch ist es nach fast zwei Jahrzehnten nur partiell gelungen, die Weiterbildung strukturell an den Hochschulen zu etablieren und institutionell verantwortet mit den anderen Kernaufgaben gleichzusetzen. Durch konkrete bildungspolitische Förderlinien – wie das vom Bundesministerium für Bildung und Forschung initiierte wettbewerblich organisierte Förderprogramm „Aufstieg durch Bildung: offene Hochschulen" –, welche die Hochschulen projektförmig sowohl zur Forschung als auch zur Entwicklung in diesem Bereich auf breiter Ebene anregen, gewinnt die wissenschaftliche Weiterbildung gegenwärtig allerdings gesellschaftlich wie intraorganisational verstärkt an Bedeutung (vgl. Lengler/Zink 2015, S. 16f.).

Das Erreichen des im Bund-Länder-Wettbewerb „Aufstieg durch Bildung: offene Hochschulen" genannten Ziels, Angebote des Lebenslangen Lernens im deutschen Hochschulsystem stärker zu verankern und nachhaltig zu etablieren sowie entsprechende Strukturen zu schaffen (vgl. BMBF 2011), birgt Veränderungsnotwendigkeiten, die insbesondere die Ebene der Organisation betreffen (vgl. Lengler 2016, S. 19f.). Die Hochschulen sind aufgefordert, sich didaktisch, inhaltlich und organisatorisch auf den quartären Bildungsbereich einzustellen und die eigenen Prozesse und Strukturen sowie das Personal entsprechend auf das neue Klientel und die Spezifika der wissenschaftlichen Weiterbildung (Nachfrage- und Dienstleistungsorientierung, Vollkostenkalkulation und berufs- bzw. familienbegleitendes Studieren) einzustimmen. Um die damit verbundenen Organisationsentwicklungsaufgaben bewältigen zu können, erhalten die Hochschulen von Bund und Ländern sowie von Unternehmen oder Stiftungen jeweils projektförmig organisierte Unterstützungen in Form von finanziellen Mitteln, die in erster Linie für Forschungs- und Entwicklungsprojekte verausgabt werden. Im Rahmen derartiger Projekte gewinnen die Hochschulen Raum für die Entwicklung ihrer Weiterbildungsangebote und für die Ausgestaltung der damit korrespondierenden internen Organisationsentwicklungsprozesse.

Mit der projektförmigen Erschließung des Geschäftsfeldes der wissenschaftlichen Weiterbildung müssen sich Hochschulen zunächst als Einzelorganisationen auseinandersetzen. Gleichwohl ist es möglich, sinnvoll und in hohem Maße zielführend, diese Aufgabe auch kooperationsorientiert anzugehen, d.h.

Fragen, Herausforderungen und Spezifika der wissenschaftlichen Weiterbildung gemeinsam mit anderen Hochschulen und/oder in Kooperation mit hochschulexternen Partnerinnen und Partnern zu bearbeiten. In diesem Sinne wurden Kooperationen bereits in der Ausschreibung zum oben genannten Wettbewerb „Aufstieg durch Bildung: offene Hochschulen" prominent gefordert und durch Projektgelder entsprechend angereizt. Auch das durch den Wettbewerb geförderte Verbundprojekt „WM³ Weiterbildung Mittelhessen"[2] ist ein in vielerlei Hinsicht durch Kooperationen geprägtes Vorhaben. Es weist eine generelle, sehr starke Kooperationsaffinität auf allen didaktischen Ebenen und somit auch auf der Ebene der Organisation auf. So stellt beispielsweise der Verbund von drei Hochschulen an sich schon eine – in diesem Fall sogar hochschultypenübergreifende – Kooperation dar. Die Zusage im Projektantrag, sich regional zu vernetzen und Angebote nach Möglichkeit in einem kooperativen Verfahren zu entwickeln, ist darüber hinaus ein Hinweis auf weitere Kooperationsformen.

Die Deutsche Gesellschaft für wissenschaftliche Weiterbildung und Fernstudium e.V. (DGWF) konstatiert ganz in diesem Sinne, dass *„[w]issenschaftliche Weiterbildung [...] in Netzwerken und kooperativen Arbeitszusammenhängen, die in der Regel erst aufgebaut werden müssen [...]"* (DGWF 2015, S. 7), entsteht. Ein vergleichender Blick auf die Ausgangslage wissenschaftlicher Weiterbildung an den beteiligten Hochschulen vor Beginn des Verbundprojektes und dem aktuellen Stand zeigt, dass diese Feststellung auch auf das WM³-Projekt zutrifft.

Der vorliegende Beitrag greift das Thema der *projektgetriebenen* und *kooperationsorientierten* Organisationsentwicklung im Rahmen der wissenschaftlichen Weiterbildung auf. Am Beispiel des Verbundprojektes „WM³ Weiterbildung Mittelhessen" geht der Aufsatz der Frage nach, welchen Einfluss Projekte auf hochschulinterne Veränderungsprozesse ausüben und inwiefern sich wissenschaftliche Weiterbildung organisationsstrukturell durch Kooperationsbezüge verändern kann. Dazu werden in einem ersten – organisationstheoretisch gerahmten – Schritt auf die Besonderheiten von Hochschulen als Organisationen

---

2 Die drei mittelhessischen Hochschulen Justus-Liebig-Universität Gießen, Philipps-Universität Marburg und Technische Hochschule Mittelhessen haben sich im Hinblick auf ihre gemeinsamen Entwicklungsplanungen im Bereich der wissenschaftlichen Weiterbildung zum Verbundprojekt „WM³ Weiterbildung Mittelhessen" zusammen geschlossen, um mit Hilfe des BMBF-Wettbewerbs „Aufstieg durch Bildung: offene Hochschulen" ein an wirtschaftlichen und gesellschaftlichen Interessen optimal ausgerichtetes Weiterbildungsangebot zu schaffen und zu einer nachhaltigen Stärkung der wissenschaftlichen Weiterbildung an den Hochschulen beizutragen. Dieses Vorhaben wurde in der ersten Förderphase (2011-2015) aus Mitteln des BMBF und aus dem ESF der EU mit den Förderkennzeichen 16OH11008, 16OH11009, 16OH11010 und in der zweiten Förderphase (2015-2017) mit den Förderkennzeichen 16OH12008, 16OH12009, 16OH12010 aus Mitteln des BMBF gefördert. Weitere Projektinformationen sind unter www.wmhoch3.de zu finden.

respektive der Veränderungen dieser Organisationen eingegangen, unterschiedliche Organisationsformen in der wissenschaftlichen Weiterbildung aufgezeigt
sowie die Bedeutung von Projektstrukturen dargelegt (2). Darauf folgt eine Beschreibung der projekt- und kooperationsgetriebenen Entwicklungslinien der
wissenschaftlichen Weiterbildung an den drei Verbundhochschulen sowie der
damit verbundenen Organisationsentwicklungsprozesse (3). Abschließend werden Projektförmigkeit und Kooperationsorientierung nicht nur als Treiber von
hochschulischen Organisationsentwicklungsprozessen beschrieben, sondern
gleichzeitig als Kennzeichen und Modi der wissenschaftlichen Weiterbildung
insgesamt ausgewiesen (4).

2   Hochschulen als sich verändernde Organisationen

„Wer Organisationsentwicklungsprozesse in Hochschulen gestaltet, sollte zunächst zu verstehen
versuchen, wo die Besonderheiten dieses Institutionentyps liegen [...]" (Nickel 2012, S. 279).

Hochschulen sind öffentliche Organisationen, die durch Besonderheiten in ihrer
Organisationsstruktur gekennzeichnet sind. Hochschulen unterliegen stets den
Anforderungen der Funktionssysteme Wissenschaft/Forschung, Studium/Lehre
sowie Staat/Verwaltung, weshalb sie sich von der Organisation gewinnorientier-
ter Unternehmen und öffentlicher Verwaltungen grundlegend unterscheiden
(vgl. Stratmann 2007, S. II). Sie können als relativ „schwerfällige" Organisationen charakterisiert werden, für die es eine große Herausforderung darstellt, flexibel und schnell auf die spezifischen Bedarfe und Anforderungen der wissenschaftlichen Weiterbildung zu reagieren (vgl. Wolter 2005, S. 107). Die internen
Strukturen der Hochschule weisen eine gewisse Komplexität auf, welche sich
ebenso auf das Feld der wissenschaftlichen Weiterbildung auswirkt. Die Wis-
senschaftsaktivitäten sind dezentral in den Fakultäten und Fachbereichen organisiert und somit weitgehend entkoppelt von der Hochschulleitung, welche zentral organisiert ist. In der Zentralverwaltung sind Hierarchien und „top-down
organisierte Linienorganisationen" (Hanft et al. 2016, S. 30) zu finden, wohingegen sich die Einflussmöglichkeiten von Hochschulleitungen gegenüber dem
wissenschaftlichen Personal als relativ schwach deklarieren lassen (vgl. ebd.).
Da Hochschulen vor allem aufgrund der Expertise ihres Personals gedeihen,
stellt das Wissen, welches sich in der Hand der Wissenschaftlerinnen und Wissenschaftler befindet, das wichtigste Gut der Hochschulen dar. Somit verfügen
die Wissenschaftlerinnen und Wissenschaftler über eine hohe individuelle Autonomie (vgl. Hechler/Pasternack 2012, S. 9). Hochschulen werden daher oftmals als Expertenorganisation charakterisiert, deren „Führungskräfte – die Pro-

fessorinnen und Professoren – [...] sich eher an ihrer Profession und der entsprechenden wissenschaftlichen Community als an den Zielen der Organisation Hochschule orientieren" (Büttner et al. 2016, S. 188; vgl. auch Kahl/Lengler/ Präßler 2015, S. 355).

Kennzeichnend für Hochschulen ist somit, dass sie sich aus mehreren, lose gekoppelten Systemen, wie den einzelnen Lehrstühlen, Instituten und Fakultäten, der Verwaltung und der Hochschulleitung, zusammensetzen. Für Veränderungsprozesse an Hochschulen ist es jedoch unabdingbar, diese einzelnen Einheiten zusammenzubringen und entsprechende Strukturen zu schaffen bzw. die gegenwärtigen Hochschulstrukturen und -systeme an die Besonderheiten der wissenschaftlichen Weiterbildung anzupassen (vgl. Kahl/Lengler/Präßler 2015, S. 319). Die Etablierung neuer Bereiche und Strukturen – wie u.a. die wissenschaftliche Weiterbildung – erfordert einen innerhochschulischen Perspektivwechsel. Insbesondere spielt hierbei die Nachfrageorientierung auf einem kompetitiven Markt eine bedeutende Rolle. Aber auch die stärkere Service- und Dienstleistungsorientierung im Bereich wissenschaftlicher Weiterbildung – was u.a. die Verfügbarkeit von Ansprechpartnerinnen und -partnern, die Organisation des konkreten Studienformats sowie die Vereinbarkeit mit der Berufstätigkeit der Weiterbildungsteilnehmenden betrifft – zieht Veränderungsprozesse innerhalb der Hochschulorganisation nach sich. Demnach ist es von großer Relevanz, dass insgesamt eine Bereitschaft besteht, Veränderungen zu akzeptieren und diese aktiv mitzugestalten. Für einen erfolgreichen hochschulischen Veränderungsprozess sind letztlich eine aktive Partizipation aller Betroffenen sowie eine *Offenheit gegenüber Neuem* erforderlich. Die Beteiligungsbereitschaft der Hochschulangehörigen stellt somit einen zentralen Gelingensfaktor für die Etablierung der wissenschaftlichen Weiterbildung dar (vgl. ebd., S. 319ff.).

Daher ist es von besonderer Bedeutung, zu Beginn angestrebter Veränderungsprozesse die Zielsetzungen bezüglich der wissenschaftlichen Weiterbildung offen zu kommunizieren sowie Anreize zu schaffen, um so die Beteiligung und Motivation der Hochschulangehörigen positiv zu beeinflussen (vgl. ebd., S. 384). Als grundlegende Voraussetzung für das Funktionieren von Veränderungsimpulsen im Bereich der wissenschaftlichen Weiterbildung können entsprechende Kommunikations- und Informationsprozesse identifiziert werden, um zunächst Transparenz herzustellen, einem möglichen Informationsdefizit entgegenzuwirken sowie zur Steigerung der Akzeptanz beizutragen (vgl. Sonntag/Stegmeier/Michel 2008, S. 423f.; vgl. auch Kahl/Lengler/Präßler 2015, S. 398ff.). Neben allgemeinen Informationsveranstaltungen, hochschulinternen Diskussionen oder Workshops sind auch individuelle Beratungsleistungen empfehlenswert (vgl. Kahl/Lengler/Präßler 2015, S. 398).

Neben einer transparenten und umfangreichen Kommunikations- und In-
formationsstrategie sowie der Partizipation der Hochschulangehörigen ist die
Etablierung wissenschaftlicher Weiterbildung davon abhängig, in welcher Form
sie an Hochschulen organisiert ist. Für das Feld der wissenschaftlichen Weiterbildung sind verschiedene Organisationsformen denkbar. Grundsätzlich können
die Verantwortlichkeiten für die Weiterbildung innerhalb oder außerhalb der
Hochschule angesiedelt werden. So kann die wissenschaftliche Weiterbildung
dezentral in den Fachbereichen, zentral in hochschulinternen Zentren, Arbeits-
bereichen, der Hochschulverwaltung oder den Stabsstellen, aber auch außerhalb
der Hochschule, beispielsweise in Form von An-Instituten, die teilweise der
Hochschule angehören, jedoch organisatorisch und rechtlich eigenständig sind
(vgl. DGWF 2015, S. 5), organisiert sein (vgl. Schäfer 2012, S. 189). Ein erhöhter Handlungsspielraum auf dem Weiterbildungsmarkt sowie Freiheiten in der
Besoldung des Lehrpersonals können als Vorteile einer Auslagerung angeführt
werden. Aufgrund der Schwierigkeiten, Standards der Hochschule durchzuset-
zen, sowie der Gefahr einer zunehmenden Entfernung von der Mutterhochschu-
le bei einer Auslagerung der wissenschaftlichen Weiterbildung plädiert die
DGWF jedoch für eine zentrale Einrichtung der wissenschaftlichen Weiterbildung (vgl. DGWF 2015, S. 3).

Während bei einer zentralen Organisationsform die Tätigkeiten der wissenschaftlichen Weiterbildung in einer übergreifenden Organisationseinheit gebündelt werden, sind diese bei einer dezentralen Organisation an unterschiedlichen
Stellen in der Hochschule (beispielsweise in den Fakultäten) angesiedelt (vgl.
Hanft/Knust 2008, S. 34). Eine zentrale Organisation nahe der Hochschulleitung
bietet neben einer besseren Steuerung und strategischen Ausrichtung der Weiterbildung auch eine leichtere Integration in die Qualitätssicherung. Vorteile einer dezentralen Organisation liegen hingegen in der Nähe zu Wissenschaft und
Forschung, in der Nähe zu Lehre und Lehrenden, zu den entsprechenden didaktischen Kulturen und dem Zugang zu den Zielgruppen (vgl. DGWF 2015, S. 5).

Obgleich die wissenschaftliche Weiterbildung bei einer innerhochschulischen Organisationsform Elemente der Verwaltung sowie der Wissenschaft vereint, lässt sie sich keinem dieser Teilsysteme eindeutig zuordnen – sie positio-
niert sich in einem intermediären Raum, dem sogenannten „third space"
respektive unter dem Label „Third Mission" (vgl. DGWF 2015, S. 2). Henke,
Pasternack und Schmid (2015) verstehen unter „Third Mission" gesellschaftsbe-
zogene Aktivitäten der Hochschulen wie Weiterbildung, Wissenstransfer oder
Gründungsförderung außerhalb von grundständigen Studienangeboten und
zweckfreier Grundlagenforschung. Auf organisatorischer Ebene ist die wissenschaftliche Weiterbildung meist im Bereich der zentralen Verwaltung angesiedelt. Da ihre Angebote jedoch (fach-)wissenschaftlich sein sollen, ist eine enge

Kooperation mit den Fachbereichen unabdingbar. Wissenschaftliche Weiterbildung muss sich zudem den Anforderungen des Marktes stellen, da die Angebote in der Regel kostendeckend sein müssen und demnach die Kosten von den erwirtschafteten Einnahmen der Teilnehmenden zu decken sind (vgl. Hanft et al. 2016, S. 31f.). Genau in dieser Trias von Wissenschaft, Verwaltung und Markt liegt die organisatorische Herausforderung für Weiterbildungseinrichtungen.

Um diese Trias als in sich zusammenhängendes Konstrukt bewältigen zu können, bietet sich in Hochschulen insbesondere eine projektförmige sowie eine kooperationsorientierte Bearbeitungsform an.

Die Kooperationsorientierung zeigt sich sowohl nach innen gerichtet, wenn Wissenschaft, in Form von Fachbereichsakteurinnen und -akteuren, mit Organisationseinheiten der Verwaltung zusammen arbeitet, als auch nach außen gerichtet in Form von Kooperationen zwischen Hochschulen und hochschulexternen Kooperationspartnerinnen und -partnern. Die nach innen gerichteten Kooperationen werden in erster Linie mit dem Ziel eingegangen, dass die weiterbildungsspezifischen Angebote, Strukturen und Prozesse dienstleistungsorientiert gemanagt und an die Rahmenbedingungen eines berufs- bzw. familienbegleitenden Studiums angepasst werden können. Die externen Kooperationsbeziehungen bringen durch den direkten Austausch mit der Abnehmerseite vor allem Vorteile bezüglich der Nachfrageorientierung, der didaktisch-curricularen Passung und der Marktgängigkeit der wissenschaftlichen Weiterbildung sowie eine Bereicherung durch zusätzliche Ressourcen und eine Risikominimierung mit sich.

Abbildung 1:   Trias der wissenschaftlichen Weiterbildung

Kooperationen können zugleich als Voraussetzung wie auch als Potential für eine die wissenschaftliche Weiterbildung betreffende Organisationsentwicklung der Hochschulen gesehen werden. Kooperationen, vor allem diejenigen externer

Art, sind durch eine festgelegte Dauer geprägt und ähneln somit stark zeitlich klar definierten Projekten, weshalb Kooperationsorientierung und Projektförmigkeit gewisse Affinitäten aufweisen, die eine Kombination nahelegen.

In einem projektförmig geprägten Modus aus inhaltlicher Fokussierung und zeitlicher Limitierung können Lösungsmöglichkeiten entstehen, für deren Entwicklung im Regelbetrieb aufgrund von Ressourcenknappheit und Routinegebundenheit gewöhnlich kein Raum zur Verfügung steht. Projekte hingegen sind durch ihren Sonderstatus als Raum für Innovationen prädestiniert.

Es zeigt sich an der bloßen Betrachtung der Trias bereits, dass wissenschaftliche Weiterbildung sowohl eine Affinität für Kooperationsbeziehungen als auch für Projektarbeit aufweist. Diese These wird in den folgenden Teilkapiteln weiter ausgeführt.

Insbesondere um Veränderungen innerhalb der Organisation zu erzielen, führen Hochschulen heutzutage verstärkt Projekte vielfältiger Art durch – eine Entwicklung, die nicht zuletzt auf die steigende Bereitstellung erhöhter Volumina an Drittmitteln zurückzuführen ist (vgl. Magnus 2016, S. 19). In der Projektpraxis zeigt sich, dass die vorhandenen Strukturen zunächst oftmals mit Blick auf die erforderlichen Bedingungen und Interessen im Laufe des Projektes modifiziert werden müssen, um tragfähige und handlungsfähige Strukturen implementieren zu können. Demnach kann die Schaffung „funktionaler Formen [...] oftmals als [...] Prozess des ‚learning by doing‘„ bezeichnet werden, da zu Projektbeginn „nicht immer klar war, welche Strukturen sich als angemessen und zielführend erweisen würden" (Hanft et al 2016, S. 79). Oftmals werden durch die projektinternen Maßnahmen (strukturelle) Veränderungen angestoßen, die Teilbereiche, respektive die gesamte Organisation der Hochschule, betreffen. Hanft et al. weisen angesichts des schwierigen organisationalen Umfeldes auf die Notwendigkeit einer „funktionale[n] und effiziente[n] Projektorganisation" (ebd., S. 78) hin, da diese einen weitreichenden Beitrag für ein positives „Commitment des Projektumfeldes" sowie für eine möglichst wirksame Zusammenarbeit aller Beteiligten leisten kann.

Projekte im Kontext der wissenschaftlichen Weiterbildung sind oftmals durch einen neuartigen Charakter gekennzeichnet, weshalb insgesamt von steigenden Anforderungen an das Projektmanagement in Hochschulen ausgegangen werden kann (vgl. Magnus 2016, S. 20). Forschungs- und Entwicklungsprojekte wie beispielsweise auch das Verbundprojekt „WM³ Weiterbildung Mittelhessen" zielen auf strukturelle, innerhochschulische Veränderungen ab und können daher auch als Organisationsentwicklungsprojekte charakterisiert werden. Sie sind – ganz im oben ausgeführten Sinne – zentral durch Kooperationsorientierung und Projektförmigkeit beeinflusst, wie im Folgenden anhand von konkreten Beispielen aus der Praxis des Verbundprojektes noch erläutert werden wird.

3 Zwischen Projekt- und Daueraufgabe: Entwicklungslinien und Implementierungsprozesse der wissenschaftlichen Weiterbildung an den drei Verbundhochschulen von WM³

Das WM³-Projekt ist ein typisches Beispiel für eine sowohl projektförmig getriebene als auch kooperationsorientierte Entwicklung und Implementierung von wissenschaftlicher Weiterbildung als einem – relativ – neuen Geschäfts- und Aufgabenfeld von Hochschulen.

Um die Gründe für diese Charakterisierung besser nachvollziehen zu können, wird im Folgenden das WM³-Verbundprojekt in Form einer nachträglichen Praxisreflexion sowohl unter dem Gesichtspunkt der Projektförmigkeit als auch der Kooperationsorientierung beschrieben.

Zunächst wird das WM³-Verbundprojekt unter dem Fokus der Projektförmigkeit beschrieben (3.1). Daraufhin folgt eine systematische Darstellung der verschiedenen Kooperationsformen, die im WM³-Kontext vorkommen, und mithilfe derer die dominierende Kooperationsorientierung zum Vorschein tritt (3.2). Das Teilkapitel endet mit einer Zusammenschau der beiden Modi in ihrer Kombinatorik und wechselseitigen Verschränkung (3.3).

3.1 Projekte als Treiber der Entwicklung und organisationsstrukturellen Verankerung von wissenschaftlicher Weiterbildung

Im Folgenden wird nachgezeichnet, wie sich die wissenschaftliche Weiterbildung an den drei Hochschulen entwickelt und organisationsstrukturell etabliert hat – von der ursprünglichen Ausgangssituation über unterschiedliche Formen von Projekten bis hin zur nachhaltigen Implementierung des Bereichs.

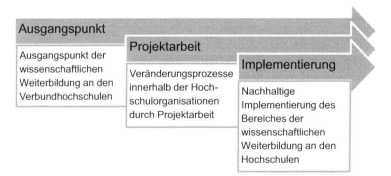

Abbildung 2: Prozess und Entwicklungslinien wissenschaftlicher Weiterbildung an den Verbundhochschulen

Um diese Entwicklungslinien, Veränderungen und Implementierungsprozesse entsprechend nachzeichnen zu können, werden unterschiedliche Darstellungsformen gewählt: So werden an den erforderlichen Stellen zum einen Spezifika der einzelnen Verbundhochschule aufgezeigt, zum anderen erfolgt eine hochschulübergreifende Skizzierung in ihrer Gesamtheit.

3.1.1   Aktueller Stand

An der Justus-Liebig-Universität Gießen (JLU) ist der Bereich der wissenschaftlichen Weiterbildung sowohl zentral in der Stabsabteilung Studium, Lehre, Weiterbildung, Qualitätssicherung als auch dezentral in den Fachbereichen angesiedelt. An der Philipps-Universität Marburg (UMR) ist die wissenschaftliche Weiterbildung innerhalb des Dezernates für Studium und Lehre im Referat für Lebenslanges Lernen verortet, in den Fachbereichen sowie in einer Ausgründung, die als gemeinnützige GmbH firmiert. An den beiden Universitäten (JLU und UMR) sind die weiterbildenden Angebote fachlich-inhaltlich ausschließlich und administrativ in weiten Teilen an den jeweiligen weiterbildungsaktiven Fachbereichen etabliert. Vereinzelte Professorinnen und Professoren oder Mitarbeitende aus dem Mittelbau haben sich in der Vergangenheit aus eigenem Antrieb in der wissenschaftlichen Weiterbildung engagiert und haben aus den Ressourcen des eigenen Fachbereichs, der Professur oder zusätzlich finanziert durch Drittmittel Weiterbildungsangebote, wie weiterbildende Masterstudiengänge oder Zertifikatskurse, entwickelt.

In Fragen der Studiengangentwicklung und Lehrevaluation werden diese Weiterbildungsinitiativen – gleichsam wie dies bei grundständigen Studienangeboten geschieht – von der Zentralverwaltung begleitet. Speziell für die Beratung und Unterstützung der wissenschaftlichen Weiterbildung existiert an beiden Universitäten eine Referentenstelle für wissenschaftliche Weiterbildung.

An der Technischen Hochschule Mittelhessen (THM) hingegen findet sich der Bereich der wissenschaftlichen Weiterbildung weitestgehend an zentraler Stelle wieder. Hierbei handelt es sich um ein eigenständiges, wissenschaftliches Zentrum (Wissenschaftliches Zentrum Duales Hochschulstudium). Aus strategischen Gründen wurde der Verantwortungsbereich der wissenschaftlichen Weiterbildung vom Hochschulzentrum für Weiterbildung, das bis 2014 für die weiterbildenden Angebote verantwortlich war, auf das Wissenschaftliche Zentrum Duales Hochschulstudium (ZDH) übertragen. Diese Präsidiumsentscheidung wurde getroffen, um die wissenschaftliche Weiterbildung effektiver zu gestalten und sie professioneller aufzustellen, indem so die hohe Servicequalität, die Infrastruktur sowie die erfolgreichen Kooperationsbeziehungen in die Region besser ausgeschöpft werden können.

3.1.2   Erste Ausbaustufe der wissenschaftlichen Weiterbildung über Projekte des Hessischen Studienstrukturprogramms (SSP)

Noch bevor an den drei Hochschulen das erste über Drittmittel finanzierte Projekt zur stärkeren Etablierung der wissenschaftlichen Weiterbildung beantragt wurde, bestand eine überschaubare Anzahl von Angeboten wissenschaftlicher Weiterbildung. Die organisationalen Strukturen und Prozesse, die benötigt wurden, um die bereits implementierten weiterbildenden Angebote serviceorientiert und vollkostenkalkuliert zu managen, waren jedoch zu anfangs lediglich rudimentär ausgearbeitet. Mit Blick auf das Fächerspektrum der Hochschulen wurde hingegen schnell deutlich, dass an allen mittelhessischen Hochschulen ein reichhaltiges Potential für weitere nachfrageorientierte Weiterbildungsangebote vorhanden war. Diese Mischung aus Defizitanalyse und Potentialorientierung inspirierte die Hochschulen dazu, sich intensiver und vor allem bewusster und strukturierter mit dem Bereich der wissenschaftlichen Weiterbildung auseinander zu setzen.

Extern unterstützt wurden die Hochschulen durch das Einwerben mehrerer Projekte aus dem landeseigenen Studienstrukturprogramm (SSP). Mithilfe der SSP-Projekte wurden an der JLU und der UMR hochschulweite Klärungs-, Sondierungs- und Verständigungsprozesse mit Blick auf die wissenschaftliche Weiterbildung angestoßen, die Interessen und Potentiale für die Entwicklung von weiterbildenden Angeboten in konkreten Themenfeldern mithilfe von Bestands- und Bedarfserhebungen eruierten sowie die bereits bestehenden Weiterbildungsangebote besser sichtbar machten. Es dominierte eine eher konzeptionell getriebene Form der Bearbeitung der wissenschaftlichen Weiterbildung.

Insgesamt betrachtet war es das gemeinsame Ziel dieser SSP-Projekte, ein klares Profil im Bereich der wissenschaftlichen Weiterbildung zu schaffen und dadurch der wachsenden Bedeutung der wissenschaftlichen Weiterbildung Rechnung zu tragen.

3.1.3   Parallelität von Projekten: WM^3 und SSP

Einen weiteren Schub für die wissenschaftliche Weiterbildung, der zu einem qualitativ hochwertigen und quantitativ stärker ausgebauten Weiterbildungsportfolio führte, brachte das mittelhessische Verbundprojekt WM^3 Weiterbildung Mittelhessen. Seit der erfolgreichen Antragstellung und -bewilligung im Jahr 2011 arbeiten die JLU, die UMR und die THM kooperativ im Bereich der wissenschaftlichen Weiterbildung zusammen. Neben der Forschung stand in der ersten Förderphase (2011-2015) die Entwicklung berufsbegleitender wissenschaftlicher Weiterbildungsangebote auf Master- und Zertifikatsniveau im Vordergrund des Projektgeschehens.

Durch die projektgeförderte Angebotsentwicklung traten strukturelle Fragen und Handlungsnotwendigkeiten innerhalb der Hochschulen auf, deren Bearbeitung für die konkrete Weiterentwicklung der Angebote sowie für die nachhaltige Implementierung der wissenschaftlichen Weiterbildung entscheidend war (vgl. Lengler 2016, S. 21f.). Aufgrund dessen wurden im Zuge des Projektes notwendige weiterbildungsspezifische Strukturen, Prozesse und Gremien eingerichtet und ein vielfältiger Organisationsentwicklungsprozess angestoßen, um den Besonderheiten der wissenschaftlichen Weiterbildung zukünftig ausreichend gerecht zu werden.

Parallel zur WM³-Projektlaufzeit konnten an der JLU und der UMR weitere SSP-Projekte erfolgreich eingeworben werden. So war beispielsweise das Ziel des SSP-Projektes der JLU mit dem Titel „Entwicklung eines universitären Gesamtkonzepts wissenschaftlicher Weiterbildung", die wissenschaftliche Weiterbildung in die Gesamtstrategie der Universität einzubetten und nachhaltig zu verankern. Hierbei wurden zunächst der (Sonder-)Status der Teilnehmenden von Weiterbildungsangeboten beschlossen, um anschließend die bestehenden administrativen Abläufe, d.h. Strukturen und Prozesse im grundständigen Bereich, an die Besonderheiten der Weiterbildungsangebote (Serviceorientierung, familiäre/berufliche Verpflichtungen etc.) anzupassen, wozu auch erste Ergebnisse aus der im WM³-Projekt durchgeführten Bedarfserhebung (Bedarfs-, Potential- und Akzeptanzanalyse) genutzt werden konnten (vgl. Seitter/Schemmann/Vossebein 2015).

Durch den Start der durch WM³ entwickelten Weiterbildungsformate konnten die erarbeiteten Verwaltungsstrukturen in der Praxis erprobt werden. Die gesammelten Praxiserfahrungen und Ergebnisse mündeten schließlich in einer stetigen Weiterentwicklung der Prozessstrukturen. Parallel zu dieser Prozessentwicklung wurden in enger Zusammenarbeit und Rückkopplung mit Mitarbeitenden des WM³-Projektes entsprechende Unterstützungsmaterialien erarbeitet. Dazu gehören neben den Unterlagen zur administrativen Abwicklung der Programme auch Entwicklungsleitfäden mit den entsprechenden Gremienwegen zur Einrichtung der verschiedenen Formate, Kalkulationshilfen, Vorlagen für Prüfungs- und Entgeltordnungen, für Teilnahmebescheinigungen sowie für Anmeldeformulare (siehe hierzu auch den Artikel von Lengler/Sweers/Seitter in diesem Band).

Ein weiteres – ebenfalls parallel zu WM³ durchgeführtes – SSP-Projekt beschäftigte sich explizit mit einer systematischen Bearbeitung der bestehenden Kooperationsbeziehungen und deren Kooperationsgestaltungen mit externen

Partnerinnen und Partnern im Profit- und Non-Profitbereich.[3] Als Projektergebnis entstanden Empfehlungen zur Gestaltung von Kooperationen sowie zur Darstellung und Präsentation von Kooperationsbeziehungen zwischen Hochschulen und ihren externen Partnerinnen und Partnern.

Für die Zeit vor dem WM³-Projekt war auffallend, dass die Entwicklung des für die Hochschulen noch relativ neuen Geschäftsfeldes der wissenschaftlichen Weiterbildung in erster Linie von der Zentralverwaltung administrativ und organisatorisch gesteuert wurde. In dieser Phase wurden die Entwicklungsfelder im Bereich der wissenschaftlichen Weiterbildung erstmals systematisch und grundlegend aufgedeckt. Erste Formen der strukturellen und administrativen Bearbeitung folgten. Mit der Forschungs- und Entwicklungsperspektive, die insbesondere durch das WM³-Projekt eingenommen wurde, veränderte sich die Auseinandersetzung mit der wissenschaftlichen Weiterbildung. Es fand eine verstärkte forschungsbasierte Bearbeitung und Konzeptentwicklung statt, zudem wurden durch die vermehrte Angebotsentwicklung auch die Fachbereiche deutlich stärker in den hochschulischen Ausgestaltungsprozess wissenschaftlicher Weiterbildung involviert.

3.1.4   Zukünftige Strukturen

Insgesamt haben der Bund-Länder-Wettbewerb generell und in diesem Kontext in Mittelhessen insbesondere das WM³-Projekt dazu beigetragen, dass die wissenschaftliche Weiterbildung zunehmend als originäre Aufgabe der Hochschulen angesehen und sowohl von der Verwaltung als auch von den Fachbereichen wahrgenommen wird, und somit ihre Stellung mittlerweile innerhalb der Hochschulen als relativ stabil beschrieben werden kann. So wurde an der JLU zum Oktober 2016 eine halbe unbefristete Stelle für den Bereich der wissenschaftlichen Weiterbildung in der Stabsabteilung Studium, Lehre, Weiterbildung, Qualitätssicherung etabliert, welche die über die Projektlaufzeiten geschaffenen Strukturen und Prozesse künftig weiterhin begleiten und stetig weiterentwickeln sowie Kooperationen mit der regionalen Wirtschaft aufrechterhalten und systematisch ausbauen wird. An der UMR wurde mit Auslaufen der Projektförderung ein Zentrum für wissenschaftliche Weiterbildung gegründet, das eine service- und marktorientierte Angebotsentwicklung und Programmplanung fördert sowie die Fachbereiche, Einrichtungen und An-Institute der Universität bei bereits implementierten, sich in der Entwicklung befindlichen und potentiellen zukünftigen Weiterbildungsangeboten unterstützt. Zudem wird die wissenschaftliche Weiterbildung auch durch zukünftige Forschungsprojekte als Forschungsgegen-

---

3   Dieses SSP-Projekt trägt den Titel „Kooperationen und Kooperationsgestaltung in der wissenschaftlichen Weiterbildung" und wurde von der UMR durchgeführt.

stand an der UMR nachhaltig gesichert werden. Das Zentrum wird von einem professoralen Mitglied wissenschaftlich geleitet und verfügt über eine hauptamtliche Geschäftsführung. An der THM wird die wissenschaftliche Weiterbildung auch zukünftig in dem bereits etablierten Wissenschaftlichen Zentrum Duales Hochschulstudium geplant, entwickelt und umgesetzt.

3.2 Organisationsentwicklung durch Kooperationsbezüge

Neben dem *Modus der Projektförmigkeit* von Organisationsentwicklungsprozessen im Kontext der wissenschaftlichen Weiterbildung ist mit der *Kooperationsorientierung* wissenschaftlicher Weiterbildung ein weiterer Treiber von Organisationsentwicklungsprozessen an den drei Verbundhochschulen zu identifizieren. Im Rahmen des WM³-Verbundprojekts beschäftigen sich die drei Hochschulen intensiv gemeinsam mit dem Feld der wissenschaftlichen Weiterbildung. Sie bearbeiten zusammen Forschungsvorhaben, entwickeln Angebote kooperativ und gehen gebündelt auf potentielle Kooperationspartnerinnen und -partner in der Region zu.

Mit Blick auf diese vielfältig gelebte Kooperationspraxis lassen sich fünf verschiedene Kategorien von Kooperationen unterscheiden: die Verbundkooperation (3.2.1), die regionale Kooperation (3.2.2), die produktorientierte Kooperation (3.2.3), die fachlich-disziplinäre Kooperation (3.2.4) und die fachlich-politische Kooperation (3.2.5). Diese fünf Kooperationsarten werden im Folgenden anhand konkreter Beispiele aus der Projektpraxis von WM³ beschrieben und im Hinblick auf ihre organisationsstrukturellen Veränderungspotentiale diskutiert.

3.2.1 Verbundkooperation

Die Verbundkooperation der drei Hochschulen zeichnet sich durch die bewusste Entscheidung von drei Organisationen aus, die auf engem geographischem Raum angesiedelt sind und teilweise komplementäre oder identische Studiengänge offerieren. Im Prinzip hätte auch jede Hochschule jeweils für sich alleine das Feld der wissenschaftlichen Weiterbildung bearbeiten und das Ziel verfolgen können, sich frühzeitig eine hervorgehobene Position in diesem Geschäftsfeld bezogen auf die Region Mittelhessen zu sichern. Zur Bündelung ihrer Marktchancen haben sich die drei Hochschulen jedoch entschlossen, sich gemeinsam mit der Weiterentwicklung der wissenschaftlichen Weiterbildung zu beschäftigen, sich zusammen zu professionalisieren und ihr Angebotsportfolio durch die Zusammenführung dreier vielfältiger Expertisen in unterschiedlichen Fachbereichen und Spezialgebieten zu optimieren.

Eine Besonderheit des Verbunds liegt darin, dass sich Einrichtungen unterschiedlichen Typus zusammengeschlossen haben. Im Verbund kooperieren zwei Universitäten mit einer Hochschule für angewandte Wissenschaften. Es handelt sich somit um einen hochschultypenübergreifenden Verbund, der für beide Seiten Vorteile mit sich bringt. Die Universitäten können beispielsweise von der traditionell stärker ausgeprägten Praxisnähe der Hochschule profitieren, die sich aus einer langjährigen und seit jeher engen Verbindung zwischen Wissenschaft und Berufspraxis ableitet. Die THM verfügt zudem explizit über zahlreiche Kooperationsbeziehungen in der Region Mittelhessen und bietet somit ein erfahrungsgesättigtes Wissen bezüglich der institutionellen Struktur der Region und dem dort vorkommenden Bildungsbedarf. Die Universitäten stärken wiederum den Verbund durch ihre ausgesprochene Forschungsorientierung und das umfangreiche Fächerspektrum, das sie als Option für Angebotsentwicklungen in verschiedensten Themenfeldern mit einbringen. Einem interessierten Profit- oder Non-Profit-Unternehmen bzw. einer Stiftung kann durch den Verbund somit eine Vielzahl an Themen und Expertisen angeboten werden. Die akademischen Abschlüsse, die hohe Reputation sowie die Potenzierung des Fächerspektrums bilden den Mehrwert des Verbunds. Eine einzelne Hochschule könnte dagegen einer externen Partnerin oder einem externen Partner ein so facettenreiches und hochwertiges Weiterbildungsangebot nicht unterbreiten.

Ein weiterer Vorteil des Verbundes liegt zudem in der Möglichkeit, wechselseitige Beobachtungsprozesse anzustoßen (vgl. Seitter 2013, S. 45ff.), die Auswirkungen auf den eigenen organisationalen Entwicklungsprozess haben (können). In diesem Kontext bietet sich für die drei Hochschulen eine interessante Ausgangssituation, da die wissenschaftliche Weiterbildung an allen drei Hochschulen organisatorisch unterschiedlich ausgestaltet und strukturell angesiedelt ist. Durch einen offenen, auf Vertrauen zwischen den Kooperationspartnerinnen basierenden Austausch können Organisationslösungen der Partnerinnen besser verstanden und auf ihr Adaptionspotential zur Lösung der eigenen administrativen oder strukturellen Probleme hin diskutiert werden. Beispiele guter Praxis der Anderen können somit Einfluss auf den eigenen Organisationsentwicklungsprozess ausüben. Gemeinsame Problemlagen und Entwicklungsziele werden jeweils aus drei hochschulischen Perspektiven mit differierenden organisationalen Hintergründen erörtert, so dass die Bandbreite an Lösungsmöglichkeiten sowohl für hochschulspezifische als auch für verbundweite Herausforderungen erweitert wird.

Die handlungspraktische Zusammenarbeit im Verbund ist durch verschiedene Routinen strukturiert. Grundsätzliche Entscheidungen werden im Rahmen der Steuerungsgruppe getroffen. Diese setzt sich zusammen aus den zuständigen Präsidiumsvertretungen in ihrer Funktion als Projektleitungen, den fachlich einschlägigen Professuren und zugleich wissenschaftlichen Leitungen der Forschungs- und Entwicklungsarbeitspakete und je einer Projektkoordination pro Hochschule, wovon eine die Aufgabe der Gesamtprojektkoordination übernimmt. Die Steuerungsgruppe tagt alle zwei bis drei Monate und bespricht primär die Meilenstein- und Projektplanung. Das Thema Kooperationen mit der Region und den Fachgesellschaften ist ein zentraler mitlaufender Tagesordnungspunkt. Im Rahmen der Steuerungsgruppensitzungen findet ein Großteil der kooperativen Diskussion und wechselseitigen Beobachtung statt. Hier werden Entscheidungen für die weiteren kooperationsbezogenen Schritte mit Blick auf die Entwicklung, Implementierung und Optimierung der wissenschaftlichen Weiterbildung an den drei Hochschulen gemeinsam getroffen.

3.2.2   Regionale Kooperation

Um die Nachfrageorientierung und Praxisnähe der Angebote zu gewährleisten, wurde gleich zu Beginn der ersten Förderphase ein Weiterbildungsbeirat für die wissenschaftliche Weiterbildung ins Leben gerufen. Der Beirat besteht aus Vertretungen der regionalen Wirtschaft, der Wissenschaft, der Politik und der Bildung.[4] Die Mitglieder des Weiterbildungsbeirats unterstützen und beraten die Projektverantwortlichen bei strategischen Fragen sowie Entscheidungen und fungieren als *critical peer* in Bezug auf Forschung, Entwicklung und Angebotsmanagement im Bereich der wissenschaftlichen Weiterbildung.

Der Weiterbildungsbeirat wird zweimal im Jahr von der WM³-Steuerungsgruppe einberufen. In den Sitzungen wird routinemäßig über die laufende Angebotsentwicklung sowie das bestehende Angebotsportfolio informiert. Die Mitglieder des Weiterbildungsbeirats werden im Rahmen dieser Sitzungen um ihre fachliche Beratung gebeten. Sie diskutieren die Praxisorientierung der Angebote und unterstützen als Multiplikatorinnen und Multiplikatoren bei der Vertriebsstrategie. Sie fungieren somit im konkreten Fall als vermittelnde Schnittstelle zwischen den Bildungsbedarfen der Region und dem Angebotspotential der drei Hochschulen. Bei den Treffen werden immer auch die aktuellen Forschungsergebnisse des Verbundprojektes referiert. Die Forschungsorientierung ist ein zentrales Alleinstellungsmerkmal des Gremiums gegenüber anderen Formen der Zusammenarbeit in der Region. Die Mitglieder schätzen den Aus-

---

4   Die Mitglieder des WM³-Weiterbildungsbeirats sind auf der Verbund-Website aufgelistet (online: www.wmhoch3.de/start/kooperationspartner/weiterbildungsbeirat, zuletzt abgerufen am 02.08.2017). Als einzige überregionale Institution ergänzt der Stifterverband für die Deutsche Wissenschaft den auf die Region Mittelhessen ausgerichteten Weiterbildungsbeirat.

tausch mit den Hochschulen auf einem wissenschaftlichen Niveau. In Einzelfällen wird der Kontakt ausgedehnt und jenseits der regulären Sitzungen durchgeführt.

Der Weiterbildungsbeirat gibt wichtige Hinweise, z.b. zur Optimierung von Vertriebswegen oder zur zeitlichen Strukturierung der wissenschaftlichen Weiterbildung. Diese Hinweise basieren auf den praktischen Erfahrungen der Partnerinnen und Partner. Sie bringen somit die Sicht der potentiellen institutionellen Abnehmerinnen und Abnehmer ein. Die thematische Beratung beeinflusst in gewisser Weise Entscheidungen zur inhaltlichen und zeitlichen Ausgestaltung von Weiterbildungsangeboten, die im nächsten Schritt wiederum organisationsstrukturell Einfluss auf den hochschulischen Entwicklungsprozess im Geschäftsfeld der wissenschaftlichen Weiterbildung nehmen.

3.2.3   Produktorientierte Kooperation

Die Entwicklung von weiterbildenden Masterstudiengängen und Zertifikatskursen stand im Mittelpunkt der Aktivitäten der ersten Förderphase des WM³-Verbundprojektes. Bereits in der Phase der Antragsstellung einigten sich die drei Hochschulen darauf, in der Angebotsgestaltung auf die Potentiale von Kooperationen zu setzen. Die Kooperationsorientierung war somit eine von Beginn an gesetzte, zentrale Leitlinie in der Planung, Entwicklung und Umsetzung von weiterbildenden Angeboten. Die strategische Entscheidung für eine Kooperationsorientierung wurde aufgrund von drei Gründen getroffen. Erstens wurden Kooperationen mit fachlich einschlägigen Organisationen eingegangen, um die doppelte Adressatenkonstellation im Sinne einer gleichzeitigen Ausrichtung an individuellen und institutionellen Annehmerinnen und Abnehmern (siehe hierzu auch Zink 2013, S. 144ff.) durch die direkte Zusammenarbeit mit externen Partnerinnen und Partnern, die stellvertretend für die zweite Gruppe stehen, besser bearbeitbar zu machen. Zweitens versprach man sich durch einen intensiven Austausch über organisatorische, zeitliche und inhaltliche Aspekte in der Ausgestaltung der Weiterbildungsangebote eine Optimierung der didaktischen Passung der Angebote. Drittens ermöglichen Kooperationen verschiedene Formen der finanziellen Unterstützung (z.B. Anschubfinanzierung, Finanzierung von Durchläufen, Stipendien), die nicht zuletzt zu einer Risikominimierung in der wissenschaftlichen Weiterbildung beitragen können.

Insgesamt sind im Rahmen des WM³-Projektes zehn berufsbegleitende Masterstudiengänge und 14 weiterbildende Zertifikatskurse entstanden, deren Planung und Entwicklung jeweils im Verbund besprochen wurde. Von diesen 24 Weiterbildungsangeboten sind sechs Angebote in einer besonders intensiven Form der Kooperation umgesetzt worden, die als kooperative Angebotsgestaltung bezeichnet werden kann (siehe hierzu auch den Beitrag von Sweers/Lengler in diesem Band). Diese kooperativen Angebote wurden entweder von zwei Hochschulen gemeinsam geplant, entwickelt und umgesetzt oder in Kooperation mit externen Organisationen aus dem Profit- oder Non-Profitbereich bzw. dem Stiftungswesen gestaltet.

Weitere Bildungsdienstleistungen, die sich jedoch anders als die zuvor angesprochenen weiterbildenden Angebote nicht an eine externe, sondern an eine hochschulinterne Zielgruppe richten, sind im Kontext des Hochschuldidaktischen Netzwerks Mittelhessens (HDM) entstanden. Es handelt sich dabei um das hochschuldidaktische Zertifikatsprogramm „Kompetenz für professionelle Hochschullehre mit dem Schwerpunkt wissenschaftliche Weiterbildung" sowie um ein Angebot an Entwicklerinnen und Entwickler von Weiterbildungsangeboten mit dem Titel „Modulwerkstatt: Lehrkompetenzentwicklung in der Weiterbildung für die Weiterbildung" (siehe hierzu den Beitrag von Braun/Rumpf in diesem Band). Diese beiden Angebote der internen Weiterbildung konnten u.a. deshalb entwickelt und organisationsstrukturell eingebettet werden, weil sie von den langjährigen Kooperationsbeziehungen der drei Hochschulen profitierten und an das bestehende HDM-Zertifikat[5] anknüpften.

3.2.4 Fachlich-disziplinäre Kooperation

Im Kontext der Angebotsentwicklung wurde ein starkes Augenmerk auf die Umsetzbarkeit der Nachfrageorientierung und die Realisierung der Vollkostendeckung über Teilnehmerentgelte gelegt. Um diesen beiden zentralen Aspekten gerecht werden zu können, wurde im Kontext der Angebotsentwicklung frühzeitig eine prozessbegleitende Zusammenarbeit mit Fachexpertinnen und -experten angestrebt. Für alle im Rahmen von WM³ entwickelten Weiterbildungsangebote wurde jeweils ein Fachkuratorium etabliert, das sich aus Fachexpertinnen bzw. -experten aus dem wissenschaftlichen und (berufs-)praktischen Umfeld des spezifischen Angebots speist. Beispielhaft für die Mitglieder der Fachkuratorien sind hier Vertretungen aus disziplinären Fachgesellschaften, einschlägigen Berufsverbänden und Kammern zu nennen sowie Vertretungen von Ministerien und nicht zuletzt Mitglieder der kooperierenden Profit- und Non-Profit-Organisationen und Stiftungen.[6] Die Fachkuratorien übernehmen eine unterstützende und beratende Funktion bezogen auf inhaltliche und organisatorische As-

---

5   Nähere Informationen zum klassischen HDM-Zertifikat finden sich unter https://www.uni-marburg.de/de/universitaet/administration/verwaltung/stabsstellen/hochschuldidaktik/fuer-lehren de/zertifikat-kompetenz-fuer-professionelle-hochschullehre (zuletzt abgerufen am 23.12.2016).

6   Eine detaillierte Beschreibung der Fachkuratorien, die die im Rahmen von WM³ entwickelten Weiterbildungsangebote begleiten, findet sich unter www.wmhoch3.de/images/dokumente/Kom munikations-OeffentlichkeitsstrategieFachkuratorien.pdf (zuletzt abgerufen am 23.12.2016).

pekte der Angebotsplanung, -entwicklung und -umsetzung. Sie beraten in allen Phasen und sind z.T. selbst Impulsgeberinnen bzw. -geber für die Angebotsent-wicklung. Sie unterstützen bei der Gestaltung des Curriculums, assistieren bei der Distribution und stellen ggf. Kontakte zur Zielgruppe und zu Finanziers her.

Aufgrund der fachspezifischen Ausprägungen der unterschiedlichen Ange-bote und den daraus resultierenden diversen Bedarfen fällt die Form der Bera-tung bei den verschiedenen Weiterbildungsangeboten unterschiedlich aus. Die Zusammenstellung und Ausgestaltung der einzelnen Fachkuratorien ist auf die Situation jedes einzelnen Angebots zugeschnitten. Sie wird von den akademi-schen Leitungen und den Koordinierenden der Weiterbildungsangebote gemein-sam mit den Mitgliedern gestaltet.

Interessant für das WM³-Verbundprojekt sowie die Entwicklung und Im-plementierung der wissenschaftlichen Weiterbildung an den drei Verbundhoch-schulen ist der aus diesen Fachkuratorien entstehende Mehrwert für das neue Geschäftsfeld generell sowie für die Hochschulen in ihrer Gesamtheit. Das in den Fachkuratorien generierte Wissen sowie die Kontakte sind zwar in erster Linie auf das konkrete Angebot bezogen. Durch die an den Hochschulen etab-lierten Kommunikationsroutinen findet jedoch darüber hinaus ein angebotsüber-greifender Lernprozess statt, der zu einem gesteigerten Wissen über die Vielfalt der Angebote und über die für die wissenschaftliche Weiterbildung besonders relevante Kompetenz des Netzwerkens und Kooperierens führt.

3.2.5 Fachlich-politische Kooperation

Regionale Netzwerke, wie etwa das Netzwerk Bildung[7] oder die DGWF-Landesgruppe Hessen,[8] fungieren als bedeutende Austauschpartnerinnen bzw. -partner, um wissenschaftliche Weiterbildung nicht nur an den Verbund-hochschulen, sondern auch darüber hinaus in der Fachwelt und innerhalb der

---

7 „Im Netzwerk Bildung in Mittelhessen treffen sich zweimal jährlich Vertreterinnen und Vertre-ter von Bildungsinstitutionen der Region. Das Treffen dient der gegenseitigen Information, der Vernetzung und der Lenkung von Projekten im Bereich Bildung. Die vom Netzwerk eingesetz-ten Arbeitskreise berichten über die erreichten Ziele" (siehe online: http://www.mittelhessen. eu/mit-uns/netzwerk-arbeitskreise/netzwerk-bildung, zuletzt abgerufen am 09.08.2017). Zu den Mitgliedern zählen die Agenturen für Arbeit, die Arbeitgeberverbände, der Deutsche Gewerk-schaftsbund, die Handwerkskammern, das Hessische Kultusministerium, die Hochschulen, die Industrie- und Handelskammer, die Schulen, die staatlichen Schulämter und die Qualifizie-rungs- und Weiterbildungseinrichtungen.

8 Die DGWF-Landesgruppe Hessen ist eine regionale Sektion der Deutschen Gesellschaft für wissenschaftliche Weiterbildung und Fernstudium e.V. (DGWF). Sie wurde im Jahr 2011 ge-gründet, um die Vernetzung der Mitglieder in Hessen sowie die Kommunikation und Koopera-tion mit anderen Akteurinnen und Akteuren der Weiterbildung in Hessen zu befördern. Die Landesgruppe ist auf Initiative des Netzwerks WissWeit entstanden, das sich bereits 2004 als Verbund der hessischen staatlichen Hochschulen zusammengeschlossen hat.

Region zu stärken. Alle Beteiligten eint das Ziel, die Region durch Bildung in gesellschaftlicher, sozialer und wirtschaftlicher Perspektive zu stärken. Der Austausch findet zum Teil segmentübergreifend (Netzwerk Bildung) und zum Teil segmentspezifisch bezogen auf die wissenschaftliche Weiterbildung (DGWF-Landesgruppe Hessen) statt. Die im Kontext der Verbundkooperation bereits skizzierten wechselseitigen Beobachtungsmöglichkeiten finden auf Ebene der fachlich-politischen Kooperationen auch zwischen den in der DGWF-Landesgruppe beteiligten Hochschulen statt, wobei in diesem Netzwerk die Verbindlichkeiten nicht mit denen im WM³-Verbund vergleichbar sind. Gleichwohl besteht auch hier Raum zum gemeinsamen Reflektieren, Diskutieren und gegenseitigen Adaptieren von Lösungen, die demselben Bildungssegment entspringen. Ein ähnlicher Austausch mit annähernd vergleichbaren Folgen – diesmal jedoch bildungssegmentübergreifend – findet im Rahmen des Netzwerks Bildung statt. Beide Varianten der Kooperation bieten Raum, die eigenen organisationalen Lösungen zu präsentieren, zu diskutieren und ggf. von den Vorschlägen oder Beispielen der Netzwerkpartnerinnen und -partner für die eigene Organisation zu profitieren.

3.3 Projekte – Kooperationen – Organisationsentwicklung: eine Synopse

Betrachtet man die Organisationsentwicklungsprozesse, die durch die beiden Modi der Projektförmigkeit und der Kooperationsorientierung an den drei Verbundhochschulen angereizt und umgesetzt wurden, so zeigt sich eine Vielfalt unterschiedlicher Anlässe, Konstellationen und vor allem für die wissenschaftliche Weiterbildung förderlicher Optionen, die ohne Kooperationen und im Regelbetrieb so nicht zum Tragen gekommen wären.

Als Vorteile der Projektförmigkeit sind – allgemein betrachtet – allen voran eine zeitliche Limitierung, eine inhaltliche Fokussierung und eine Einwerbung zusätzlicher zweckgebundener Mittel zu nennen. Mit diesen Kriterien werden Ausnahmefälle vom Regelfall geschaffen. Es entsteht gewissermaßen ein Raum für neue Konzepte und deren Erprobungsmöglichkeiten, die zusätzlich unterstützt und schließlich nach erfolgreichem Praktikabilitätstest und ggf. entsprechenden Optimierungen verstetigt werden können. Die vorteilhaften Konsequenzen einer Kooperationsorientierung sind allen voran eine gesteigerte Nachfrage- und Marktorientierung sowie eine Risikominimierung. Eine Risikominimierung entsteht zum einen als positiver Effekt aus den beiden zuerst genannten Kriterien, da durch die inhaltlichen und didaktischen Passungsbestrebungen die Erfolgswahrscheinlichkeit der Angebote steigt. Zum anderen beteiligen sich die Kooperationspartnerinnen und -partner oftmals nicht nur ideell, sondern auch materiell an der Angebotsgestaltung. Durch finanzielle Mittel, z.b. in Form von Anschubfinanzierungen oder Unterstützungen bei den Durchführungskosten, werden die finanziellen Aufwendungen zwischen den Parteien aufgeteilt und nicht zuletzt verringert sich dadurch auch das Verlustrisiko im Falle einer zu geringen Nachfrage oder anderer unvorhersehbarer Probleme für jede einzelne Organisation.

Projekte und Kooperationen bieten folglich vielfältige Gelingensfaktoren für die wissenschaftliche Weiterbildung und bilden zugleich eine förderliche Grundlage für organisationsstrukturelle, inhaltliche und zeitliche Ausnahmezustände für die Erprobung und Implementierung von *Neuem*.

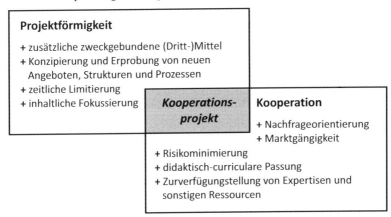

Abbildung 3:   Potential von Kooperationsprojekten

In der Kombination als *Kooperationsprojekte*, also z.B. in Form von Verbundprojekten zwischen Hochschulen oder Kooperationen zwischen Hochschulen und externen Partnerinnen und Partnern, entfalten sich letztlich die maximalen Potentiale für eine Organisationsentwicklung. So können beispielsweise Drittmittel, die für bestimmte Aufgaben reserviert sind, durch Finanzmittel von hochschulexternen Kooperationspartnerinnen oder -partner ergänzt werden, die wiederum für nicht geförderte oder bewilligte Aufgaben genutzt werden können. Projektförmig entwickelte Weiterbildungsangebote profitieren insbesondere durch die Expertise und die Ressourcen der Kooperationspartnerinnen und -partner, die sich auf ein zeitlich befristetes Projekt besser einstellen können als auf eine Zusammenarbeit auf unbestimmte Zeit und mit nicht vorab definierten Rahmenbedingungen und Zielsetzungen. Letztlich lassen sich bei Kooperationsprojekten alle in der Abbildung aufgezählten Potentiale bedarfsgerecht und kreativ miteinander kombinieren.

Bei der Implementierung von kooperationsgetriebenen und projektförmig entwickelten Neuerungen im Bereich der wissenschaftlichen Weiterbildung ist Organisationsentwicklung zu guter Letzt als ein gesamtorganisationaler Prozess gefragt. Es gilt, einen Praktikabilitätstest der neuen Lösungen im Regelbetrieb durchzuführen, die Akzeptanz derjenigen hochschulinternen Organisationsmitglieder zu gewinnen, die direkt von den Veränderungen betroffen sind, und die Basis für eine Verstetigung der neuen Organisationslösungen anzulegen. Projekt- und Kooperationsorientierung kann somit zugleich als förderliche Rahmenbedingung, Initiative und prozessbegleitende Instanz in einem hochschulischen Organisationsentwicklungsprozess gesehen werden.

4 Potentiale der Kooperations- und Projektförmigkeit für Organisationsentwicklungsprozesse in der wissenschaftlichen Weiterbildung

In kooperativen Arrangements bilden wechselseitige Beobachtungskonstellationen die Basis für organisationale Inspirations- und Adaptionspotentiale. Das Gegenüber der Kooperation kann eine typengleiche Bildungseinrichtung, einem anderen Bildungssegment zugehörig oder Teil eines anderen Funktionssystems sein. Diese verschiedenen Ausrichtungen der Kooperationen offerieren jeweils unterschiedliche Beobachtungssituationen und -foki, in und bei denen die verschiedenen Akteurinnen und Akteure ihr eigenes organisationsspezifisches Hintergrundwissen einspeisen, wodurch deren organisationskulturelle Unterschiede virulent werden und sich zugleich das Potential dieser Vielfalt zeigt.

Kooperationen bieten sich für inspirierende und effektive Beobachtungsprozesse insbesondere deshalb an, weil sie auf einem vertrauensvollen Austausch basieren (sollten), der im Idealfall transparentere Einblicke in die Organisationswirklichkeit der Partnerinnen und Partner gewährt als dies in der distanzierten Beobachtung des Wettbewerbs möglich ist. Die daraus entstehenden Anregungen für neue oder modifizierte Prozesse, Strukturen und Instrumente im Kontext des hochschulischen Bildungsmanagements bieten mannigfaltige Anlässe für (partielle) Veränderungen der eigenen organisatorischen Abläufe. Im besten Falle nutzen Hochschulen die aus Kooperationsbeziehungen generierten Anregungen konstruktiv und entwickeln sich in deren Horizont organisational weiter.[9]

Der Modus der wechselseitigen Beobachtungsprozesse ist oftmals ein mitlaufender Aspekt, der nicht immer konkret als Aufgabe erkannt oder von den

---

9 Zum Aspekt des organisationalen Lernens siehe ausführlich Jenner 2018.

Organisationen und deren Mitgliedern als solcher definiert wird. Eine weitaus offensichtlichere Form der Unterstützung, die ebenfalls zu einer verbesserten Entwicklung und Implementierung der wissenschaftlichen Weiterbildung beitragen kann, stellen vielfältig einsetzbare Formen der kooperationsbasierten Beteiligung externer Akteurinnen und Akteure an dem hochschulischen Bildungssegment der wissenschaftlichen Weiterbildung dar. Im WM³-Kontext zählen hierzu der WM³-Weiterbildungsbeirat, die Fachkuratorien und insbesondere die produktorientierten Kooperationen im Rahmen einer kooperativen Angebotsgestaltung. Die kooperierenden Akteurinnen und Akteure sind von den Hochschulen mit dem expliziten Auftrag angefragt, sie bei ihrer Geschäftsfeldentwicklung zu beraten und dahingehend zu unterstützen, dass sie ihre Weiterbildungsangebote nachfrageorientiert, praxisnah, dienstleistungsorientiert und wettbewerbsfähig konzipieren können.

Die Potentiale kooperationsinduzierter Anregungen für hochschulische Organisationsentwicklungsprozesse werden, wie im vorherigen Teilabschnitt bereits ausgeführt, ergänzt und verstärkt durch projektförmige, drittmittelgeförderte, zeitlich befristete und häufig bildungspolitisch gerahmte Anreize. Diese von außen angeregte Projektförmigkeit hat gegenüber rein intrinsisch motivierten und intern initiierten Organisationsentwicklungsbestrebungen der Hochschulen mehrere Vorteile. Denn über Projekte wird zusätzliches Geld eingeworben, welches explizit für eine definierte Aufgabe zu verausgaben ist. Projekte haben ein klar definiertes Ziel, dessen wahrscheinliche Erreichbarkeit gegenüber einem Projektmittelgeber bereits plausibilisiert werden konnte. Projekte werden mit ausdrücklicher Zustimmung der Hochschulen eingeworben und durchgeführt, im Falle des WM³-Projektes zeichnet sich sogar die oberste Führungsebene der Hochschule verantwortlich. Zu diesen entscheidenden Ressourcen, wie Legitimation von oben, Plausibilität und zusätzliche Finanzmittel, kommt der förderliche Umstand hinzu, dass im Projektantrag gegenüber dem Geldgeber bereits ein Zeitpunkt für das Erreichen der Projektziele kommuniziert wurde. Denn zeitliche Knappheit, eine überschaubare Projektlaufzeit, ein konkreter Meilensteinplan, ein definierter zeitlicher Endpunkt, sowie Berichts- und Dokumentationspflichten nach außen können sich positiv auf die Umsetzungsmöglichkeiten auswirken. Wo die Modifikation des Regelbetriebs unter normalen Umständen und ohne definierte Verbindlichkeiten zeitintensiv und schwerfällig ist und ggf. gegenüber akut aufkommenden dringlicheren Aufgaben das Nachsehen hätte, können Projekte unter dem Label der Erprobung und einer entsprechenden zeitlichen Befristung zu ungewöhnlich schnellen Entwicklungs- und Veränderungsprozessen führen.[10] Nicht zuletzt steht und fällt der Projekterfolg mit der Erbringung der zugesicherten Aufgaben *in time, in quality* und *in budget*.[11] Von dem spezifischen Projektergebnissen hängt im Ernstfall die Weiterförderung des Projekts oder die Chance auf weitere Drittmittel für andere Hochschulentwicklungsprojekte ab.

Projekte können durch ihre Spezifika (klare Ziele, aufgabenbezogene Ressourcenausstattung und begrenzter Zeithorizont) auch für potentielle Kooperationspartnerinnen und -partner interessant sein. Denn durch eine wie auch immer geartete Projektbeteiligung erhalten diese als Externe die Möglichkeit, an einem intensiven, inhaltlich und zeitlich überschaubaren Arbeitssetting beteiligt zu sein und im Idealfall die Gewinnung innovativer Lösungen zu begleiten. Da Hochschulen diese Prozesse, wie im Falle der Offenen Hochschulprojekte, zumeist sowohl aus einer Entwicklungs- als auch einer Forschungsperspektive bearbeiten, birgt eine Zusammenarbeit für die hochschulexternen Kooperationspartnerinnen und -partner somit i.d.R. auch die Möglichkeit, von den neuesten Forschungsergebnissen zu profitieren.

Resümierend lässt sich festhalten, dass zwischen Kooperationen, Projekten und Organisationsentwicklungsprozessen an Hochschulen ein enger Zusammenhang besteht und sich diese drei Aspekte wechselseitig positiv beeinflussen können.[12] Diese Kombination fällt nicht zuletzt auch deshalb im Bereich der wissenschaftlichen Weiterbildung auf besonders fruchtbaren Boden, weil weiterbildende Angebote als die relevanten Produkte der wissenschaftlichen Weiterbildung in ihrer Grunddisposition ebenfalls eher projektförmig und kooperationsorientiert angelegt sind. Sie weisen einerseits einen abgesteckten inhaltlichen Rahmen auf und sind insofern immer mit zeitlicher Begrenzung versehen, als dass ihre Laufzeit von externen, langfristig nicht absehbaren Finanzeinnahmen abhängt. Die Durchführung des jeweiligen Angebots ist angewiesen auf eine ausreichend hohe Nachfrage finanzkräftiger individueller oder institutioneller Abnehmerinnen und Abnehmer. Es werden deshalb immer nur Zusagen für einzelne Kohorten gemacht.[13] Für die Planung, die Entwicklung, die Durchführung

---

10 Inwiefern diese projektförmig entstandenen Organisationslösungen nachhaltig in den Regelbetrieb überführt werden, wird an dieser Stelle nicht weiter diskutiert. In den Projektberichten, die beispielsweise im Kontext des Wettbewerbs „Aufstieg durch Bildung: offene Hochschulen" an den Projektträger adressiert sind, wird der Nachhaltigkeits- und Verstetigungsaspekt auf jeden Fall routinemäßig abgefragt.

11 Die Eckpunkte Zeit, Qualität und Kosten sind im wirtschaftlichen Sektor als „magisches Dreieck" des Projektmanagements geläufig.

12 Zu den Vorteilen und Potentialen von Kooperationen und Vernetzungen für die wissenschaftliche Weiterbildung siehe auch Sturm/Sweers 2018.

13 Es handelt sich dabei bei Zertifikaten um Zeiträume von i.d.R. ein bis zwei Semestern und bei Studiengängen um eine Zeitspanne von i.d.R. vier bis sechs Semestern.

und das Management sind gleichsam wie bei Forschungs- und Entwicklungsprojekten Drittmittel, hier jedoch in Form von Teilnehmerentgelten und ggf. Stipendien, Anschubfinanzierungen, Durchführungszuschüsse o.ä., zu gewinnen. Andererseits ist wissenschaftliche Weiterbildung aufgrund ihrer Markt- und Nachfrageorientierung stark auf kooperationsförmig ausgerichtete Formen der Zusammenarbeit angelegt. Durch die direkte Beteiligung von hochschulexternen Kooperationspartnerinnen und -partnern werden von diesen immaterielle (Wissen, (Berufs-)Feldexpertise, Kontakte u.a.) und materielle Ressourcen (allen voran Finanzen in Form von z.b. Anschubfinanzierungen und Stipendien) in die wissenschaftliche Weiterbildung eingespeist, die zu einer erhöhten Sichtbarkeit, zu einem größeren Angebotsvolumen und somit nicht zuletzt auch zu einer gesteigerten innerhochschulischen und gesamtgesellschaftlichen Akzeptanz der wissenschaftlichen Weiterbildung beitragen. Diese kooperationsbedingten Ressourcen werden genutzt, um die wissenschaftliche Weiterbildung als (relativ) neues Geschäftsfeld systematisch auszubauen und nachhaltig in die Hochschulstrukturen zu implementieren.

Projektförmigkeit und Kooperationsorientierung sind insofern nicht nur Kennzeichen und Treiber von hochschulischen Organisationsentwicklungsprozessen, sondern gleichzeitig auch Kennzeichen und Modi der wissenschaftlichen Weiterbildung insgesamt.

Literatur

Büttner, Beatrice C./Nerdinger, Friedemann W./Kosche, Kerstin/Schuldt, Juliane/Göbel, Stefan/Tauer, Jan (2016): Implementierung von wissenschaftlicher Weiterbildung und Lebenslangem Lernen an der Universität Rostock. In: Hanft, Anke/Brinkmann, Katrin/Kretschmer, Stefanie/Maschwitz, Annika/Stöter, Joachim (Hrsg.): *Organisation und Management von Weiterbildung und Lebenslangem Lernen an Hochschulen. Ergebnisse der wissenschaftlichen Begleitung des Bund-Länder-Wettbewerbs Aufstieg durch Bildung: offene Hochschulen*. Band 2. Münster: Waxmann, S. 187-203.

BMBF (2011): *Bekanntmachung des Bundesministeriums für Bildung und Forschung von Richtlinien zum Wettbewerb „Aufstieg durch Bildung: offene Hochschulen"*. Online verfügbar unter: https://www.bmbf.de/foerderungen/bekanntmachung-625.html [Zugriff: 28.09.2017].

DGWF (2015): *Organisation der wissenschaftlichen Weiterbildung an Hochschulen*. Online abrufbar unter:https://dgwf.net/fileadmin/user_upload/DGWF/DGWF-Empfehlungen_Organisation_08_2015.pdf [Zugriff am: 01.09.2016].

Habeck, Sandra/Denninger, Anika (2015): Potentialanalyse. Forschungsbericht zu Potentialen institutioneller Zielgruppen. In: Seitter, Wolfgang/Schemmann, Michael/Vossebein, Ulrich (Hrsg.): *Zielgruppen in der wissenschaftlichen Weiterbildung*.

Empirische Studien zu Bedarf, Potential und Akzeptanz. Wiesbaden: Springer VS, S. 189-289.

Hanft, Anke/Knust, Michaela (2008): Wissenschaftliche Weiterbildung: Organisation und Geschäftsfelder im internationalen Vergleich. In: Report, Zeitschrift für Weiterbildung, 31. Jg., H.1, S. 30-41.

Hanft, Anke/Brinkmann, Katrin/Kretschmer, Stefanie/Maschwitz, Annika/Stöter, Joachim (2016): *Organisation und Management von Weiterbildung und Lebenslangem Lernen an Hochschulen. Ergebnisse der wissenschaftlichen Begleitung des Bund-Länder-Wettbewerbs Aufstieg durch Bildung: offene Hochschulen.* Band 2. Münster: Waxmann.

Hechler, Daniel/Pasternach, Peer (2012): *Hochschulorganisationsanalyse zwischen Forschung und Beratung.* Sonderband „die hochschule".

Henke, Justus/Pasternack, Peer/Schmid, Sarah (2015): *Viele Stimmen, kein Kanon. Konzept und Kommunikation der Third Mission von Hochschulen* (HoF-Arbeitsbericht 2/2015). Halle-Wittenberg.

Herm, Beate/Koepernik, Claudia/Leuterer, Verena/Richter, Katrin/Wolter, Andrä (2003): *Hochschulen im Weiterbildungsmarkt.* Essen: Stifterverband.

Jenner, Annabel (2018): *Lernen von Mitarbeitenden und Organisationen als Wechselverhältnis. Eine Studie zu kooperativen Bildungsarrangements im Feld der Weiterbildung.* Wiesbaden: VS Verlag.

Kahl, Ramona/Lengler, Asja/Präßler, Sarah (2015): Akzeptanzanalyse. Forschungsbericht zur Akzeptanz innerhochschulischer Zielgruppen. In: Seitter, Wolfgang/Schemmann, Michael/Vossebein, Ulrich (Hrsg.): *Zielgruppen in der wissenschaftlichen Weiterbildung. Empirische Studien zu Bedarf, Potential und Akzeptanz.* Wiesbaden: Springer VS, S. 291-408.

Kammler, Christian/Seitter, Wolfgang (2018): Stiftungen und wissenschaftliche Weiterbildung an Hochschulen. Die Kooperation zwischen der Altana Kulturstiftung und der Philipps-Universität Marburg. In: Schröer, Andreas/Engel, Nicolas/Fahrenwald, Claudia/Göhlich, Michael/Schröder, Christian/Weber, Susanne Maria (Hrsg.): *Organisation und Zivilgesellschaft.* Wiesbaden: Springer VS, im Druck.

Lengler, Asja (2016): Projektbezogene Forschung und Entwicklung in der wissenschaftlichen Weiterbildung als Steuerungsimpuls hochschulinterner Veränderungsprozesse. In: Hochschule und Weiterbildung: Schwerpunktthema: Forschung in und auf wissenschaftliche(r) Weiterbildung. H.2, S. 19-24.

Lengler, Asja/Zink, Franziska (2015): Wissenschaftliche Weiterbildung an Hochschulen. In: *berufsbildung*, H. 156, S. 16-19.

Magnus, Cristian David (2016): *Hochschulprojektmanagement. Individuelle Akteure gestalten Educational Governance und Management.* Wiesbaden: Springer VS.

Nickel, Sigrun (2012): Engere Kopplung von Wissenschaft und Verwaltung und ihre Folgen für die Ausübung professioneller Rollen in Hochschulen. In: Wilkesmann, Uwe/Schmid, Christian J. (Hrsg.): *Hochschule als Organisation.* Wiesbaden: Springer VS, S. 279-291.

Schäfer, Erich (2012): Wissenschaftliche Weiterbildung im Kontext sich wandelnder Hochschulstrukturen und -kulturen. In: Friedenthal-Haase, Martha/Matthes, Eva (Hrsg.): *Universitätskulturen in Deutschland und den USA – University Cultures in*

Germany and the United States. Bildung und Erziehung, Heft 2. Wien, Köln und Weimar: Böhlau, S. 183-194

Seitter, Wolfgang (2013): Professionelles Handeln im Kooperations- und Vernetzungskontext. In: Dollhausen, Karin/Feld, Timm C./Seitter, Wolfgang (Hrsg.): *Erwachsenenpädagogische Kooperations- und Netzwerkforschung.* Wiesbaden: Springer VS, S. 33-48.

Seitter, Wolfgang/Schemmann, Michael/Vossebein, Ulrich (Hrsg.): *Zielgruppen in der wissenschaftlichen Weiterbildung. Empirische Studien zu Bedarf, Potential und Akzeptanz.* Wiesbaden: Springer VS.

Sonntag, Karlheinz/Stegmaier, Ralf/Michel, Alexander (2008): Change Management an Hochschulen: Konzepte, Tools und Erfahrungen bei der Umsetzung. In: Fisch, Rudolf/Müller, Andrea/Beck, Dieter (Hrsg.): *Veränderungen in Organisationen. Stand und Perspektiven.* Wiesbaden: VS, S. 415-442.

Stratmann, Friedrich (2007): Vorwort. In: Altvater, Peter/Bauer, Yvonne/Gilch, Harald (Hrsg.): *Organisationsentwicklung in Hochschulen – Dokumentation.* Hannover: HIS, S. I.

Sturm, Nico/Sweers, Franziska unter Mitarbeit von Asja Lengler und Katharina Spenner (2018): Kooperationen und Vernetzungen als Möglichkeitsräume der Optimierung wissenschaftlicher Weiterbildung – eine theoretische Ausdeutung. In: Seitter, Wolfgang/Friese, Marianne/Robinson, Pia (Hrsg.): *Wissenschaftliche Weiterbildung zwischen Implementierung und Optimierung.* WM³ Weiterbildung Mittelhessen. Wiesbaden: Springer VS, S. 355-375.

Wolter, Andrä (2005): Profilbildung und universitäre Weiterbildung. In: Jütte, Wolfgang/ Weber, Karl (Hrsg.): *Kontexte wissenschaftlicher Weiterbildung – Entstehung und Dynamik von Weiterbildung im universitären Raum.* Münster: Waxmann, S. 93-111.

Zink, Franziska (2013): Wissenschaftliche Weiterbildung in der Aushandlung. Die Akteure und ihre Themen in interinstitutionellen Aushandlungsprozessen im Kontext kooperativer Angebotsentwicklung. In: Dollhausen, Karin/Feld, Timm C./Seitter, Wolfgang (Hrsg.): *Erwachsenenpädagogische Kooperations- und Netzwerkforschung.* Wiesbaden: Springer VS, S. 133-156.

Instrumente

Regelungen, Konzepte, Handreichungen – Instrumente der handlungspraktischen Entwicklung und Umsetzung von Angeboten der wissenschaftlichen Weiterbildung

Asja Lengler/Franziska Sweers/Wolfgang Seitter[1]

Zusammenfassung

Die im Verbundprojekt WM^3 Weiterbildung Mittelhessen entwickelten Instrumente, mit denen Angebote der wissenschaftlichen Weiterbildung handlungspraktisch entwickelt und umgesetzt wurden, werden systematisiert dargestellt. Die Darstellung erfolgt nach Status der Dokumente, nach Zielgruppenbezug sowie nach Aufgabenbereichen und zeitlichen Phasen.

Schlagwörter

Wissenschaftliche Weiterbildung, Angebotsgestaltung

Inhalt

[1] *Asja Lengler* | Justus-Liebig-Universität Gießen
    Franziska Sweers | Philipps-Universität Marburg | franziska.sweers@staff.uni-marburg.de
    Wolfgang Seitter | Philipps-Universität Marburg | seitter@staff.uni-marburg.de

Neben der Entwicklung und Umsetzung von Weiterbildungsangeboten sowie der Erforschung von Gelingensfaktoren für eine nachhaltige Verstetigung wissenschaftlicher Weiterbildung hat das WM³-Projekt[2] in der ersten Förderphase eine ganze Reihe von Regelungen, Konzepten und Handreichungen entwickelt, die für die operative Ausgestaltung und praktische Umsetzung der Weiterbildungsangebote auf den unterschiedlichen Ebenen enorm hilfreich waren. Dieser sogenannten grauen Literatur wird im Kontext wissenschaftlicher Analysen und Studien in der Regel wenig Beachtung geschenkt. Dabei steht die systematische Unterbelichtung dieser Dokumente in einem eklatanten Widerspruch zu ihrer – häufig eminenten – handlungspraktischen Bedeutung. Daher wird im Folgenden der Versuch unternommen, die im Kontext von WM³ entstandene graue Literatur an dieser Stelle zu würdigen, zu systematisieren und Aussagen zu ihrer handlungspraktischen Relevanz zu treffen.

Nach den Vorgaben des Wettbewerbs müssen alle Ergebnisse und Produkte der Projekte veröffentlicht werden. Dies ist auch im WM³-Projekt erfolgt. Alle Dokumente, auf die im Folgenden Bezug genommen wird, sind auf der Projekthomepage zu finden und einsehbar. Sie haben einen bestimmten Stand der Veröffentlichung (September 2015), in Teilen sind sie jedoch bereits weiterentwickelt bzw. angepasst worden.

Mit Blick auf eine systematische Darstellung sind die Dokumente nach unterschiedlichen Kriterien sortierbar: nach Status, nach Zielgruppen, nach Aufgabenbereichen und nach zeitlichen Phasen der Angebotsgestaltung.

1   Status der Dokumente

Für einen ersten summarischen Überblick ist es hilfreich, die Literatur nach dem Status bzw. der Art der Dokumente zu unterscheiden:

---

2   Die drei mittelhessischen Hochschulen Justus-Liebig-Universität Gießen, Philipps-Universität Marburg und Technische Hochschule Mittelhessen haben sich im Hinblick auf ihre gemeinsamen Entwicklungsplanungen im Bereich der wissenschaftlichen Weiterbildung zum Verbundprojekt „WM³ Weiterbildung Mittelhessen" zusammen geschlossen, um mit Hilfe des BMBF-Wettbewerbs „Aufstieg durch Bildung: offene Hochschulen" ein an wirtschaftlichen und gesellschaftlichen Interessen optimal ausgerichtetes Weiterbildungsangebot zu schaffen und zu einer nachhaltigen Stärkung der wissenschaftlichen Weiterbildung an den Hochschulen beizutragen. Dieses Vorhaben wurde in der ersten Förderphase (2011-2015) aus Mitteln des BMBF und aus dem ESF der EU mit den Förderkennzeichen 16OH11008, 16OH11009, 16OH11010 und in der zweiten Förderphase (2015-2017) mit den Förderkennzeichen 16OH12008, 16OH12009, 16OH12010 aus Mitteln des BMBF gefördert. Weitere Projektinformationen sind unter www.wmhoch3.de zu finden.

(Rechtliche) Regelungen

- Eckpunkte für die Entwicklung von berufsbegleitenden, weiterbildenden Masterstudiengängen im Rahmen von WM³ an der Philipps-Universität Marburg
- Eckpunkte für die Entwicklung von berufsbegleitenden, weiterbildenden Zertifikatsprogrammen im Rahmen von WM³ an der Philipps-Universität Marburg
- Leitfäden zur Konzepterstellung von Weiterbildungsmastern und Zertifikatskursen an der Justus-Liebig-Universität Gießen
- Allgemeine Regelungen für Zertifikatskurse

Konzepte

- Zertifikat „Kompetenz für professionelle Hochschullehre mit dem Schwerpunkt wissenschaftliche Weiterbildung"
- Aufgabenfelder von Studiengangsentwickelnden und Studiengangskoordinierenden in der wissenschaftlichen Weiterbildung
- Entwicklung eines hochschulübergreifenden Evaluationssystems
- Hochschulübergreifende Qualitätsstandards und -kriterien des Verbundprojektes „WM³ Weiterbildung Mittelhessen"
- Konzept für eine hochschulübergreifende Kommunikations- und Öffentlichkeitsstrategie
- Konzept für eine regionale Kampagne

Handreichungen

- Anrechnung und Anerkennung
- E-Learning (mehrere)
- Auswahlverfahren in der wissenschaftlichen Weiterbildung
- Handreichung für Lehrende in der wissenschaftlichen Weiterbildung
- Wissenschaftliche Weiterbildung. Eine neue Perspektive für die Personalentwicklung

Regelungen – insbesondere rechtlicher Art – haben einen normierenden Verpflichtungscharakter und entfalten demnach eine hohe Bindungswirksamkeit. Im WM³-Kontext sind dies etwa ‚Allgemeine Bestimmungen für Zertifikatskurse‘, die alle drei Verbundhochschulen in je hochschulspezifischer Adaptation verabschiedet haben. Dokumente, die ebenfalls eine hohe bindende Wirksamkeit entfalten, sind die sog. Eckpunktepapiere, die vor Genehmigung einer Studiengangentwicklung den jeweiligen Präsidien zur Entscheidung vorgelegt werden

müssen. Die Eckpunktepapiere enthalten Fragestellungen zur Studiengangentwicklung, die von den Beteiligten entsprechend beantwortet werden müssen.

- Inhaltliche Ausrichtung und Alleinstellungsmerkmal des
  Studiengangs/Zertifikatsprogramms
- Akzeptanz und Unterstützung im Fachbereich
- Konkurrenzanalyse
- Teilnehmendenorientierung
- Kooperationspartner
- Berechnung der kostendeckenden Entgelte (siehe HHG § 16 (3))
- Festlegung von Unter- und Obergrenzen für die Teilnehmerzahl
- Studierenden-/Teilnehmendenakquise
- Arbeitsrechtliche Komponente für die Einstellung von Personal
- Verantwortlichkeiten
- Fachkuratorien
- Zeitliche Planung und Studienorganisation
- Expertenbegutachtung

Abbildung 1:   Auszug aus den Eckpunktepapieren und Leitfäden der Verbundhochschulen

Konzepte dienen in der Regel als Vorarbeiten für weitere Umsetzungen/Konkre-
tisierungen. Dies ist bei den WM^3-Konzepten in unterschiedlicher Weise erfolgt:
So sind auf der Grundlage von Konzepten öffentlichkeitsbezogene Kampagnen
durchgeführt, Zielgruppen angesprochen, Programme zur hochschuldidaktischen Qualifizierung von Personal entwickelt, Evaluationen operationalisiert
und Aufgabenprofile von Studiengangkoordinierenden empirisch erforscht und
ausdifferenziert worden.

Handreichungen haben schließlich einen informativ-beratenden Charakter
und können von den entsprechenden Zielgruppen auf freiwilliger Basis (selek-
tiv) genutzt werden. Sie beziehen sich in weiten Teilen auf konkrete – zumeist –
meso- und mikrodidaktische Probleme, die mit der Entwicklung und Umsetzung
von Angeboten der wissenschaftlichen Weiterbildung zusammenhängen.

2   Zielgruppenbezug

Eine weitere Sortiermöglichkeit betrifft den Zielgruppenbezug der Dokumente.
Dabei lassen sich interne von externen Zielgruppen unterscheiden. Mit Blick auf
den starken Fokus auf Angebotsentwicklung und -umsetzung sind in der ersten
Förderphase vor allem Dokumente für die unterschiedlichen internen Zielgruppen entstanden. Für die Ansprache der externen Zielgruppen haben die Verant-

wortlichen der entwickelten Angebote sehr unterschiedliche, feldspezifische Strategien entwickelt.[3]

Studiengangsentwickelnde/Akademische Leitungen

- Eckpunkte für die Entwicklung von berufsbegleitenden, weiterbildenden Masterstudiengängen im Rahmen von WM³ an der Philipps-Universität Marburg
- Eckpunkte für die Entwicklung von berufsbegleitenden, weiterbildenden Zertifikatsprogrammen im Rahmen von WM³ an der Philipps-Universität Marburg
- Leitfäden zur Konzepterstellung von Weiterbildungsmastern und Zertifikatskursen an der Justus-Liebig-Universität Gießen
- Allgemeine Regelungen für Zertifikatskurse
- Aufgabenfelder von Studiengangsentwickelnden und Studiengangskoordinierenden in der wissenschaftlichen Weiterbildung
- Hochschulübergreifende Qualitätsstandards und -kriterien des Verbundprojektes „WM³ Weiterbildung Mittelhessen"
- Auswahlverfahren in der wissenschaftlichen Weiterbildung
- Anrechnung und Anerkennung
- Entwicklung eines hochschulübergreifenden Evaluationssystems
- Konzept für eine regionale Kampagne

Studiengangkoordinierende

- Zertifikat „Kompetenz für professionelle Hochschullehre mit dem Schwerpunkt wissenschaftliche Weiterbildung
- Aufgabenfelder von Studiengangsentwickelnden und Studiengangskoordinierenden in der wissenschaftlichen Weiterbildung
- Hochschulübergreifende Qualitätsstandards und -kriterien des Verbundprojektes „WM³ Weiterbildung Mittelhessen"
- Anrechnung und Anerkennung
- E-Learning (mehrere)
- Auswahlverfahren in der wissenschaftlichen Weiterbildung
- Entwicklung eines hochschulübergreifenden Evaluationssystems

---

3 In der zweiten Förderphase des WM³-Verbundprojektes wurde eine Untersuchung zum Thema „Unternehmensbezogene Prozessanalyse der Bedarfsartikulation" durchgeführt. Die Studie zielte darauf ab, Transparenz über diejenigen Prozesse in Unternehmen herzustellen, die der Artikulation des Fort- und Weiterbildungsbedarfs und eine in der Folge gelingende kooperativ-nachfrageorientierte Angebotsentwicklung ermöglichen (siehe weiterführend hierzu Denninger/Siegmund/Bopf 2018a,b).

Lehrende

- Zertifikat „Kompetenz für professionelle Hochschullehre mit dem Schwerpunkt wissenschaftliche Weiterbildung
- E-Learning
- Handreichung für Lehrende in der wissenschaftlichen Weiterbildung

Hochschulverwaltung

- Entwicklung eines hochschulübergreifenden Evaluationssystems
- Hochschulübergreifende Qualitätsstandards und -kriterien des Verbundprojektes „WM³ Weiterbildung Mittelhessen"

Personalverantwortliche in Unternehmen

- Wissenschaftliche Weiterbildung. Eine neue Perspektive für die Personalentwicklung

Allgemeine und zielgruppenspezifische Öffentlichkeit

- Konzept für eine hochschulübergreifende Kommunikations- und Öffentlichkeitsstrategie

3 Koppelung von Aufgabenbereichen und zeitlichen Phasen der Angebotsgestaltung

Eine dritte Möglichkeit der Sortierung betrifft die Gliederung nach Aufgabenbereichen und zeitlichen Phasen der Angebotsgestaltung. Die Koppelung dieser beiden Dimensionen erfolgt nicht nur der Übersichtlichkeit halber, sondern auch aufgrund der inhaltlichen Profilierung(snotwendigkeit) der phasenbezogenen Angebotsgestaltung. Das folgende Schaubild orientiert sich dabei an den drei Phasen Planung, Entwicklung und Management. Es werden jeweils diejenigen Arbeitsschritte in den einzelnen Phasen prominent benannt, für die im Rahmen des WM³-Projektes explizit weiterbildungsspezifische Instrumente entwickelt und erprobt wurden.

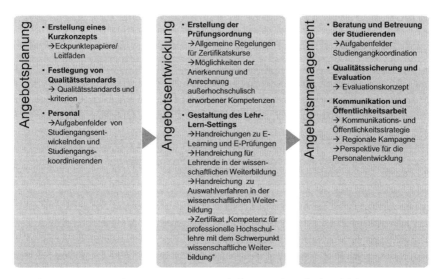

Angebotsplanung
- Erstellung eines Kurzkonzepts
  →Eckpunktepapiere/ Leitfäden
- Festlegung von Qualitätsstandards
  → Qualitätsstandards und -kriterien
- Personal
  →Aufgabenfelder von Studiengangsent- wickelnden und Studiengangs- koordinierenden

Angebotsentwicklung
- Erstellung der Prüfungsordnung
  →Allgemeine Regelungen für Zertifikatskurse
  →Möglichkeiten der Anerkennung und Anrechnung außerhochschulisch erworbener Kompetenzen
- Gestaltung des Lehr- Lern-Settings
  →Handreichungen zu E- Learning und E-Prüfungen
  →Handreichung für Lehrende in der wissen- schaftlichen Weiterbildung
  →Handreichung zu Auswahlverfahren in der wissenschaftlichen Weiter- bildung
  →Zertifikat „Kompetenz für professionelle Hochschul- lehre mit dem Schwerpunkt wissenschaftliche Weiter- bildung"

Angebotsmanagement
- Beratung und Betreuung der Studierenden
  →Aufgabenfelder Studiengangkoordination
- Qualitätssicherung und Evaluation
  → Evaluationskonzept
- Kommunikation und Öffentlichkeitsarbeit
  → Kommunikations- und Öffentlichkeitsstrategie
  → Regionale Kampagne
  →Perspektive für die Personalentwicklung

Abbildung 2:   Zuordnung von Prozessschritten und Aufgabenfeldern

In den einzelnen Phasen der Angebotsgestaltung fallen routinemäßig weitere Prozessschritte an, die zumeist hochschulspezifisch ausgestaltet sein müssen. Es handelt sich dabei beispielsweise um weiterbildungsspezifische Aufgaben – wie die Erstellung einer Kostenkalkulation oder einer Gebührensatzung – oder um Dokumente, die Studiengänge im Allgemeinen betreffen, wie z.B. Modulhand- bücher. Bei Verwendung von bereits im grundständigen Studium genutzten Do- kumenten gilt es, diese auf ihre Nutzbarkeit für die wissenschaftliche Weiterbil- dung hin zu überprüfen und ggf. kleinere Modifikationen vorzunehmen. Um diese Adaptionen und Spezifizierungen umsetzen zu können, bedurfte es an den drei Verbundhochschulen einer engen Zusammenarbeit mit den jeweiligen pro- zessverantwortlichen Organisationseinheiten im grundständigen Bereich und ei- ner transparenten Kommunikation mit den Gremien der Selbstverwaltung, die konkret für die Einrichtung von Studiengängen und Zertifikatskursen zuständig sind.

4   Fazit

Die verschiedenen Regelungen, Konzepte und Handreichungen sind allesamt Projektergebnisse der ersten Förderphase, die bereits in der Angebotsentwick- lung eine bedeutende Hilfestellung und strategische Rahmung für die verschiedenen Statusgruppen der Hochschulen darstellten. Es handelt sich dabei um Instrumente, die im Prozess projektförmig entwickelt und erprobt werden konnten und nach positiver Evaluation in den *Instrumentenkoffer* der Hochschulen aufgenommen wurden. Die verschiedenen Dokumente wurden und werden stetig weiterentwickelt und an sich verändernde Rahmenbedingungen und gesetzliche Vorgaben angepasst. Ihre Gültigkeit und Unterstützungsleistung zeigt sich nicht zuletzt in der Güte und Qualität des konkreten Weiterbildungsprodukts bzw. dessen Nachfrage auf dem Weiterbildungsmarkt und vor allem in den Evaluationen durch die Weiterbildungsstudierenden.

Die im Beitrag vorgestellten Instrumente können von anderen Hochschulen für die eigene Angebotsgestaltung verwendet werden. Es gilt jedoch vorab jeweils zu überprüfen, ob sie für die Situation an der eigenen Hochschule passend sind. Stimmen sie beispielsweise mit den organisatorischen Strukturen, Prozessen und Verfahren an der eigenen Hochschule überein? Sind sie kompatibel mit der strategischen Ausrichtung der wissenschaftlichen Weiterbildung vor Ort? Aus der Erfahrung der Projektpraxis von WM³ ist es zudem ratsam, diese neuen Instrumente innerhalb der Hochschule vorzustellen und mit all denjenigen Akteurinnen und Akteuren auf Ebene der Fachbereiche, des Präsidiums und der Verwaltungen zu diskutieren, die für wissenschaftliche Weiterbildung zuständig sind, um am Ende für alle transparente, akzeptable und nachhaltige Lösungen schaffen zu können.

5   Verzeichnis der Dokumente

(Rechtliche) Regelungen

Allgemeine Regelungen für Zertifikatskurse der JLU (online: http://www.uni-giessen.de/mug/9/pdf/9_10/9_10_00_1, zuletzt abgerufen am 15.09.17)
Eckpunkte für die Entwicklung von berufsbegleitenden, weiterbildenden Masterstudiengängen im Rahmen von WM³ an der Philipps-Universität Marburg (Wolfgang Seitter, Franziska Zink) (online: http://www.wmhoch3.de/images/dokumente/Leitfaden_zur_Konzepterstellung_Master_der_UMR.pdf, zuletzt abgerufen am: 15.09.17)
Eckpunkte für die Entwicklung von berufsbegleitenden, weiterbildenden Zertifikatsprogrammen im Rahmen von WM³ an der Philipps-Universität Marburg (Wolfgang Seitter, Franziska Zink, Helmar Hanak) (online: http://www.wmhoch3.de/images/dokumente/Leitfaden_zur_Konzepterstellung_Zertifikate_der_UMR.pdf, zuletzt abgerufen am 15.09.17)
Leitfäden zur Konzepterstellung von Weiterbildungsmastern und Zertifikatskursen an der Justus-Liebig- Universität Gießen (Lea Kollewe) (online: http://www.wmhoch3.de/

images/dokumente/Leitfaeden-zur-Konzepterstellung-der-JLU.pdf, zuletzt abgerufen am 15.09.17)

Konzepte

Aufgabenfelder von Studiengangsentwickelnden und Studiengangskoordinierenden in der wissenschaftlichen Weiterbildung (Monika Braun, Franziska Zink, Lea Kollewe) (online: http://www.wmhoch3.de/images/dokumente/Aufgabenfelder_Studiengangskoordinator.pdf, zuletzt abgerufen am 15.09.17)

Entwicklung eines hochschulübergreifenden Evaluationssystems. Evaluation und Optimierung der Pilotprojekte (Monika Braun, Lea Kollewe, Franziska Zink) (online: http://www.wmhoch3.de/images/dokumente/Evaluationskonzept.pdf, zuletzt abgerufen am 15.09.17)

Hochschulübergreifende Qualitätsstandards und -kriterien des Verbundprojektes „WM³ Weiterbildung Mittelhessen" (Asja Lengler, Kristina Davie) (online: http://www.wmhoch3.de/images/dokumente1/Qualitaet.pdf, zuletzt abgerufen am: 15.09.17)

Konzept für eine hochschulübergreifende Kommunikations- und Öffentlichkeitsstrategie (Simone Krähling, Franziska Zink, Lea Kollewe, Martha Cremer-Bach) (online: http://www.wmhoch3.de/images/Konzept_Kommunikations-_und_Oeffentlichkeitsstrategie.pdf, zuletzt abgerufen am 15.09.17)

Konzept für eine regionale Kampagne (Martha Cremer-Bach) (online: http://www.wmhoch3.de/images/Konzept_fuer_eine_regionale_Kampagne.pdf, zuletzt abgerufen am 15.09.17)

Zertifikat „Kompetenz für professionelle Hochschullehre mit dem Schwerpunkt wissenschaftliche Weiterbildung (Monika Braun) (online: http://www.wmhoch3.de/images/dokumente1/HDM-Zertifikat.pdf, zuletzt abgerufen am 15.09.17)

Handreichungen

Anrechnung und Anerkennung außerhochschulisch erworbener Kompetenzen. Eine Handreichung für Studiengangsentwickler/innen im Rahmen des Projekts „WM³ Weiterbildung Mittelhessen" (Helmar Hanak, Nico Sturm) (online: http://www.wmhoch3.de/images/Anrechnung_und_Anerkennung.pdf, zuletzt abgerufen am 15.09.17)

Auswahlverfahren in der wissenschaftlichen Weiterbildung (Sandra Habeck, Levia Murrenhoff, unter Mitarbeit von Armin Lohmann und Annika Gramoll) (online: http://www.wmhoch3.de/images/dokumente1/Handreichung_Auswahlverfahrenskonzepte.pdf, zuletzt abgerufen am 15.09.17)

E-Learning effizient umsetzen. Qualitativ hochwertige Inhalte für E-Learning schnell erstellen (Alexander Sperl) (online: http://www.wmhoch3.de/images/dokumente/E-Learning_effizient_umsetzen.pdf, zuletzt abgerufen am 15.09.17)

E-Learning Grundlagen. Szenarien und Instrumente für die Lehre (Alexander Sperl, Ralf P. Frenger) (online: http://www.wmhoch3.de/images/dokumente/E-Learning-Grundla gen.pdf, zuletzt abgerufen am 15.09.17)

E-Prüfungen. Konzepte und Werkzeuge für elektronisch gestützte Prüfungen in der wissenschaftlichen Weiterbildung (Alexander Sperl, Christian Dorn, Heiko Müller) (online: http://www.wmhoch3.de/images/dokumente1/E_Pruefungen.pdf, zuletzt abgerufen am 15.09.17)

E-Learning in der Weiterbildung. Beratungsangebote im Rahmen des Projekts „WM³ Weiterbildung Mittelhessen" (Alexander Sperl, Christian Dorn, Uwe Feldbusch, Heiko Müller) (online: http://www.wmhoch3.de/images/dokumente/Broschuere_E-Learning_in_der_Weiterbildung.pdf, zuletzt abgerufen am 15.09.17)

Handreichung für Lehrende in der wissenschaftlichen Weiterbildung (Sandra Habeck) (online: http://www.wmhoch3.de/images/dokumente1/Handreichung_Lehrende.pdf, zuletzt abgerufen am 15.09.17)

Wissenschaftliche Weiterbildung. Eine neue Perspektive für die Personalentwicklung (Anika Denninger, Sarah Präßler) (online: http://www.wmhoch3.de/images/ dokumente1/Handreichung_Personalentwicklung.pdf, zuletzt abgerufen am 15.09.17)

Literatur

Denninger, Anika/Siegmund, Ramin/Bopf, Noell (2018a): Von der Bedarfsartikulation zur kooperativ nachfrageorientierten Angebotsentwicklung. Gelingensfaktoren wissenschaftlicher Weiterbildung. In: Seitter, Wolfgang/Friese, Marianne/Robinson, Pia (Hrsg.): *Wissenschaftliche Weiterbildung zwischen Implementierung und Optimierung. WM³ Weiterbildung Mittelhessen*. Wiesbaden: Springer VS, S. 7-31.

Denninger, Anika/Siegmund, Ramin/Bopf, Noell (2018b): *Unternehmensbezogene Prozessanalyse der Bedarfsartikulation* (online: http://www.wmhoch3.de/images/Un ternehmensbezogene_Prozessanalyse_der_Bedarfsartikulation.pdf, zuletzt abgerufen am 15.10.17)

Druck:
Canon Deutschland Business Services GmbH
im Auftrag der KNV-Gruppe
Ferdinand-Jühlke-Str. 7
99095 Erfurt